U0927207

金融支持战略性新兴产业发展研究

Research on Financial Support for the Development of Strategic Emerging Industries (SEI)

余 剑 著

经济管理出版社
ECONOMY & MANAGEMENT PUBLISHING HOUSE

图书在版编目（CIP）数据

金融支持战略性新兴产业发展研究 / 余剑著. —北京：经济管理出版社，2017.12
ISBN 978-7-5096-5393-7

Ⅰ. ①金…　Ⅱ. ①余…　Ⅲ. ①新兴产业—产业发展—金融支持—研究—中国
Ⅳ. ①F279.244.4

中国版本图书馆 CIP 数据核字（2017）第 249085 号

组稿编辑：宋　娜
责任编辑：高　娅
责任印制：黄章平
责任校对：雨　千

出版发行：经济管理出版社
（北京市海淀区北蜂窝 8 号中雅大厦 A 座 11 层　100038）
网　　址：www. E-mp. com. cn
电　　话：（010）51915602
印　　刷：玉田县昊达印刷有限公司
经　　销：新华书店
开　　本：720mm×1000mm/16
印　　张：17
字　　数：296 千字
版　　次：2018 年 1 月第 1 版　　2018 年 1 月第 1 次印刷
书　　号：ISBN 978-7-5096-5393-7
定　　价：98.00 元

联系地址：北京阜外月坛北小街 2 号
电话：（010）68022974　　邮编：100836

第六批《中国社会科学博士后文库》编委会及编辑部成员名单

本书获国家社科基金青年项目“金融支持战略性新兴产业发展研究”（项目编号：12CJY103）资助

序　言

博士后制度在我国落地生根已逾30年，已经成为国家人才体系建设中的重要一环。30多年来，博士后制度对推动我国人事人才体制机制改革、促进科技创新和经济社会发展发挥了重要的作用，也培养了一批国家急需的高层次创新型人才。

自1986年1月开始招收第一名博士后研究人员起，截至目前，国家已累计招收14万余名博士后研究人员，已经出站的博士后大多成为各领域的科研骨干和学术带头人。其中，已有50余位博士后当选两院院士；众多博士后入选各类人才计划，其中，国家百千万人才工程年入选率达34.36%，国家杰出青年科学基金入选率平均达21.04%，教育部“长江学者”入选率平均达10%左右。

2015年底，国务院办公厅出台《关于改革完善博士后制度的意见》，要求各地各部门各设站单位按照党中央、国务院决策部署，牢固树立并切实贯彻创新、协调、绿色、开放、共享的发展理念，深入实施创新驱动发展战略和人才优先发展战略，完善体制机制，健全服务体系，推动博士后事业科学发展。这为我国博士后事业的进一步发展指明了方向，也为哲学社会科学领域博士后工作提出了新的研究方向。

习近平总书记在2016年5月17日全国哲学社会科学工作座谈会上发表重要讲话指出：一个国家的发展水平，既取决于自然科学发展水平，也取决于哲学社会科学发展水平。一个没有发达的自然科学的国家不可能走在世界前列，一个没有繁荣的哲学社会科学的国家也不可能走在世界前列。坚持和发展中国特色社会主义，需要不断在实践中和理论上进行探索、用发展着的理论指导发展着的实践。在这个过程中，哲学社会科学具有不可替代的重要地位，哲学社会科学工作者具有不可替代的重要作用。这是党和国家领导人对包括哲学社会科学博士后在内的所有哲学社会科学领域的研究者、工作者提出的殷切希望！

中国社会科学院是中央直属的国家哲学社会科学研究机构，在哲学社会科学博士后工作领域处于领军地位。为充分调动哲学社会科学博士后研究人员科研创新的积极性，展示哲学社会科学领域博士后的优秀成果，提高我国哲学社会科学发展的整体水平，中国社会科学院和全国博士后管理委员会于2012年联合推出了《中国社会科学博士后文库》（以下简称《文库》），每年在全国范围内择优出版博士后成果。经过多年的发展，《文库》已经成为集中、系统、全面反映我国哲学社会科学博士后优秀成果的高端学术平台，学术影响力和社会影响力逐年提高。

下一步，做好哲学社会科学博士后工作，做好《文库》工作，要认真学习领会习近平总书记系列重要讲话精神，自觉肩负起新的时代使命，锐意创新、发奋进取。为此，需做到：

第一，始终坚持马克思主义的指导地位。哲学社会科学研究离不开正确的世界观、方法论的指导。习近平总书记深刻指出：坚持以马克思主义为指导，是当代中国哲学社会科学区别于其他哲学社会科学的根本标志，必须旗帜鲜明加以坚持。马克思主义揭示了事物的本质、内在联系及发展规律，是“伟大的认识工具”，是人们观察世界、分析问题的有力思想武器。马克思主义尽管诞生在一个半多世纪之前，但在当今时代，马克思主义与新的时代实践结合起来，越来越显示出更加强大的生命力。哲学社会科学博士后研究人员应该更加自觉地坚持马克思主义在科研工作中的指导地位，继续推进马克思主义中国化、时代化、大众化，继续发展21世纪马克思主义、当代中国马克思主义。要继续把《文库》建设成为马克思主义中国化最新理论成果宣传、展示、交流的平台，为中国特色社会主义建设提供强有力的理论支撑。

第二，逐步树立智库意识和品牌意识。哲学社会科学肩负着回答时代命题、规划未来道路的使命。当前中央对哲学社会科学愈加重视，尤其是提出要发挥哲学社会科学在治国理政、提高改革决策水平、推进国家治理体系和治理能力现代化中的作用。从2015年开始，中央已启动了国家高端智库的建设，这对哲学社会科学博士后工作提出了更高的针对性要求，也为哲学社会科学博士后研究提供了更为广阔的应用空间。《文库》依托中国社会科学院，面向全国哲学社会科学领域博士后科研流动站、工作站的博士后征集优秀成果，入选出版的著作也代表了哲学社会科学博士后最高的学术研究水平。因此，要善于把中国社会科学院服务党和国家决策的大智库功能与《文库》的小智库功能结合起来，进而以智库意识推动品牌意识建设，最终树立《文库》的智库意识和品牌意识。

第三，积极推动中国特色哲学社会科学学术体系和话语体系建设。改革开放30多年来，我国在经济建设、政治建设、文化建设、社会建设、生态文明建设和党的建设各个领域都取得了举世瞩目的成就，比历史上任何时期都更接近中华民族伟大复兴的目标。但正如习近平总书记所指出的那样：在解读中国实践、构建中国理论上，我们应该最有发言权，但实际上我国哲学社会科学在国际上的声音还比较小，还处于“有理说不出、说了传不开”的境地。这里问题的实质，就是中国特色、中国特质的哲学社会科学学术体系和话语体系的缺失和建设问题。具有中国特色、中国特质的学术体系和话语体系必然是由具有中国特色、中国特质的概念、范畴和学科等组成。这一切不是凭空想象得来的，而是在中国化的马克思主义指导下，在参考我们民族特质、历史智慧的基础上再创造出来的。在这一过程中，积极吸纳儒、释、道、墨、名、法、农、杂、兵等各家学说的精髓，无疑是保持中国特色、中国特质的重要保证。换言之，不能站在历史、文化虚无主义立场搞研究。要通过《文库》积极引导哲学社会科学博士后研究人员：一方面，要积极吸收古今中外各种学术资源，坚持古为今用、洋为中用。另一方面，要以中国自己的实践为研究定位，围绕中国自己的问题，坚持问题导向，努力探索具备中国特色、中国特质的概念、范畴与理论体系，在体现继承性和民族性、体现原创性和时代性、体现系统性和专业性方面，不断加强和深化中国特色学术体系和话语体系建设。

新形势下，我国哲学社会科学地位更加重要、任务更加繁重。衷心希望广大哲学社会科学博士后工作者和博士后们，以《文库》系列著作的出版为契机，以习近平总书记在全国哲学社会科学座谈会上的讲话为根本遵循，将自身的研究工作与时代的需求结合起来，将自身的研究工作与国家和人民的召唤结合起来，以深厚的学识修养赢得尊重，以高尚的人格魅力引领风气，在为祖国、为人民立德立功立言中，在实现中华民族伟大复兴中国梦的征程中，成就自我、实现价值。

是为序。

王京清

中国社会科学院副院长

中国社会科学院博士后管理委员会主任

2016 年 12 月 1 日

摘 要

大力发展战略性新兴产业是应对国际金融危机不利影响、增强技术创新内生动力、提高综合国力的重要途径。战略性新兴产业的发展需要一个完整的支撑体系，其中金融因素不可或缺。本书聚焦金融与以战略性新兴产业为代表的实体经济的发展问题，以理论探讨和实证分析为先导，较为系统地研究了金融支持战略性新兴产业发展的理论逻辑与作用机制；以实地调研和问卷调查为支撑，较为全面地分析了金融业在支持战略性新兴产业发展中的实践探索与客观困难；以国情分析和比较借鉴为基础，提出了下一步金融支持战略性新兴产业发展的政策建议。

全书除导论外，正文共分为四个部分，九章。其中四个部分分别是理论与实证研究部分（主要包括第二至第六章）、调查研究部分（主要包括第七至第八章）、比较研究部分（第九章）和政策研究部分（第十章）。主要观点分别是：

首先在理论与实证研究部分中，旨在守正出奇，创新理论，初步形成具有一定创新性的理论思路和一套较为系统完整的理论范式。一方面，时变参数状态空间模型的计量结论显示，数量型的金融资源配置效率在促进战略性新兴产业发展上具有重要影响；另一方面，相关金融学原理显示，传统的金融供给模式与战略性新兴产业的金融需求存在模式、期限、风险等方面的错配。为提高金融资源供需双方的契合度，研究认为设计适应战略性新兴产业发展特点的金融供给方式需要遵循三条基本原则：一是融入政策性手段，无论是纯粹的政策性金融，抑或是在传统的金融供给中融入政策性因素；二是安排能够承受较高风险的金融供给方式，并在一定程度上将其组合化；三是剩余索取权的安排以及在此基础上的证券化（推出金融衍生品）。这三条原则的组合运用，可以在银行信贷、证券、保险等多种基本金融供给手段的基础上设计出丰富多样的具体模式，并在金融实践中不断发展。

其次在调查研究部分中，旨在摸清情况，夯实基础，汇集较为丰富翔实的金融支持战略性新兴产业发展的实践素材与典型案例。战略性新兴产业这一概念提出以来，其在我国的发展取得明显的成效，同时也存在困难和不足。本部分依据调研情况分别汇总分析了银行业、资本市场及权益类方式、保险业以及组合类金融方式支持战略性新兴产业发展上的实践探索与改革创新，并对若干代表性机构的具体实践进行了梳理。同时选取东部地区和中部地区的两个典型科技园区，提炼分析了当地金融支持战略性新兴产业发展的特色举措。其中东部地区的中关村国家自主创新示范区，尽管战略性新兴产业的整体发展条件在全国处于领先位置，但问卷调查和普查结论也显示金融支持举措仍然存在短板，近年来中央银行多措并举，促使园区金融服务覆盖率不断提高，包括战略性新兴产业在内的各类科技企业的金融需求得到更好的满足。在中部地区的湖北孝感国家高新区，在当地金融主管部门的主导下，各类金融机构积极配合，通过“四大工程”（金桥工程、信用体系建设、政府出资融资＋政银集合贷、小微企业助保贷）等举措助力高新区内企业的发展。

再次在比较分析方面，旨在以史为镜、以邻为鉴，梳理得出金融支持新兴产业发展的历史与国际经验。这一部分从历史和国别两个维度，比较分析新兴产业发展机制以及相应的金融支持举措。在历史维度上，总结了新兴产业发展与经济长周期的关系，认为各国只有针对自身的特点和比较优势，及时确定引领并积极培育发展未来的新兴产业，并使之成为能够替代已丧失比较优势的传统产业的支柱产业，才能保证经济的长期繁荣发展。在国别维度上，一方面分析了美、日、德等发达国家金融支持新兴产业发展的成功实践，另一方面选取了巴西、印度等发展中国家经济体进行分析及相关的探索，有关成功经验可资我国政策借鉴。

最后建立框架，提出对策，推动形成较为完整的支持战略性新兴产业发展的金融政策支撑体系。今后一段时期，应坚持金融服务实体经济的本质要求，积极把握战略性新兴产业发展的契机；加强对战略性新兴产业（企业）创新性质和不确定性规律的认识，注重科技与金融复合型人才队伍的培养；兼顾供给端与需求端设计金融扶持举措，因地制宜制定金融支持战略性新兴产业发展的政策；加强对历史规律和国际经验的学习理解和参考借鉴，结合国情制定金融支持战略性新兴产业发展的方式方法；处理好政府支持与市场化手段的关系，尤其是公平与效率、“有形之手”与“无形之手”、保护与开放这三组关系；从宏观上创造有利于包含战略性新兴产业在内的实体经济发展的良好金融运行环境，其中宏观审慎政策的有效实施具有重要作用；特别重视金融基础设施及相关保障性、救济性措施的作用；注意用好“国际国内两个市场两种资源”。

关键词：战略性新兴产业；创新；金融政策响应

Abstract

Boosting the development of strategic emerging industry (SEI) is important to offset the adverse effects of the international financial crisis, reinforce the endogenous power of technical innovation and enhance the national comprehensive strength. The development of SEI needs an integrated supporting system in which financial sectors are indispensable. This book focuses on the development problems of financial sectors and real economy represented by SEI; systematically studies the theoretical logic and mechanism of financial supports for SEI with the theoretical exploration and empirical analysis as the leading priority; analyzes the practical explorations and difficulties faced by financial industry in supporting SEI on the grounds of field research and questionnaire; puts forward the policy suggestions about how financial sectors support SEI in the next stage on the basis of the analysis of national conditions and comparative studies of other countries.

Besides the introduction, the book can be divided into four parts, which is the theoretical and empirical study part (chapter 2-6), investigation and research part (chapter 7-8), comparative study part (chapter 9) and policy study part (chapter 10). The main idea of the book is as following:

Firstly, aimed at keeping the tradition while making theory innovation, the book, in the theoretical and empirical study part, tries to construct an innovative way of theoretical thinking and forms a complete theory mode. On one hand, the time-varying parameter state space model shows quantitative financial resources can considerably promote the development of SEI. On the other hand, related financial theories indicate that the traditional supply mode of financial resources is mismatched with SEI's financing needs in modes, duration, and risk. To make the supplier and demander of financial resources better fit with each other, the book proposes three basic principles that should be followed when designing the financial supply model for SEI. One is to integrate policy measures into the model, either the pure policy financing or combining the policy financing with traditional financing. Second is to introduce high-risk financing methods and restructuring them in some way. Third is the use of residual claim and securitization of it i.e. devising derivatives based on it. Guided by the combination of these three principles, we can project a variety of specific financing models on the basis of traditional financing methods such as banking credit, securities and insurance.

Secondly, aimed to get a clear overview of the situation and lay a solid foundation for investigation, the book, in the investigation and research part, collects numerous detailed practical and typical cases of financial industry supporting SEI. Ever since the proposition of the idea of SEI, the industry has made great progress but also met with many difficulties and problems. Based on the investigation and research, the book summarizes and analyses the practical exploration, reform and innovation made by banking, capital market, insurance and structured finance industry in supporting the development of SEI, and further analyses in detail some typical cases, chooses respectively each Science Park from eastern and central part of country as sample and distills their peculiar measures and experiences in financing SEI. The investigation and survey in the Zhongguancun Science Park (sample as the eastern part of country) show that although the overall conditions for SEI development take lead in the whole country, there are still weaknesses in the financial measures for SEI. In recent years, Central Bank takes several methods to increase the financial coverage ratio in Zhongguancun Science Park step by step, which satisfies the financing needs of all the technology enterprises including SEI enterprises. In the Xiaogan National High-tech Zone of Hubei province (sample as the central part of country), guided by the local financial regulators, the financial organizations work together to support the development of the enterprises in Park through "four major projects" (i.e. golden bridge project, establishment of social credit system, government funding and financing +government and banking collective loan, guaranteed loans for SMEs).

Thirdly, aimed at taking history as the mirror and taking the neighborhood's experiences as the reference, the book, in the comparative analysis part, analyzes and gains the historical and international experiences on financial support for the development of SEI. This part compares and analyzes the SEI's development mechanism and the corresponding financial support measures in two dimensions: history and country. In the historical dimension, by studying the relationship between SEI's development and the long economic cycle, the book puts forward the viewpoint that the only way that a country can ensure long-term economic development and prosperity is to timely decide on and actively cultivate its SEIs, according to its own characteristics and comparative advantages, and make them become the pillar industries to replace the traditional industries which lost comparative advantage. In the country's dimension, it studies the successful practices of financial support for SEI in both developed countries (such as United States, Japan, Germany) and developing economies such as (Brazil, India) so as to draw applicable experiences for our country.

Finally, aimed at establishing framework, and proposing measures, the last part of the book tries to form a relatively complete financial policy support system for the development of SEI. In the next stage, we should adhere to idea that the essence of finance is to provide services for the real economy, and grasp the chances of SEI's development; reinforce the understanding of SEI's (or SEI enterprises') nature of innovation and uncertainty, and highlight the importance of the cultivation of inter-disciplinary talents who master both technology and finance; design financial supporting measures of SEI, from both supply-side and the demand-side and in accordance with local conditions; pay special attention to the study of objective laws and the reference of international experiences, and determine the way and methods of financial support for the development of SEI according to the national conditions; appropriately handle the relationship between government support and market principle, especially the following three relationships—fairness and efficiency, "visible hand" and "invisible hand", protection and openness; create good macro-financial environment where the real economy including SEI can develop well, among which the effective implementation of the macro prudential policy plays an important role; pay special attention to the effect of financial infrastructure and related security and relief measures; make good use of "international and domestic markets resources".

Key Words: Strategic Emerging Industry (SEI); Innovation; Financial Policy Response

目　录

第一章　导　论 …… 1

第一节　研究背景和研究意义 …… 1
第二节　研究方法和研究脉络 …… 4
第三节　内容安排和主要结论 …… 9
第四节　研究创新与尚存不足 …… 11

第二章　我国金融要素功能效力量化解构 …… 15

第一节　金融体系的功能简述 …… 15
一、金融发展理论研究的历史沿革 …… 15
二、若干实证研究简述 …… 17
第二节　基于状态空间模型的实证研究 …… 20
一、关于金融状况指标的基本说明 …… 20
二、基于动态权重的金融状况指数构建的理论模型 …… 23
三、我国金融状况指数构建的实证分析 …… 25
四、动态权重金融状况指数的性质 …… 30
五、我国不同金融要素功能效力解构内涵 …… 34

第三章　多重错配与战略性新兴产业融资模式安排 …… 37

第一节　战略性新兴产业融资安排的逻辑主线 …… 37
第二节　战略性新兴产业融资安排的模型综合 …… 39
一、战略性新兴产业正外部性特征下的模式错配与金融供给安排 …… 40
二、战略性新兴产业不确定性特征下的风险错配与金融供给安排 …… 42

三、战略性新兴产业不确定性特征下的期限错配与金融供给安排 …… 46
第三节 战略性新兴产业融资安排的工具设计 …… 48
第四节 战略性新兴产业融资安排的政策取向 …… 50
第四章 金融体系促进战略性新兴产业创新研究 …… 59
第一节 金融体系影响技术创新的逻辑简述 …… 59
第二节 我国金融体系促进技术创新的实证研究 …… 61
一、模型选取、变量指标和数据说明 …… 61
二、计量过程 …… 65
三、计量模型的解释 …… 68
第三节 金融资源与战略性新兴产业的空间布局 …… 69
一、战略性新兴产业空间布局及其产出效应的三阶段模型 …… 69
二、基于分省数据的面板模型实证分析 …… 75
第五章 信息不对称与战略性新兴产业融资博弈 …… 81
第一节 战略性新兴产业四阶段融资博弈模型分析 …… 81
第二节 信用累积、尽职调查成本与融资策略选择 …… 93
第六章 战略性新兴产业的需求端金融政策响应 …… 97
第一节 市场需求拉动战略性新兴产业发展的功效 …… 97
一、既有理论显示市场需求在推动战略性新兴产业发展中具有重要作用 …… 97
二、实证研究显示需求拉动有助于推进技术进步——基于技术市场成交额与专利的格兰杰因果检验 …… 99
三、当前我国战略性新兴产业发展中存在供需政策失衡与重复建设问题 …… 101
第二节 需求端发展着力点及其金融政策响应 …… 103
一、发挥组合型金融工具的作用，强化对战略性新兴产业领先市场建设的金融支持 …… 103

二、细分客户对象，量身定做针对“用户体验”的金融产品 …… 105
三、提升金融服务理念，及时跟进“用户创新”等需求端主体与行为的金融服务 …… 106
四、创新金融服务模式，加大对厂商开发需求能力的金融支持 …… 106
五、进一步加强金融服务实体经济的规律性研究，大力扶持由需求引导的新型生产方式 …… 107

第七章 金融支持战略性新兴产业发展的实践探索 …… 109

第一节 我国战略性新兴产业发展成效 …… 109
一、政策体系初步建成 …… 109
二、投资快速涌入 …… 110
三、产值迅速增长 …… 110
四、带动作用加强 …… 111
第二节 主要金融业态的支持举措概述 …… 112
一、银行业支持战略性新兴产业发展的实践 …… 113
二、资本市场及权益类融资方式在战略性新兴产业上的应用 …… 116
三、保险类融资方式在战略性新兴产业上的应用 …… 117
四、组合类金融方式支持战略性新兴产业发展的探索 …… 120
第三节 代表性银行业金融机构的探索实践 …… 122
一、政策性银行支持战略性新兴产业分析 …… 123
二、上市国有控股商业银行支持战略性新兴产业分析 …… 125
三、上市中小股份制商业银行支持战略性新兴产业分析 …… 129
四、上市城市商业银行支持战略性新兴产业分析 …… 132

第八章 金融支持战略性新兴产业发展的案例调查 …… 137

第一节 中关村国家自主创新示范区的特色实践 …… 137
一、中关村国家自主创新示范区发展战略性新兴产业的概况 …… 137
二、中关村战略性新兴产业发展中的金融约束问题调查 …… 138

三、中央银行牵头推动中关村战略性新兴企业金融服务的特色实践 …… 140
四、中关村“零信贷”科技企业金融服务拓展活动取得显著成效 …… 142
第二节 湖北省孝感市国家高新区的特色实践 …… 142
一、孝感国家高新区发展战略性新兴产业概况 …… 143
二、“四大工程”助力孝感国家高新区战略性新兴产业金融服务 …… 144

第九章 历史镜鉴与国际经验比较分析 …… 149

第一节 新兴产业与经济发展长周期 …… 149
一、新兴产业蓬勃发展是长期经济周期更迭的动因 …… 150
二、新兴支柱性产业发展与中国兴衰 …… 152
三、强化金融支持新兴产业发展的作用 …… 154
第二节 发达国家的实践 …… 155
一、美国的实践——以新能源产业为例 …… 155
二、日本的实践——以节能环保产业为例 …… 158
三、德国的实践——以新能源产业为例 …… 159
第三节 新兴市场经济国家的探索 …… 161
一、巴西的实践——以民用航空产业为例 …… 161
二、印度的实践——以生物技术产业为例 …… 163

第十章 金融支持战略性新兴产业发展的政策选择 …… 165

第一节 当前实践发展的困难与不足 …… 165
一、金融业与战略性新兴产业（企业）之间存在对收益风险的认知差异和信息不对称问题 …… 165
二、传统金融业提供服务的动力不足，金融供给与战略性新兴产业的需求存在差距 …… 166
三、以银行业为主的间接融资模式尚不能满足战略性新兴产业的融资需求 …… 167
四、非银行金融业在支持战略性新兴产业发展上存在主客观的障碍 …… 168

五、金融支持的“市场无形之手”没有充分有效地激活 …… 169
六、政策性扶持力度仍有不足，风险分散与补偿机制不完善 …… 170
第二节 设计金融支持对策应遵循的基本原则 …… 171
第三节 扶持性举措中的三组平衡关系 …… 176
一、把握好公平与效率的关系 …… 177
二、把握好政府和市场的关系 …… 178
三、把握好保护与开放的关系 …… 179
第四节 宏观审慎管理在金融扶持政策中的重要性 …… 180
一、发达经济体宏观审慎管理实践的共识、困境及可行选择 …… 181
二、我国实施宏观审慎管理的政策选择 …… 183
第五节 金融扶持政策建议 …… 186
一、创新风险收益管理模式，促进以银行业为代表的传统金融业与战略性新兴产业（企业）间的风险收益平衡 …… 187
二、提升银行业金融机构服务战略性新兴产业的内生动力，加大对其实质性的支持力度 …… 187
三、加强多层次的金融市场体系建设，拓宽金融业资金流向战略性新兴产业的渠道 …… 189
四、发挥保险和担保业的风险分担和救济功能，为战略性新兴产业发展保驾护航 …… 190

附录 战略性新兴产业重点发展领域 …… 193

参考文献 …… 197

索 引 …… 223

后 记 …… 229

专家推荐表 …… 233

Contents

1 Introduction ·· 1

1.1 Research Background and Research Significance ············ 1
1.2 Research Methods and Research Context ························ 4
1.3 Content Arrangement and Main Conclusions ····················· 9
1.4 Research Innovations and Research Weakness ··············· 11

2 Quantitative Research on the Effectiveness of the Financial Function ·· 15

2.1 A Brief Description on the Function of the Financial System ·· 15
2.1.1 Evolution of the Financial Development Theories ············ 15
2.1.2 Brief Introduction to Empirical Studies ························ 17
2.2 An Empirical Study Based on State-space Model ············ 20
2.2.1 Basic Notes about Financial Status Indicators ··············· 20
2.2.2 Construction of Theoretical Model Based on Dynamic-Weighted Financial Status Indexes ·· 23
2.2.3 Empirical Analysis of the Construction of China's Financial Status Indexes ·· 25
2.2.4 Nature of the Dynamic-Weighted Financial Status Indexes ·· 30
2.2.5 Analysis of Function and Effectiveness of Different Financial Factors in China ·· 34

3 Multiple Mismatch and the Financing Arrangements of SEI ········· 37

3.1 Logic Mainline on the Financing Arrangements of SEI ········· 37

3.2 Model Integrated on the Financing Arrangements of SEI ······ 39
3.2.1 Mode Mismatches and Financial Supply Arrangements of SEI with the Characteristics Positive Externalities ······ 40
3.2.2 Risk Mismatches and Financial Supply Arrangements of SEI with the Characteristics of Uncertainty ······ 42
3.2.3 Duration Mismatches and Financial Supply Arrangements of SEI with the Characteristics of Uncertainty ······ 46
3.3 Tool Design on the Financing Arrangements of SEI ······ 48
3.4 Policy Orientation on the Financing Arrangements of SEI ······ 50

4 Research on the Financial System Promoting the Innovation of SEI ······ 59

4.1 Logic Outline for the Financial System's Impacts on the Technological ······ 59
4.2 Empirical Analysis on the Financial System's Impacts on the Technological ······ 61
4.2.1 Model Selection, Variables and Data Description ······ 61
4.2.2 Econometrics Process ······ 65
4.2.3 Econometric Explanation ······ 68
4.3 Financial Resources and the Space Layout of SEI ······ 69
4.3.1 The Three-Stage Model on SEI's Space Layout and Output Effects ······ 69
4.3.2 Empirical Analysis Based on the Provincial Panel Data ······ 75

5 Information Asymmetry and the Financing Game of SEI ······ 81

5.1 A Four-stage Financing Game Model on SEI ······ 81
5.2 Credit Accumulation, Due Diligence Costs and Financing Strategies Selection of SEI ······ 93

6 Demand-side Financial Policy Response on the Development of SEI ······ 97

6.1 Market Demand' s Effectiveness on the Development of SEI ······ 97

6.1.1 Existing Theories Show that Market Demand Plays an Important Role in Promoting the Development of SEI ······ 97

6.1.2 The Empirical Research Shows that Demand Helps to Promote the Progress of Technology: Granger Test Based on Technology Market Turnover and Patents ······ 99

6.1.3 Imbalance Between Supply Policies and Demand Policies and Redundant Construction Exist in the Development of SEI in China at Present ······ 101

6.2 Demand-side Development Focus and the Financial Policy Response ······ 103

6.2.1 Enlarge the Utility of Portfolio Finance and Strengthen Financial Support for the Construction of the Leading Market of SEI ······ 103

6.2.2 Segment Customer, Customize Financial Products in Accordance with the "User Experience" ······ 105

6.2.3 Reinforce the Financial Services Concept and Provide Financial Services in Accordance with "User Innovation" Made by Demand Side ······ 106

6.2.4 Innovate Financial Services Model, Increase the Financial Support for Vendors' R&D Ability ······ 106

6.2.5 Further Strengthen the Study of the Laws on Financial Services and Real Economy, and Vigorously Support the New Production Mode Raised by Demand Side ······ 107

7 Exploration and Practice of Financial Support for the Development of SEI ······ 109

7.1 China's Achievement on the Development of SEI ······ 109

7.1.1 Preliminary Establishment of the Policy System ………… 109
7.1.2 The Rapid Influx of Investment ………………………… 110
7.1.3 Great Increase of Output Value ………………………… 110
7.1.4 Enhancement of Driving Role ………………………… 111
7.2 Outline on the Support Initiatives of Major Financial Institutions ………………………………………… 112
7.2.1 Practice of Banking Industry Supporting the Development of SEI ………………………………………… 113
7.2.2 Application of Capital Market and Equity Financing in SEI ………………………………………… 116
7.2.3 Application of Insurance Financing in SEI ……………… 117
7.2.4 Exploration of the Portfolio Finance Supporting the Development of SEI ………………………………… 120
7.3 Exploration and Practice of Representative Banking Financial Institutions ………………………………………… 122
7.3.1 Analysis of Policy Banks' Support for SEI ……………… 123
7.3.2 Analysis of Listed State-owned Commercial Banks' Support for SEI ………………………………………… 125
7.3.3 Analysis of Listed Small and Medium-sized Joint-stock Commercial Banks' Support for SEI …………………… 129
7.3.4 Analysis of Listed City Commercial Banks' Support for SEI ………………………………………… 132

8 Case Investigation of Financial Support for the Development of SEI ………………………………………… 137

8.1 Featured Practice of Zhongguancun Science Park ……… 137
8.1.1 Introduction to the Development of SEI in Zhongguancun Science Park ………………………………………… 137
8.1.2 Survey on Financial Constraints on the Development of SEI in Zhongguancun ………………………………… 138
8.1.3 Featured Practices Led by Central Bank to Promote Financial Services for SEI Enterprises in Zhongguancun …………… 140

8.1.4 The Financial Services of "Zero Credit" for Technology Enterprises in Zhongguancun Make Remarkable Achievement …… 142

8.2 Featured Practice of the National High-tech Zone in Xiaogan City of Hubei Province …… 142

8.2.1 Introduction to the Development of SEI in Xiaogan National High-tech Zone …… 143

8.2.2 "Four Projects" Boost up Financial Services for SEI in Xiaogan National High-tech Zone …… 144

9 Comparative Analysis of the Historical Mirroring and the International Experience …… 149

9.1 Emerging Industries and the Long Period of Economic Development …… 149

9.1.1 Vigorous Development of Emerging Industries is the Cause of the Long Economic Cycle …… 150

9.1.2 Development of Emerging Pillar Industries and China's Prosperity …… 152

9.1.3 Finance as an Engine of the Development of Emerging Industries …… 154

9.2 Practice of SEI in Developed Countries …… 155

9.2.1 The Practice of the United States: Taking the New Energy Industry as an Example …… 155

9.2.2 The Practice of Japan: Taking Energy Saving and Environmental Protection Industry as an Example …… 158

9.2.3 The Practice of Germany: Taking the New Energy Industry as an Example …… 159

9.3 Exploration of SEI in the Emerging Market Economies …… 161

9.3.1 The Practice of Brazil: Taking Civil Aviation Industry as an Example …… 161

9.3.2 The Practice of India: Taking Biotechnology Industry as an Example …… 163

10 Policy Options of Financial Support for the Development of SEI …… 165

10.1 Current Difficulties and Shortcomings in Developments of SEI …… 165

10.1.1 Cognitive Difference and Information Asymmetry between the Financial Industry and SEI (Enterprises) …… 165

10.1.2 Traditional Financial Industry Lacks Impetus to Provide Services, Gap between the Financial Supply and SEI's Demand …… 166

10.1.3 The Indirect Financing Based on Banking Industry can't Meet the Financing Needs of SEI …… 167

10.1.4 There Existing Subjective and Objective Barriers in the Non-Banking Financial Industry when Supporting the Development of SEI …… 168

10.1.5 "Invisible Hand of Financial Market" is not Fully Activated …… 169

10.1.6 Policy Support Still Insufficient, Mechanism of Risk Diversification and Compensation Still Imperfect …… 170

10.2 Basic Principles in Designing the Measures of Financial Support for SEI …… 171

10.3 Balance between the Three Groups in the Support Initiatives …… 176

10.3.1 Handle Properly the Relationship between Fairness and Efficiency …… 177

10.3.2 Handle Properly the Relationship between Government and Market …… 178

10.3.3 Handle Properly the Relationship between Protection and Openness …… 179

10.4 The Importance of Prudent Macroeconomic Management in the Financial Support …… 180
10.4.1 The Consensus, Dilemma and Feasible Choice of Macro-Prudential Management Practice in Developed Economies …… 181
10.4.2 The Policy Choice of Macro-Prudential Management in China …… 183
10.5 Financial Support Policy Recommendations …… 186
10.5.1 Innovating Risk and Earnings Management Model to Promote the Risk- Earnings Balance between SEI (Enterprises) and Traditional Finance Represented by Banking Industry …… 187
10.5.2 Increase the Endogenous Power of Banking Institutions Serving SEI, and Increasing its Support Substantially …… 187
10.5.3 Vigorously Constructing the Multi-level Financial Market System, Broaden Financing Channels of SEI …… 189
10.5.4 Give Full Play to the Risk Sharing and Relief Functions of Insurance and Guarantee Industry in Order to Escort the SEI …… 190

Appendices Key Development Areas of Strategic Emerging Industries …… 193

Reference …… 197

Index …… 223

Postscript …… 229

Recommendations …… 233

第一章 导 论

经济实践的发展和理论研究的创新相辅相成，往往越是复杂多变、波谲云诡的经济形势越能体现理论研究的魅力，特定的历史条件下甚至能够成就理论研究的革命。诚如 20 世纪 30 年代的经济大萧条成就了凯恩斯主义、20 世纪 70 年代的全球滞胀成就了卢卡斯的理性预期革命一样，最近一轮的国际金融危机在给全球经济带来严重冲击的同时，也为理论研究和宏观决策提供了难得的机遇和广阔的舞台。在应对危机的过程中，中国政府一方面创造性地提出了"战略性新兴产业"这一概念，试图寻求新的经济增长点，重塑产业结构，从更高层面推动实体经济的发展；另一方面深入反思金融发展的历史使命，强调金融服务实体经济的本质要求，引领金融业发展的正确轨迹。本书聚焦两大目标任务的结合点，围绕金融支持战略性新兴产业发展的相关问题，探索其理论逻辑，总结其实践特征，厘清有关对策建议。

第一节 研究背景和研究意义

金融层面的过度创新与自我循环，以及实体经济层面的产业空心化等是最新一轮国际金融危机的重要诱因。为此，发达国家纷纷实行了再工业化战略，日益重视对新兴产业的扶持，以寻求未来经济新的增长点。为应对国际金融危机的影响，抓住难得的历史机遇，抢占国际分工的有利地位和全球价值链的制高点，从 2009 年下半年起，中国政府高层明确提出发展战略性新兴产业，并于 2010 年 10 月出台了《国务院关于加快培育和发展战略性新兴产业的决定》(国发〔2010〕32 号)。自战略性新兴产业这一概念提出以来，经过数年发展，如今已经可以初步系统地审视相关的实践探索与理论政策。

在实践上，政策支撑体系逐步建立，战略性新兴产业快速发展，但面临的困难尚多。在国家层面的纲领性文件《国务院关于加快培育和发展战略性新兴产业的决定》和《"十二五"国家战略性新兴产业发展规划》指导下，各有关部门纷纷出台相关的实施细则，从不同层面支持战略性新兴产业的发展。从各地的情况来看，除西藏、香港、澳门、台湾外，中国30个省级行政区域均在一定程度上结合当地实际出台了相应的发展纲要、行动计划抑或是实施意见[①]。在这些指导性文件中，几乎无一例外地涵盖了金融支持的相关举措。在政策指引下，包括金融要素在内的各类资源相继涌入这一产业领域，投资迅速增长，相关产业在GDP中的占比不断提高，部分经济相对发达区域的发展目标及实际增长更快，一些产业的竞争力不断增强。然而近年来的实践也显示，战略性新兴产业发展客观上仍然存在着一些困难，仅从与金融因素的关联上看，囿于战略性新兴产业的基本特征，该类产业的金融需求与实际获取的金融供给之间存在明显的不对称性、不平衡性，在一定程度上仍然制约着该产业的健康发展。

在理论上，相关研究取得了较为丰富的成果，但专门针对金融支撑体系的研究尚缺乏系统性。战略性新兴产业这一应对国际金融危机而提出的政策性概念，已经在学术界引起足够的关注。针对这一概念的理论内涵、产业特征、发展机制、支撑体系等已经陆续呈现出相应的理论研究，甚至部分程度上进行了基于数据基础的实证分析。国家统计局出台的《战略性新兴产业分类（2012）（试行）》，初步构建了便于宏观监测与管理的统计体系，必将为实证研究提供更加翔实可信的数据库。针对这一领域的研究，从初期的热议与争论，正逐步归于理性分析，一些研究结论得到学界较为广泛的认同[②]。然而单纯地就金融支持战略性新兴产业这个研究视角而言，尽管相关的论述颇多，但尚缺乏较为系统的研究成果。

大力发展战略性新兴产业具有深远的历史意义和重大的现实意义，是应对国际金融危机不利影响、增强技术创新内生动力、夯实国民经济长期平稳较快增长基础、提高综合国力的重要途径。从历史发展和经济周期看，新兴产业或战略性新兴产业是引领每一轮较长时间周期经济扩张的主要推动力；

① 根据有关公开资料，本书附录汇集了全国及30个省级行政区相关的实施文件名称及重点发展领域。

② 如国家社会科学基金支持的系列课题已经取得初步的系统化成果，主要由中国社会科学院工业经济研究所相关科研人员完成的国家社会科学基金重点项目最终成果《技术经济范式协同转变与战略性新兴产业发展》入选2013年国家哲学社会科学成果文库；中国工程科技发展战略研究院发布了一系列年度的《中国战略性新兴产业发展报告》等。

而缺乏新兴产业科技支撑的国家即便体量庞大也会落后挨打。从国际形势看，最新一轮全球性金融危机的爆发，促使世界各国对经济发展模式进行了反思和调整。国际金融危机后，美、欧等发达经济体日益重视对新兴产业的扶持，重塑了国内经济政策。决策者已经认识到，过度追求金融业发展所导致的资金“脱实向虚”“自我循环”“自我膨胀”，可能使经济发展面临严重的产业空心化（De-industrialization）问题；实体经济，特别是若干基础性、战略性意义的制造业部门才是国民经济发展的基础和支撑点。从国内现状看，随着“刘易斯拐点”的到来、“人口红利”的逐步消失[①]以及经济增速中枢下移[②]，特别是发达地区经济增速的明显下滑[③]等，通过加快发展战略性新兴产业来提升经济增长的技术含量，并以此促进经济发展方式转变的迫切性与日俱增[④]。

战略性新兴产业的发展需要一个完整的支撑体系。纲领性文件，无论是“十二五”规划，抑或是《国务院关于加快培育和发展战略性新兴产业的决定》，都提及金融因素在支持战略性新兴产业中的作用，强调金融资源与科技资源相结合才能有效推动战略性新兴产业的发展（余剑，2013）[⑤]。从这个意义上讲，厘清金融因素在推动战略性新兴产业发展上的理论逻辑，并以此指导政策设计和实践发展，具有重要的理论与现实意义。一方面，“金融是现代经济的核心”，同时“金融要坚持为实体经济服务的本质要求”，从金融的视角出发，研究支撑战略性新兴产业发展的政策框架，将加深对金融业与以战

① 蔡昉（2013）认为，在经过“刘易斯拐点”并且“人口红利”面临逐步消失的情况下，中国通过劳动力在部门间的转移所获得的资源重新配置效应以及劳动力无限供给所赢得的稳定的资本报酬效应，都将逐步消失。按照理论预期，中国的必然出路是把经济增长转移到依靠全要素生产率，特别是与技术进步有关的生产率基础上。

② 从决策层判断和学界研究看，普遍认为我国将告别过去较长时间的高速增长时代，进入一个中高速的经济发展阶段。

③ 张平（2012）认为，以北京、上海为代表的中国发达地区目前的经济增长明显减速，这符合国际上普遍讨论的减速原则，同时也是其他区域经济发展到相应阶段所必然会出现的现象。应明晰经济增长减速的原因，抓住全球绿色创新的技术进步趋势，通过政府引导创新，借助金融、税收等手段，实现“以效率持续改进推动转型升级”的目标。

④ 大力发展战略性新兴产业是经济结构调整的重要组成部分，符合加快转变经济发展方式的主攻方向。发展战略性新兴产业与坚持科技进步和创新相辅相成，是加快转变经济发展方式的重要支撑。面对全球资源耗竭和环境恶化的重大挑战，战略性新兴产业所特有的低能耗性和环保性，甚至本身就是可再生能源的提供者，有利于建设资源节约型、环境友好型社会，是加快转变经济发展方式的重要着力点。

⑤ 实际上从发达国家的政策措施看，大多也强调了金融等要素资源在支持新兴产业发展中的作用。以美国为例，尽管美国没有具体的产业政策，但政府在教育、科技和基础设施建设方面持续地进行大量投资（配置金融资源），扮演着要素创造者的角色。

略性新兴产业为代表的实体经济互利共赢辩证关系的认识；另一方面，创造性地设计出一套系统的金融支持战略性新兴产业发展的理论框架，将进一步丰富产业经济学范畴的战略性新兴产业以及金融学范畴的金融功能研究领域的视野。

第二节 研究方法和研究脉络

本书坚持理论联系实际及“五结合”的方法，多层面、广视角地研究讨论问题。

第一，坚持历史分析和逻辑分析相结合。始终秉持历史唯物主义和辩证唯物主义原则，既分析历史，特别是从细究历史数据的角度归结历史经验，以期为现实研究提供背景参考，又紧密结合最新形势发展，直接讨论分析现实问题。既采取归纳法，从一般现象得到逻辑本质，又采取演绎法，直接从国情基础出发，提出问题、分析问题、解决问题，得到逻辑性强且具有较高现实意义的政策启示。

第二，坚持规范分析与实证分析相结合。本书在充分挖掘货币金融理论、产业发展理论、发展经济学理论等多种现代经济学理论研究问题的同时，使用符合经济学研究国际惯例的数学模型、计量模型、博弈论模型等现代经济学方法，构建现实符合性高的模型进行实证分析，提升研究的科学性与规范性，并初步形成了金融支持战略性新兴产业的理论逻辑及其指导下的政策框架。

第三，坚持定性分析与定量分析相结合。既注重定性分析为本书研究提供方向性的指导，又注重通过获取和梳理数据进行定量实证研究，以期得到较为精确的分析结论，其中计量经济学、博弈论的模型及实证研究方法贯穿全文。在计量研究方法上，既使用时间序列模型、面板模型、格兰杰因果检验等较为流行的方法分析金融因素与战略性新兴产业核心发展要素间的计量关系以及需求因素在战略性新兴产业发展中的重要作用，也探索使用时变参数状态空间模型等较为前沿的计量分析技术，较为清晰地区分在推动我国战略性新兴产业发展中各种金融因素的作用程度。

第四，坚持理论研究与实际调研相结合。本书在深入扎实梳理文献的基础上，突出了理论逻辑的总结，并进行了一定的理论创新，使研究具备相应的理论深度。与此同时，本书的研究十分注重深入实际挖掘鲜活材料。在攻关过程中，研究者既全面梳理了公开资料和文献反映的情况①，又多次深入各类企业集团、中小企业、科技园区、财务公司、商业银行、证券公司、保险公司、有关政府部门及政策咨询机构进行座谈与调研，并借助依托单位开展了问卷调查，获取了较多的一手资料，为研究的顺利开展奠定了重要的基础。通过从调研中获取的一手材料全面检验理论模型与计量分析所得到的结论，并提出“量体裁衣”的政策建议。

第五，坚持案例分析与国际比较相结合。笔者紧密结合中国国情，深入金融机构、各类战略性新兴产业中的具体企业进行了调研。特别是选取了东部地区的中关村国家自主创新示范区以及中部地区的湖北孝感国家高新区作为重点调查对象，形成了相关的专项调研案例分析材料。另外，专门梳理了具有代表性的发达经济体和部分新兴市场经济体在支持战略性新兴产业发展上的有关做法和成功经验，为本书研究，特别是政策建议提供了相应的参考。

本书研究“金融支持战略性新兴产业发展”的理论与现实关系，涉及“金融及其功能”与“战略性新兴产业发展”两个关键概念。为了给全书研究提供一个逻辑清晰的分析脉络，需要界定金融（及其功能）是“自变量”，战略性新兴产业发展是“因变量”。以下拟通过四个层面说明本书论述的基本逻辑。

第一个层面：明确本书研究的因变量指向，即战略性新兴产业发展的目标。

作为“因变量”，纲领性文件《国务院关于加快培育和发展战略性新兴产业的决定》（以下简称《决定》）明确了战略性新兴产业发展的三大任务，即在“供给层面”要求总量扩张②和技术进步③；在“需求面”要求“市场拉动”④；

① 如第七章关于金融业支持战略性新兴产业的实践分析就建立在全面梳理上市银行的有关情况基础上。

②《决定》要求立足国情，努力实现重点领域快速健康发展，即到 2015 年，战略性新兴产业形成健康发展、协调推进的基本格局，对产业结构升级的推动作用显著增强，增加值占国内生产总值的比重力争达到 8%左右。到 2020 年，战略性新兴产业增加值占国内生产总值的比重力争达到 15%左右，吸纳、带动就业能力显著提高。

③《决定》要求强化科技创新，提升产业核心竞争力，即完善以企业为主体、市场为导向、产学研相结合的技术创新体系，发挥国家科技重大专项的核心引领作用，结合实施产业发展规划，突破关键核心技术，加强创新成果产业化，提升产业核心竞争力。

④《决定》要求积极培育市场，营造良好的市场环境，即要组织实施重大应用示范工程，引导消费模式转变，培育市场，拉动产业发展。支持市场拓展和商业模式创新。完善标准体系和市场准入制度。

在“国际视角”上要求“加强国际合作”[①]。本书的分析涵盖这三大任务，其中第一项任务是研究的重点。

第二个层面：界定自变量的功能手段，即厘清金融功能发挥作用的基本渠道。

从“自变量”来看，涉及金融功能，即在推进战略性新兴产业发展三大任务上，金融因素发挥作用的基本渠道是什么？在经典的综述性文献中，大都通过对金融功能的归集，论证了良好运转的金融体系可以促进资本积累和技术创新，从而为长期的经济增长提供动力。如 Merton 和 Bodie（1995）将金融体系的功能（Functions of the Financial System）分为六大类：一是便利交易的清算支付功能（Clearing and Settling Payments），二是汇聚资源以及细分股份（Pooling Resources and Subdividing Shares），三是资源的跨期和跨空间配置（Transferring Resources Across Time and Space），四是管理风险（Managing Risk），五是提供信息（Providing Information），六是处理激励问题（Dealing with Incentive Problems）。Levine（1997）认为，金融功能的作用一般包括五个方面：一是降低风险（Facilitating the Trading of Risk），二是配置资本（Allocating Capital），三是监督管理者（Monitoring Managers），四是动员储蓄（Mobilizing Savings），五是便利交易（Easing the Trading of Goods，Services，and Financial Contracts）。总的来看，如 Romer（1990）、Grossman 和 Helpman（1991）、Philippe Aghion 和 Peter Howitt（1992）等学者指出的，金融体系的这五大（或者六大）功能影响实体经济（经济增长）主要是通过两个层面的作用：资本积累和技术创新。在资本积累的角度，金融体系的作用是通过影响资本形成率来改变稳定不变的经济增长（Functions Performed by the Financial System Affect Steady-state Growth by Influencing the Rate of Capital Formation）。金融体系影响资本积累的方式包括：改变储蓄率或者重新在不同的资本生产机制中配置储蓄（Reallocate Savings among Different Capital Producing Technologies）。而在创新的角度，金融体系影响创新的研究集中在新产品和新生产过程中的创造（Invention of New Production Processes and Goods）。

第三个层面：考察自变量与因变量间的桥梁作用，即针对战略性新兴产

① 《决定》要求深化国际合作，提高国际化发展水平，即要通过深化国际合作，尽快掌握关键核心技术，提升我国自主发展能力与核心竞争力。切实提高国际投融资合作的质量和水平。

业发展的金融需求来设计“量体裁衣”式的金融供给。

在明确了金融功能作用实体经济的基本渠道基础上，针对某类特定产业，金融功能如何发挥作用？或者说政策设计者如何提供有效的金融供给？已有的理论和实践表明金融需求决定金融供给，是设计针对具有某类特定特征产业的金融支持措施的根本逻辑。许多国家的金融发展历程一再表明，一种金融（银行）制度的有效性不能脱离其特定的环境和条件，或者说，一种金融（银行）制度所能提供的有效金融供给不能脱离一国特定背景之下的金融需求。尽管早已有人试图证明金融供给可以对金融需求产生诱导效应（Thakor，1996；Pagano，1993），但这种效应的发挥是需要条件的。如果没有一定量的潜在金融需求，并存在一个相对成熟的传导上述效应的市场渠道，则金融供给的诱导作用仍会无效（张杰，2004）。在金融需求决定金融供给的基本机制之下，分析战略性新兴产业的金融供给模式，应该遵循的基本逻辑是从战略性新兴产业的性质及其金融需求特点出发，设计出特定的金融供给模式。

第四个层面：确定逻辑起点，即解构战略性新兴产业的基本特征。

战略性新兴产业作为一个新概念，涉及三个关键词，即战略性、新兴和产业。“产业”一词在经济学（主要是产业组织理论）中有比较明确的定义，即生产具有相互替代性的产品的企业群体。“新兴产业”一词主要出现在技术创新领域有关“产业动态性”（Industry Dynamics）问题的研究文献中，指的是处于产业生命周期中“初创期”的产业（McGahan 等，2004）。在关注新兴产业的研究中，大都注重分析新兴产业的特征，包括企业面临的技术和市场风险（如 Olleros，1986；Aldrich 和 Fiol，1994；Casper 和 Whitley，2004）、信息壁垒（如 Mowat 和 Collins，2000）等，进而将“新兴”与“风险”紧密联系在一起，体现在经济学含义上即具有明显的“不确定性”。战略性新兴产业的最后一个关键词是“战略性”，也是战略性新兴产业涉及的三个关键词中最缺乏经济学理论共识的概念。经合组织（OECD，1991）论述了战略性产业对于国家经济竞争力的影响，以及应当采取的支持性政策措施。中国社会科学院工业经济研究所“发展我国战略性新兴产业问题研究”课题组认为，战略性新兴产业的战略性主要体现在能够成为未来的支柱产业、对经济增长的带动作用强、产业关联度大、代表科技发展前沿、对人民生活产生重大的影响、决定未来国家的竞争优势等几个方面[①]。据此，战略性新兴产业在经济学意义上具有显著的

① 吕铁等：《技术经济范式协同转变与战略性新兴产业发展》，中国社会科学出版社 2014 年版。

"正外部性"。简单归纳，战略性新兴产业具有的战略性以及新兴性特征，导致了其具有经济学意义上的正外部性以及不确定性（风险性）特征①。

在四个层面的逻辑递推下，本书的基本逻辑思路如图 1-1 所示。

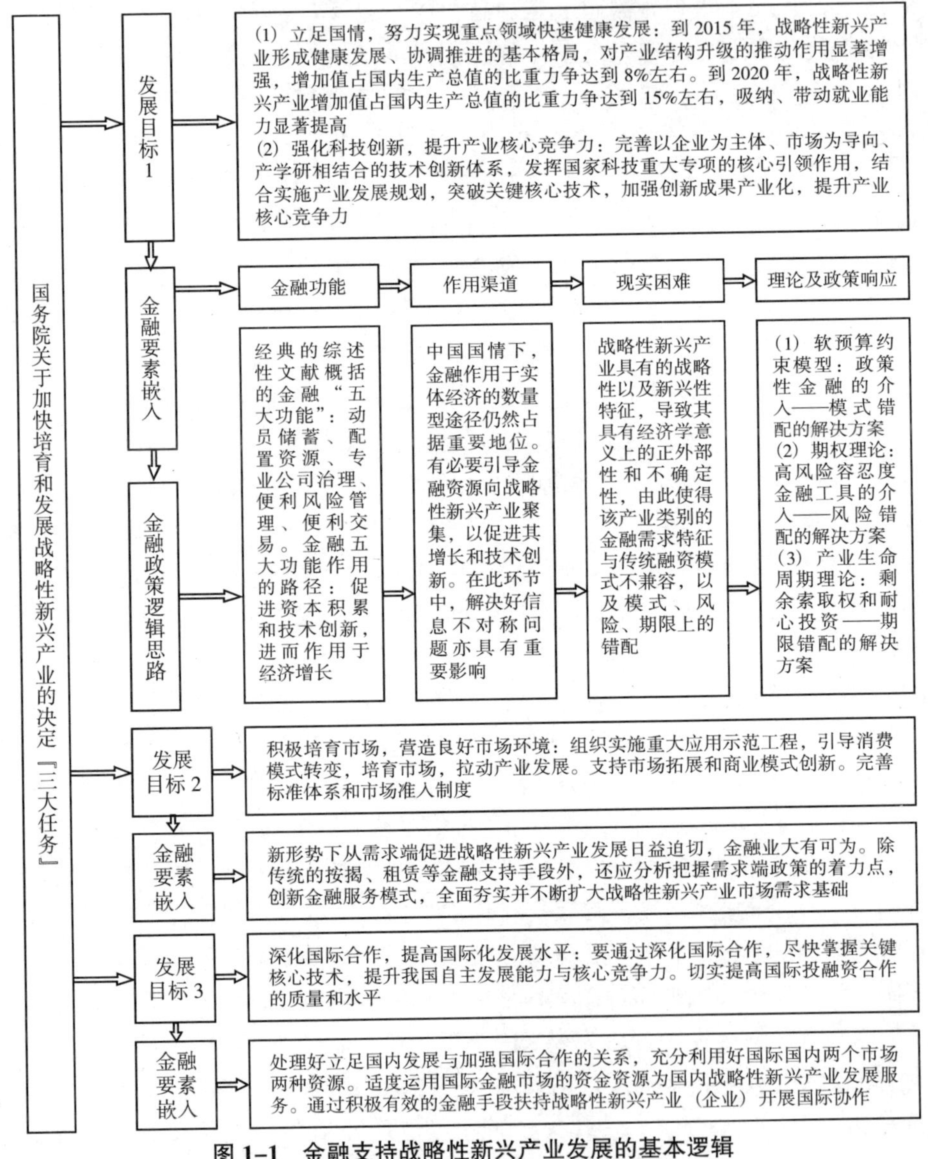

图 1-1　金融支持战略性新兴产业发展的基本逻辑

① 关于战略性新兴产业的特征，后文还会展开论述。

第三节 内容安排和主要结论

本书正文共分为十章，除本部分导论外，其余九章的主要内容和结论分别是：

第二章在对金融体系功能的相关研究进行文献梳理后，通过构建一个基于时变参数状态空间模型的金融状况指数（FCI），力图区分当前我国金融体系中不同因素影响实体经济（以经济增长为指标，这与战略性新兴产业发展的第一目标密切相关）的效用大小，计量结果显示在过去一个相当长时间内数量型金融因素仍然发挥着主要作用。对于金融体系中相对重要的因素，特别是在促进实体经济发展中能够发挥突出作用的要素，是研究关注的重点。为促进战略性新兴产业发展，有必要通过一定的政策体系设计，促使其中较为重要的金融因素在支持战略性新兴产业发展上最大限度地发挥作用。

第三章从理论视角梳理战略性新兴产业的基本特征和金融功能发挥作用的渠道，并设计整体的政策框架。通过运用软预算约束模型（DM 模型）和金融工程原理，对战略性新兴产业金融需求特点及其与传统金融供给模式的匹配性进行分析，认为模式错配、风险错配、期限错配影响了战略性新兴产业的融资行为，有必要对传统金融供给方式进行改造或创造新型金融供给模式。在引入政策性因素和金融工程原理的基础上，确定出战略性新兴产业的金融供给基本思路，并设计出一套适应该类产业需求的金融供给原则框架。

第四章重点关注战略性新兴产业发展的技术创新要求，在分解金融体系影响技术创新的基本渠道后，从全国和省级地区两个层面进行了实证研究。在全国层面上，包括控制变量的时间序列模型显示，金融发展水平（包括间接融资市场的信贷深度和直接融资市场的资本市场深度）与科技创新水平（包括专利授权和专利受理）呈正相关关系。在地区金融资源配置和科技发展的相关分析上，构建了一个基于比较优势原理的战略性新兴产业空间布局三阶段传导机制模型，并且基于省级数据的面板模型显示金融资源的配置有利于以专利为代表的地区科技创新发展。

第五章运用一个四阶段博弈模型研究了战略性新兴产业的融资方式选择，并分析了以征信业为代表的新型金融基础设施建设对于战略性新兴产业发展的影响。战略性新兴产业具有不确定性，且多与高科技性质相关，导致其融资需求与融资供给方之间存在高度的信息不对称性，且这种不对称性比一般行业更为明显。近年来，中央银行大力推动征信体系建设，特别是一些地区实施的信用体系示范区建设项目，为包括战略性新兴产业（企业）的大量市场主体积累信用，提高了其获取金融服务的能力。

第六章讨论了需求端因素对战略性新兴产业发展的影响，并初步分析了金融政策的着力点。本书第三至第六章主要从供给角度思考问题，实践发展中的政策设计也多从供给端考量，即着重于引导生产要素向战略性新兴产业聚集。实际上，偏重于供给端的政策已经在一定程度上造成了部分战略性新兴产业出现了本该在传统产业领域才会出现的产能过剩等现象，加强从需求端支持战略性新兴产业发展已日显重要。本章通过格兰杰因果检验模型，分析了技术市场转让（需求方）对于专利形成（战略性新兴产业发展内涵之一的科技进步）等方面的影响，印证了需求因素的重要作用。在金融政策响应上，则既讨论了按揭和租赁等传统金融措施的作用，又指出应该前瞻性地把握由需求引导的新型生产方式和商业模式的规律，创新金融服务模式，全面夯实并不断扩大战略性新兴产业市场需求基础。

第七章依据调研情况，分别汇总分析了银行业、资本市场及权益类方式、保险业以及组合类金融方式支持战略性新兴产业发展的实践探索与改革创新。银行业通过完善信贷管理体制和机制、创新银行产品和融资模式，担当了支持战略性新兴产业发展的主力军。资本市场和权益类资金供给模式发挥了其与战略性新兴产业融资需求匹配度高的优势。保险业的资产业务和负债业务均能在一定范围内服务于战略性新兴产业的发展，对促进包括战略性新兴产业在内的科技产业发展的正向溢出效应逐步显现。组合类金融方式的运用是重要的金融创新举措，能以权益类融资和政策支持性资金撬动规模更大的传统融资模式，最大限度地推动战略性新兴产业的发展。

第八章选取东部地区和中部地区的两个典型科技园区为对象，在实地调研和问卷调查的基础上，提炼分析了当地金融支持战略性新兴产业发展的特色举措。其中东部地区的中关村国家自主创新示范区，尽管战略性新兴产业的整体发展条件在全国处于领先位置，但问卷调查和普查结论也显示金融支持举措仍然存在短板，近年来中央银行以“零信贷企业金融服务拓展活动”为载体，促使园区金融服务覆盖率不断提高，包括战略性新兴产业在内的各类科技企业的金融需求得到更好的满足。在中部地区的湖北孝感国家高新区，在当地金融主管部门的主导下，各类金融机构积极配合，通过“四大工程”（金桥工程、信用体系建设、政府出资融资+政银集合贷、小微企业助保贷）等举措助力高新区内的企业发展。

第九章从历史和国别两个维度上，比较分析了新兴产业发展机制以及相应的金融支持举措。在历史维度上，总结了新兴产业发展与经济长周期的关系，认为各国只有针对自身的特点和比较优势，及时确定引领并积极培育发展未来的新兴产业，并使之成为能够替代已丧失比较优势的传统产业的支柱产业，才能保证经济的长期繁荣发展。在国别维度上，一方面分析了美、日、德等发达国家金融支持新兴产业发展的成功实践，另一方面选取巴西、印度等发展中国家经济体进行分析及相关的探索，有关成功经验可资我国政策借鉴。

第十章分析了当前金融支持战略性新兴产业发展的困难和不足，并提出了政策建议。虽然我国金融业在支持战略性新兴产业发展方面取得了成效，但囿于理论与现实上的困难，金融支持不足的问题依然存在，金融体系灵活性仍然有待加强，需要对战略性新兴产业灵活性、多样化、不断变化的金融服务需求做出更加全面、及时、有针对性的政策响应。

第四节 研究创新与尚存不足

本书在四个方面做出了一定的创新性贡献，这也是研究的重点和难点所在。

一是摸清情况，夯实基础，汇集了较为丰富翔实的金融支持战略性新兴产业发展的实践素材与典型案例。从已有的研究看，能够切实反映战略性新兴产业金融需求与金融供给现状的调研报告、较为系统完整的统计数据等基础性资料十分缺乏，而囊括战略性新兴产业全部部类及其相关政策支撑体系的系统性研究更是严重不足。本书研究的过程中，一方面前往战略性新兴产业中的代表性企业进行实地调研，了解企业的金融需求以及金融服务可得性的情况；另一方面深入不同类型的金融部门了解其针对战略性新兴产业提供服务的动力机制以及约束条件；从金融与实体经济两个方面，初步摸清了针对战略性新兴产业金融需求与金融供给的匹配情况。

二是守正出奇，创新理论，初步形成了具有一定创新性的理论思路和一套较为系统完整的理论范式。“守正”指本书按照客观规律和经济金融学基本原理来确定金融支持战略性新兴产业发展的基本思路，梳理现有的理论文献并进行归纳后，概括出金融支持战略性新兴产业发展的基本原则。“出奇”则体现在两个方面：其一是本书一定程度上创新了理论思路和方法，并创造性地设计出了一些能够适应战略性新兴产业需求的新型金融产品和服务模式；其二是运用基本理论，结合具体国情，探索归纳严谨的理论逻辑，初步形成了一套较为系统完整的关于金融要素功能与战略性新兴产业发展间传导机制研究的理论范式。

三是依托数据，重视实证，为政策设计提供具有说服力的计量结论参考。尽管战略性新兴产业这一概念提出的时间较短，权威统计部门至今未对外提供系统的统计数据，但本书仍然选取了与战略性新兴产业密切相关的替代性经济指标进行了计量实证研究，有关的计量结论有助于论证理论分析的结果，同时能够增强政策设计的说服力。

四是建立框架，提出对策，推动形成较为完整的支持战略性新兴产业发展的金融政策支撑体系。当前各地区、各部门出台的金融支持战略性新兴产业发展的各种具体措施种类繁多、各具特色，但创新性、系统性、完整性仍然有提升的空间。本书在设计部分具有针对性的金融供给产品和服务基础上，提供了一套相对完整的政策设计原则框架，并给出了具有合力的政策主张。

尽管本书研究具有重要的理论和现实价值，但研究工作面临的主客观困难，仍然使得本书存在一些不足。在条件日益成熟后，很多方面仍然需要做进一步的探索。

一是研究问题存在不平衡性，未能在供给与需求两个侧面全面均衡地分析战略性新兴产业发展的动因及其金融政策响应。本书多从供给端的视角分析问题，即注重研究通过引导金融资源聚集，提高要素供给水平等方面，促进战略性新兴产业的发展。在需求端的分析上，尽管有专门的章节进行论述，但有关需求端视角下的作用机理及其对策响应的分析尚属于初步展开阶段，需要进一步的科研攻关。

二是调研工作存在较大难度，无法反映金融支持战略性新兴产业发展实践的全貌。比如主要以大型企业为主的战略性新兴产业部门，调研的门槛较高；而以中小企业为主的部门，企业的数量众多，各企业的情况差别也较大[①]。本书尝试尽可能多地选取战略性新兴产业的细分子类，但限于各种条件的约束，分析仍然存在局限。

三是数据约束使得实证研究只能通过替代性指标进行，也许不能精确反映战略性新兴产业发展的实际情况。尽管国家统计局已经着手进行战略性新兴产业的分类统计，但目前尚无系统的包括战略性新兴产业发展指标和金融指标的全面统计[②]；且各地区对于战略性新兴产业的不同选择也导致数据统计更加困难[③]，从而制约了相关的实证研究。

---

① 现阶段确立的战略性新兴产业包括七大具体产业部门。这七大类产业既有如理论分析所言的外部性、不确定性等基本特征，但个性化特征亦很明显。比如不同产业的企业规模有很大的差异，生物、新材料等产业领域中的中小企业占比较高，而新一代信息技术、高端装备制造等行业则多是大型企业，金融需求特点和金融供给的现状就存在很大差异。

② 国家统计局日前出台了统计标准，即 2012 年国家统计局内部试行的《战略性新兴产业分类(2012)》，但截至本书提交前，尚未对外公布有关统计数据。且根据课题组掌握的情况，该类统计主要涵盖战略性新兴产业增加值等经济类指标，包括信贷在内的金融指标没有收录在内。

③ 目前国家提出的战略性新兴产业主要包括“节能环保、新一代信息技术、生物、高端装备制造、新能源、新材料、新能源汽车”七大类，各地提出的战略性新兴产业结合了地方资源比较优势来确定，如北京为“新一代信息技术、生物、节能环保、新材料、新能源汽车、新能源、航空航天和高端装备制造”；山西为“现代装备制造、现代煤化工、新型材料工业、现代食品工业”。这类提法与国家统计局的分行业统计分类标准不匹配。比如国家统计局多年来统计的“按行业分规模以上工业企业主要指标”，其划分的行业为“煤炭开采和洗选业、石油和天然气开采业、通用设备制造业、专用设备制造业、交通运输设备制造业”等几十种。以战略性新兴产业中的“高端装备制造业”为例，其可能涉及“通用设备制造业、专用设备制造业、交通运输设备制造业”等行业中的各个类别，但又只是其中的“高端”部分。因此从目前统计局出台的行业统计来看，无法得到专门的“战略性新兴产业”数据。此外，从各地各部门对战略性新兴产业的统计来看，均未统一标准，均有自己的处理方法。比如，目前，中国人民银行对北京地区战略性新兴产业金融数据(战略性新兴产业相关贷款)的统计，其涵盖的行业为“生物工程和新医药技术、新材料、光机电一体化、环保与资源综合利用”四个产业的贷款合计。

第二章　我国金融要素功能效力量化解构

厘清金融体系的功能，并且准确区分当前我国影响实体经济的最重要的金融要素，有助于最大限度地发挥金融业支持战略性新兴产业发展的效用。本章在简要回顾金融体系的功能后，通过构建一个基于时变参数状态空间模型的金融状况指数（FCI），区分当前我国金融体系中不同因素影响实体经济发展[①] 的效用大小。

第一节　金融体系的功能简述

一、金融发展理论研究的历史沿革

关于金融与（实体）经济的关系，初期的古典经济学家们主要将注意力集中在实体经济上，认为货币不过是蒙在实物经济上的一层面纱，是实体经济的符号，多数经济学家根本不相信金融与增长之间有什么重要的联系，一些经济学家往往将注意力集中在实体经济上，认为货币不过是便利交易的工具，是实体经济的符号。如 Joan Robinson（1952）宣称“企业领着金融走”（Where Enterprise Leads Finance Follows），银行是被动地跟随经济发展的（Banks Respond Passively to Economic Growth）。甚至于 Lucas（1998）仍然不相信金融与经济增长的联系有什么重要性，声称经济学家“恶劣地过度强调”

① 实体经济发展以经济增长为指标，这与战略性新兴产业发展的第一目标，即增加值快速增长密切相关。

(Badly Overstress)[①] 了金融因素在经济增长中的作用。

然而更多的文献支持两者间的关联关系。如 Joseph Schumpeter（1912）一直强调银行体系的重要性，论证了功能良好的银行通过识别并向最有机会在创新产品和生产过程中成功的企业家提供融资而促进了技术创新。Patrick（1966）在《欠发达国家的金融发展与经济增长》一文中提出了需求带动（Demand Following）和供给引导（Supply Leading）的金融发展问题。Goldsmith（1969）在其开创性研究成果《金融结构与金融发展》中认为金融体系规模与经济增长紧密相关，奠定了金融发展与经济增长实证研究的基石。其通过对大量统计资料的分析，发现在较长的时期中经济与金融发展水平大致平行，甚至在少数国家还观察到较快的经济增长与超出平均水平的金融发展相联系的情况。金融结构与金融发展对经济增长（发展）的影响即使不是金融领域中唯一最重要的问题，至少也是最重要的问题之一。在一定的资金总量下，金融活动越活跃，资金的使用效率就越高；金融越发达，金融活动对经济的渗透力越强，经济增长和经济发展就越快。McKinnon 和 Shaw（1973）分别从金融抑制与金融深化两个不同的侧面研究了发展中国家金融深化问题，认为贫穷国家解决经济发展的问题应通过政府解除金融抑制实现金融自由化。钱纳里（1986）在《工业化和经济增长的比较研究》中认为，随着经济的发展、收入的增加和消费结构的提升，金融因素会推动产业结构和其他经济结构的不断升级，促进经济发展。20 世纪 80 年代以后，沿着 Goldsmith（1969）开拓的实证研究方向，一些经济学家继续挖掘金融与经济增长的深层关系，主要有 King 和 Levine（1993）、Merton 和 Bodie（1995）、Levine（1997，2004）等。如 King 和 Levine（1993）认为金融中介的发展水平是长期经济发展、资本积累以及生产率提高的良好预测指标（the Level of

① 例如，一些对金融功能特别看重的经济学家甚至认为是金融革命引领了工业革命，如英国经济学家、诺贝尔奖得主 John Hicks（1969）曾有著名论断“工业革命不得不等候金融革命”。他曾经详细考察了金融对工业革命的刺激作用，并指出，工业革命不是技术创新的结果，或至少不是其直接作用的结果，而是金融革命的结果。工业革命早期使用的技术创新，大多数在工业革命之前早已有之。然而，技术革命既没有引发经济持续增长，也未导致工业革命。因为业已存在的技术发明缺乏大规模资金以及长期资金的资本土壤，便不能使其从作坊阶段走向诸如钢铁、纺织、铁路等大规模工业产业阶段。大多数经济史学家如迪克森和金德尔伯格对此观点深表认同，他们普遍认为，英国的工业革命是以金融革命为基础的，并从那时起演化出英国金融结构的长期体系。Rousseau P.L 和 R. Sylla（2001）等认为这是一种“金融引导”（Financial Lead）现象，并将经济加速成长的原因归于金融体系的大跃进。

Financial Inter-mediation is a Good Predictor of Long-run Rates of Economic Growth, Capital Accumulation, and Productivity Improvements)。此外，对金融发展和金融功能的研究表明，金融发展与经济增长显著正相关，金融发展的过程就是金融体系功能不断深化的过程，金融发展导致了经济增长，金融发展甚至对未来的经济增长都有解释能力。实际上，这些研究已基本否定了 Joan Robinson（1952）等人的结论，将金融发展视为经济增长的必要条件。越来越多的文献表明，一个好的金融体系可以减少信息与交易成本，进而影响储蓄率、投资决策、技术创新和长期经济增长率。金融体系各个功能发挥的程度与经济增长有紧密的联系（Levine，1997）。

在经典的综述性文献中，如 Merton 和 Bodie（1995）[①] 将金融体系的功能分为六大类，而 Levine（1997）则认为金融功能的作用一般包括五个方面[②]。无论六类抑或是五类，金融体系影响经济增长主要是通过两个层面的作用：资本积累和技术创新（技术进步），其影响实体经济（经济增长）的作用机制如图 2-1 所示。

二、若干实证研究简述

经典的文献，如 King 和 Levine（1993）、Levine（1997）、Levine 和 Zervos（1998）等对金融发展理论进行了实证研究。主要是采用回归方法：$G(j)=\alpha+\beta F(i)+\gamma X+\varepsilon$，其中 G 为经济变量（因变量），F 为金融发展变量，X 为影响经济变量的其他因素，即控制变量。因变量 G 为经济发展的相关指标，具体包括：实际人均增长、实际人均资本积累、“索洛剩余”。自变量为金融发展指标，具体包括两类：一是中介类，即金融深度[③]、商业银行比重[④]、私

① Merton 和 Bodie（1995）关于金融发展与经济增长的实证研究显示了金融体系的重要作用，例如，在国家层面，在控制其他支撑经济增长的因素下，拥有大型银行和活跃金融市场的国家，在接下来的几个年代（Decade）里增长更快；在公司产业层面，在发展良好的银行和证券市场的国家中，需要依靠外部融资的企业增长显著快于不发达金融体系中的情况。

② 换一种说法为：金融发展有利于降低风险（Facilitating Risk Amelioration）；获取信息及配置资源（Acquiring Information about Investments and Allocating Resource）；监督管理者以及专业化公司治理（Monitoring Managers and Exerting Corporate Control）；动员储蓄（Mobilizing Savings）；便利交易（Facilitating Exchange）。

③ Depth=Liquid Liability to GDP，一般用 M_2/GDP 表示。

④ BANK= Deposit Money Bank Domestic Credit Divided by Deposit Money Bank + Central Bank Domestic Credit。其内涵是商业银行比中央银行更能提供前文所述的五大金融功能。

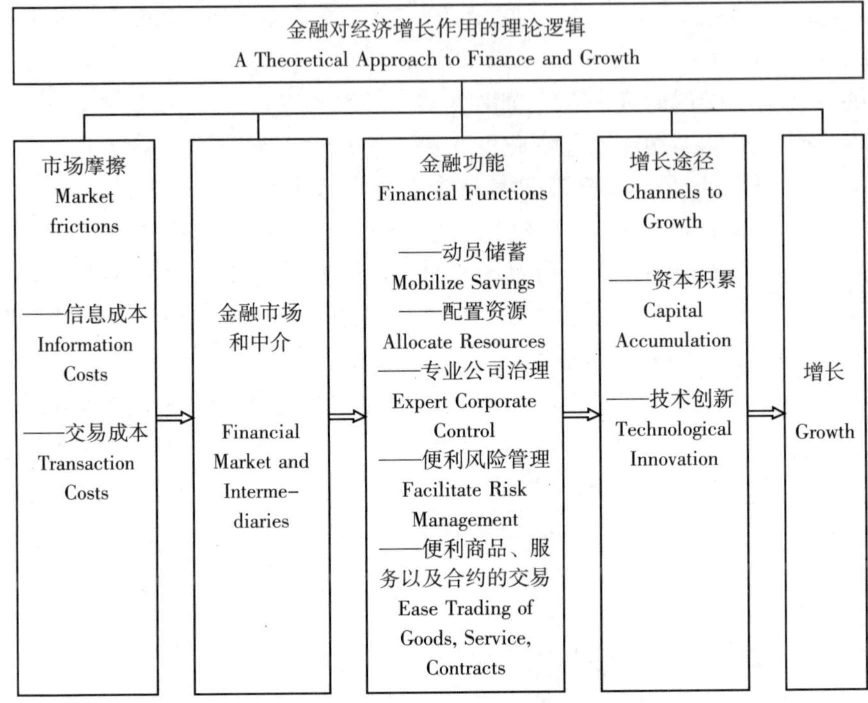

图 2-1 金融对经济增长作用的理论逻辑

营部门获取的信贷比重①；二是市场类，即证券市场规模②、证券市场交易③。控制变量为影响经济发展的其他变量，具体包括：人均收入、教育、政治稳定性、汇率、贸易、财政、货币政策等因素。运用时间序列模型、截面数据模型，抑或是面板数据模型，有关研究多认为金融发展水平（包括中介类和市场类）总体与上述因变量正相关。

尽管金融促进经济发展主要分为资本积累和技术进步两个渠道，但现实中资本积累和技术进步（技术创新）不是绝对分离的，在资本积累中往往也

① Claims on the Non-financial Private Sector to Domestic Credit。其内涵是私营部门的信用比国有部门的信用更有效率。

② Value Traded Ratio= The Total Value of Shares Traded on a Country's Stock Exchange Divided by GDP。该指标主要反映了证券市场的规模。

③ Turnover Ratio= The Total Value of Shares Traded on a Country's Stock Exchange Divided by Stock Market Capitalization (the Value of Listed Shares on the Country's Exchange)。该指标主要反映了证券市场交易与市场规模的比重。

蕴含着一定的技术进步成分。近20年来，不少经济学者评价资本积累在产出增长中的作用时总是强调它在资本深化方面的效应：在人均资本量较低时，资本的边际产出效率较高，增加资本积累将有利于总产出水平的提高，但是随着资本投入的进一步提高，资本产出效率将下降，资本积累对产出增长的贡献将越来越小。因此，既要在长期增长中更多关注诸如教育、人力资本培养和组织效率等问题，而不仅是有形的物质资本积累，更要重视资本形成，特别是新机器的投入应用，也是技术进步的过程①。

诸多国内经济学家（如王广谦，1996；谈儒勇，1999；战明华等，2001；沈坤荣等，2004；张军等，2005）借鉴国外学者的基本研究方法，对我国金融体系在经济发展中的作用进行了实证检验，并得出了金融逐步成为促进经济发展的重要因素之一的结论。但在具体指标选取上结合我国的数据可得性进行了变通，如沈坤荣等（2004）的研究中，其因变量为经济增长，具体指标为经济增长的对数，自变量包括金融深化指标②、金融（信贷）支持经济力度③、实际利率④、资本市场的发展程度⑤等。

需要说明的是，关于金融与经济增长的实证研究文献浩如烟海，在金融发展水平与经济增长绩效的实证研究上，除沿循上述主流的方法外，一些学者从不同的侧面，增加了模型的变量，丰富了实证分析的视角。例如，一些学者关注了政策性金融以及国有银行股权对金融（并进而对经济）发展的影响，主要分为发展观和政治观两大派别（Shleifer 和 Vishny，1994；Altunbas 等，2001；Beck 和 Levine，2002；La Porta 等，2002；Andrianova 等，2008）等；一些学者关注了融资约束对经济微观主体（企业）的影响（Ge 和 Qiu，2007）等。

① 资本投资可以区分为两种类型：一种是简单的重复性投资，资本品质量不变，只是增加投资数量；另一种是内嵌体现型技术进步（Embodied Technical Change，ETC）的设备投资，投资数量与质量都在增加，后一种投资类型在经济增长过程中更为普遍。对体现型技术进步与生产率增长的关系研究包括 Solow（1960）、Nelson（1964）、Gordon（1990）、Hulten（1992）等。

② 用 M_2/GDP 的对数来表示。

③ 用贷款/GDP 表示，代表金融机构（主要是银行部门）贷款总额占名义 GDP 的比例，表示银行信贷对经济的支持度。

④ 使用即期和滞后一期的实际利率。

⑤ 使用直接融资占金融资产总量的比例表示资本市场的发展程度。直接融资以股票市价总值与债券发行总额为近似值，间接融资以金融机构各项贷款作为近似值，金融资产总值为直接融资与间接融资之和。

第二节 基于状态空间模型的实证研究

上节简要回顾了金融体系功能的理论与实证研究概况，从实证研究的情况看，多数学者从金融功能视角出发，探讨了不同的金融变量对经济变量的影响，但是他们的计量研究结论往往只是得到某类金融指标“是否”影响作为因变量的经济指标，而没有得出“具体程度”。为了量化厘清不同金融要素影响实体经济的程度，本部分尝试构建基于时变参数状态空间模型的金融状况指数来说明相关的问题。

一、关于金融状况指标的基本说明

金融自由化的发展使得越来越多的经济学家关注资产价格、通货膨胀与货币政策运行之间的关系。Alchian 和 Klein（1973）首次提出仅将 CPI 作为通货膨胀指标将会产生误导，因为 CPI 仅反映实物部门的价格变动，货币当局应同时关注来自金融部门的通货膨胀问题。Borio 和 Lowe（2002）认为货币当局良好的声誉将产生良好的通货膨胀预期，继而产生很多经济福利，但是也存在潜在风险，比如公众会相信央行总是能够控制通货膨胀或能够使经济摆脱衰退阴霾，投资者也相信央行能够采取措施阻止股价下跌。目前，理论学术界和货币政策决策者对于货币政策操作是否应对资产价格波动作出反应还没有达成共识：如 Cecchetti 等（2000）、Goodhart 和 Hofmann（2000）认为以房价和股价为代表的资产价格是总需求的决定因素之一，其价格变动应被直接反映到货币政策制定中；而 Bernanke 和 Gertler（1999，2001）则认为资产价格仅是货币政策关注的对象，但一般不宜将其直接列入货币政策中介目标中，强调弹性通货膨胀制是一种有效的制度，能够实现经济增长和金融体系的稳定，如果通货膨胀预期稳定，货币政策就无须对资产价格的波动作出反应，只有当资产价格波动引起了人们对未来产生通货膨胀或紧缩的预期时，货币政策才应作出积极反应。两派学者的争论并不妨碍达成共识性观点：

典型的资产价格，如房价和股价将通过财富效应[①]和资产负债表效应[②]在货币政策传导中扮演重要的角色，即如果预期资产价格波动能够影响未来通货膨胀和产出缺口，那么央行应该对此类资产价格变化作出应对（余辉、余剑，2013）。

为了更好地挖掘资产价格所蕴含的未来经济走势信息，明晰货币政策在资产价格传导渠道上的顺畅程度，同时降低资产价格失调引发金融系统不稳定的风险，一些学者构造了不同的资产价格指数。如货币状况指数（Monetary Conditions Index，MCI）和金融状况指数（Financial Conditions Index，FCI）。MCI 是短期利率和汇率的加权平均数，用以体现货币政策通过利率和汇率两种机制对实体经济和通货膨胀的影响。20 世纪 90 年代早期，加拿大和新西兰央行曾将 MCI 作为其货币政策操作目标，挪威、芬兰和冰岛央行将其作为货币政策的重要指示器。Goodhart 和 Hofmann（2001）在 MCI 的基础上又纳入房价和股价等资产价格构造 FCI，以更加全面地反映未来产出和通货膨胀的变化信息。

鉴于 FCI 是利率、汇率、股价、房价等金融变量的加权平均，如何计算权重成为估算 FCI 的关键环节，目前主要使用的方法有大型宏观经济模型、总需求缩减式和 VAR 脉冲响应分析方法。总需求缩减式根据 IS 总需求曲线与各个金融变量估计回归式中的参数计算权重，这种方法假设所有金融变量是外生的；大型宏观经济模型和 VAR 方法可以考虑到模型内各个变量之间的相互影响以及经济增长对金融变量的动态反应，从而避免了总需求缩减式方法可能产生的潜在估计偏误问题；大型宏观经济模型较 VAR 方法虽然具有捕获经济主要结构特征的能力，但是由于模型自身不能涵盖众多金融变量，从而使得实体经济与金融变量之间的联系弱化了，据此估算出的 FCI 表现也可能差强人意。三种方法各有优缺点，选择不同的模型会得到不同的权重结果，也就是 FCI 估算存在模型依赖问题。为了克服这一问题，在估算 FCI 时可以多使用几种方法。Goodhart 和 Hofmann（2001）利用总需求缩减式和 VAR 脉冲响应分析方法分别构造了 G7 国家的 FCI 指数，研究发现房价和股价在 FCI

---

① 财富效应是指资产价格变动影响消费者的金融财富，继而改变其消费支出计划，资产价格变动引发财富效应的强弱取决于金融资产在消费者财富中占比的大小。

② 资产负债表效应源于信贷市场信息不对称所引发的逆向选择和道德风险。资产价格上升，企业和居民抵押物价值随之上升，扩大其获得信贷的能力，新获得的贷款可用于购买商品和服务，从而最终刺激实体经济（Bernanke 和 Gertler，1999）。

指数中占有显著权重，而且 FCI 蕴含了未来通货膨胀压力的有效信息。Mayes 和 Virén（2001）利用 1985~2000 年 11 个西欧国家的面板数据，采取总需求缩减式测算了金融状况指数，研究认为纳入房价和股价等资产价格高频数据后，FCI 能够为市场预期的通货膨胀和产出变化提炼更多的信息。与 Goodhart 和 Hofmann（2001）的研究结果相似，Mayes 和 Virén（2001）实证分析同样表明房价对通货膨胀和产出的解释和预测能力要强于股价。Gauthier 等（2004）分别利用总需求模型缩减式、VAR 广义脉冲响应分析和因子分析方法构造了加拿大 1981~2000 年三个 FCI 指数，并对三个指数进行对比分析，研究发现除了长短期利率和汇率外，房价、股价和债券收益风险升水能够有效地解释加拿大的产出变化，同时对于加拿大央行来说在许多年份 FCI 表现优于 MCI。Stephanie 和 David（2008）在资产价格变量之外均引入信贷可获得性变量来测算美国 1990~2007 年的 FCI，以衡量次贷危机爆发前及爆发初期美国货币状况的松紧程度。Kimberly 等（2009）使用结构向量误差修正模型（SVECM）和大型宏观经济模型测算美国 FCI，并估算了房地产财富波动对 FCI 的影响以及零利率条件下的美国金融状况。

在中国，房地产市场、股票市场不断发展以及汇率制度改革、利率市场化深化，金融体系逐步健全，金融结构不断优化，居民家庭金融资产持有量不断增加，使得房价和股价等资产价格波动在一定程度上都可能成为通货膨胀变化的指示器，由此构造的 FCI 将成为我国货币政策操作的重要参考指标（余辉、余剑，2013）。除较常见的由高盛公司定期发布的中国金融状况指数外，学术界的研究还包括：王玉宝（2003，2005）分别采用总需求缩减式和 VAR 模型估计了中国的 FCI；封北麟、王贵民（2006）使用 VAR 脉冲响应分析方法测算了加入实际货币供应量的 FCI 指数；何平、吴义东（2007）则利用 VAR 模型侧重房地产价格在 FCI 指数中作用的研究；陆军、梁静瑜（2007）分析了 FCI 的基本变量、数据处理、权重计算及缺陷，构造了 FCI 的理论基础，并利用总需求缩减式估计了我国的 FCI；李建军（2008）从未观测金融角度测算未观测货币金融状况指数以反映未观测经济金融部门的金融松紧程度；王彬（2009）利用 VAR 模型计算 FCI 并将其应用于麦卡勒姆规则的检验；戴国强、张建华（2009）利用 VECM 模型构建 FCI，并用于分析货币政策的资产价格传导机制。无论用什么方法估算 FCI 权重，大部分文献在计算各变量权重时都采取固定参数模式，即各变量权重在整个样本期内是固定不变的。这对于经济金融形势较为稳定的发达国家来说可能较为合适，可是对于中国这样正处于制度变革的发展中国家来说，权重固定不变的 FCI 可能不能真实体现各金融变量在金融状况中重要性的相对变化。

本节借鉴 Montagnoli 和 Napolitano（2004）的研究思路，采用时变参数的状态空间模型估算我国动态权重的金融状况指数，以反映样本期内的制度变化、冲击及其他结构性变化。此外，国外学者在估算 FCI 时主要使用的是价格型金融变量，只是在次贷危机爆发后针对美国金融形势开始引入非价格型金融变量，如信贷可获得性。在我国，货币供应量是货币政策操作的中介目标，在货币政策制定、实施和传导中占有重要作用，因此，将分别对有无货币供应量变量建立两个 FCI 指数。需要特别指出的是，由于国际金融危机后，世界各国普遍采取数量宽松的货币政策来刺激经济，我国新增信贷和货币供应量亦快速增长，M2 在 2011 年末超过 85 万亿元，其中 2010~2011 两年间增长 24 万亿元，对整体金融环境的影响更加突出。本书在可得数据的基础上，分别估算了 1997 年 1 月到 2009 年 12 月以及 1997 年 1 月到 2011 年 12 月两组我国动态权重金融状况指数，并对比了两组数据结论的差异，尤其是货币供应量影响程度的差异及其对货币政策传导效果的影响。

二、基于动态权重的金融状况指数构建的理论模型

金融状况指数的动态权重是不可观测的，需要使用状态空间模型表示，并利用卡尔曼滤波迭代算法进行估计。卡尔曼滤波迭代算法能够将不可观测因素的影响过滤出来，并且可以用被解释变量过去观测值提供的信息得到状态变量的最佳近似。

扩展 Rdudebusch 和 Svensson（1999）模型，并参考 Goodhart 和 Hofmann（2001）、Montagnoli 和 Napolitano（2004）的做法，将金融变量引入 IS 方程中，构造一个简单的后视型经济，可用如下的菲利普斯曲线和 IS 曲线描述：

$$\pi_t = a_0 + \sum_{i=1}^{p_1} a_{1,i}\pi_{t-i} + \sum_{j=1}^{p_2} a_{2,j}y_{t-j} + \mu_t^s \tag{2-1}$$

$$y_t = b_0 + \sum_{k=1}^{q_1} b_{1,k}y_{t-k} + \sum_{i=1}^{q_2} b_{2,i}ri_{t-i} + \sum_{j=1}^{q_3} b_{3,j}reer_{t-j} + \sum_{l=1}^{q_4} b_{4,l}rh_{t-l} + \sum_{m=1}^{q_5} b_{5,m}rs_{t-m} + \sum_{n=1}^{q_6} b_{6,n}rm2_{t-n} + \mu_t^d \tag{2-2}$$

其中，π_t 为通货膨胀率，y_t 为产出缺口，ri 为剔除趋势的实际利率（实际利率缺口），reer 为实际汇率缺口，rh 为实际房价缺口，rs 为实际股价缺口，rm2 是实际货币供应量缺口①。由于 IS 曲线中的参数是时变的，因此需要表述为状态空间形式，时变参数模型如下：

$$y_t = X\beta_t + \mu_t \quad \text{量测方程} \tag{2-3}$$

$$\beta_t = F\beta_{t-1} + \omega_t \quad \text{状态方程} \tag{2-4}$$

X 为常数项和解释变量矩阵②，状态向量 β_t 包括所有时变参数，在状态方程中假设其为一阶自回归过程。假设误差项为独立的白噪声过程，方程协方差矩阵为 $Var(\mu_t) = Q$，$Var(\omega_t) = R$，对所有的 t 和 s，$Var(\mu_t\omega_s) = 0$。卡尔曼滤波迭代方法允许产出缺口和解释变量之间存在动态关系，每一个变量可以获得不同时期的参数和相应的权重。

不包含货币供应量指标的 FCI 指数中，权重计算公式为：

$$w_{x_i,t} = \left|\beta_{x_i,t}\right| \Big/ \sum_{k=1}^{4} \left|\beta_{x_k,t}\right| \tag{2-5}$$

在引入货币供应量的 FCI 指数中，权重计算公式相应为：

$$w_{x_i,t} = \left|\beta_{x_i,t}\right| \Big/ \sum_{k=1}^{5} \left|\beta_{x_k,t}\right| \tag{2-6}$$

其中，$\beta_{x_i,t}$ 为金融变量 x_i 在时期 t 的参数，因此时期 t 的 FCI 等于时期 t 的权重向量和金融变量向量的内积，即 $FCI_t = w'_{x_t} \cdot x_t$。 (2-7)

① 关于变量选择有如下几点说明：一是关于 FCI 构成变量的选取。本书选择的五类变量是在参考已有文献做法的基础上，按照国际通行、符合中国国情、数据可得三项标准确定的。二是本书拟构造的动态权重 FCI，创新之处和重点反映的是不同变量间对 FCI 和整体金融形势的影响力强弱，潜在的代表性金融变量都应纳入模型进行讨论。尽管实际估计的结果可能是部分变量的权重较低、影响较小。三是关于变量间的相互关系是否影响模型估计。理论上，变量间的相关性会影响模型估计。但本书分析的 FCI 作为一个合成指数，可以与消费者物价指数 CPI 类比，CPI 由多个类别的商品篮子的价格合成，而在合成 CPI 时并未因各个商品价格间可能存在的相互影响而对这些商品进行取舍，比如一些食品价格可能受能源价格影响，但两者仍然都包含在 CPI 中。此外，根据已有文献的分析，变量的选取基本都在这些类别范围内，且无论采用哪种方法计算 FCI，很少有专门讨论所选变量相互间关系对模型估计的影响的分析。为节省篇幅，在本处的分析中，亦不专门讨论这些变量间的相互关系及其对模型估计的影响，只是通过取对数以及计算各个变量缺口的方法，从技术层面尽可能降低各个变量的异方差性及变量间的相关性可能对模型估计的影响。

② 由于产出缺口受技术、要素投入等实物因素影响，其变动不可能完全由金融变量解释，所以在实际估计中，解释变量还包括产出缺口的两期滞后项。

三、我国金融状况指数构建的实证分析

1. 基础数据描述及初步处理

分别选取 1997 年 1 月至 2009 年 12 月以及 1997 年 1 月至 2011 年 12 月的两组月度数据。对于月度 GDP 数据，采取将季度 GDP 累计值转成当季发生额后，利用 Eviews 软件中“二次函数与和相匹配”的方法转换成月度 GDP 数据，然后以 1996 年 12 月为 100 的定基 CPI 将名义 GDP 换算为实际 GDP，然后使用 X12 方法消除季节波动，最后根据 HP 滤波方法估算潜在产出。对季节调整的实际 GDP 序列和潜在产出序列取对数后再计算产出缺口。名义利率指标选取 7 天银行间同业拆借利率，实际利率等于名义利率减去通货膨胀率。实际汇率指标以 IMF 公布的实际有效汇率指数（REER）代表，实际房价以国家统计局公布的国房景气指数除以定基 CPI 代表。实际股价以上证综合指数月末收盘价除以定基 CPI 代表，由于近年股价波动较为剧烈，为了消除序列中的异方差对实际股价取对数。鉴于货币供应量在我国货币政策操作中占有重要地位，在动态权重 FCI 中引入实际货币供应量变量，同样以名义 M2 除以定基 CPI 计算得到。根据 Goodhart 和 Hofmann（2002）的论证，金融变量的长期趋势值都使用 HP 滤波方法计算①。实际利率缺口为实际利率与实际利率趋势的差，其他金融变量的缺口均为（变量实际值-变量趋势值）/变量趋势值。

2. 单位根检验

在进行模型估计前应首先检验各个序列的平稳性。国内大多数学者使用的 ADF 检验假设数据生成过程是自回归过程，若变量的数据生成过程是移动平均过程，则使用 ADF 检验变量的平稳性将会产生偏差。为了克服这一缺陷，将同时使用 PP 检验法检验数据生成过程为移动平均过程的变量的平稳性。表 2-1 的单位根检验结果表明，绝大多数变量都在 1%的水平上拒绝了序列非平稳的原假设，即所有变量是平稳的。

---

① Goodhart 和 Hofmann（2001）在其文章中对金融变量的趋势分别作了不同的定义：短期利率的趋势为其样本均值，汇率与房价的趋势为线性趋势，而股价的趋势则用平滑参数为 10000 的 HP 滤波算出，理由是股票价格的期望值具有很强的时变性。其后 Goodhart 和 Hofmann（2002）又认为所有变量都应该用 HP 滤波方法去除时变趋势。

表 2-1 单位根检验结果

1997 年 1 月至 2009 年 12 月					
		ADF	P 值	PP	P 值
实际产出缺口	Rgdpgap	-2.9062	0.0039	-2.2841	0.0220
实际利率缺口	Rchiborgap	-3.7022	0.0003	-3.9353	0.0001
实际汇率缺口	Reergap	-3.6376	0.0003	-3.7813	0.0002
实际房价缺口	Rhgap	-4.6876	0.0000	-3.6680	0.0003
实际股价缺口	Rsgap	-2.5321	0.0114	-3.0294	0.0026
实际货币供应量缺口	Rm2gap	-5.2706	0.0000	-3.8643	0.0001
1997 年 1 月至 2011 年 12 月					
实际产出缺口	Rgdpgap	-8.695683	0.0000	-8.227654	0.0000
实际利率缺口	Rchiborgap	-4.090921	0.0013	-4.117029	0.0012
实际汇率缺口	Reergap	-4.068571	0.0014	-4.222108	0.0008
实际房价缺口	Rhgap	-4.585800	0.0002	-3.728965	0.0044
实际股价缺口	Rsgap	-2.816402	0.0580	-3.336516	0.0147
实际货币供应量缺口	Rm2gap	-5.425038	0.0000	-4.119237	0.0012

注：ADF 检验根据 SIC 准则确定最优滞后期，PP 检验根据 Bartlett Kernel 方法确定 Newey-West 带宽。

3. 动态权重的估计

此处利用状态空间模型分别估算了两个动态权重 FCI：FCI_1 为不含货币供应量的金融状况指数，FCI_2 为包含货币供应量的金融状况指数。从动态权重的平均值来看，在不含货币供应量的 FCI 中，房价在 FCI 中占有绝对优势，1997~2009 年数据的平均权重为 65.01%，1997~2011 年的数据为 45%（见图 2-2）。房价所占的高权重仅与戴国强、张建华（2009）的实证结果较为接近。而在包含货币供应量的 FCI 中，货币供应量取代房价成为影响 FCI 的主要因素，其 1997~2009 年数据的平均影响力达到 60.22%，1997~2011 年的数据则进一步达到 78%。对比相关文献可以发现，在不同的研究中，货币供应量的权重，随着数据时间的推移而增大，显然与近年来我国货币供应量的快速扩张及其对整体金融环境的影响加深有一定关系。

从动态权重的时间变化轨迹看，M2 在 FCI_2 中的权重在大部分时间都在 50%~80%（见图 2-3），而在 2010~2011 年，M2 的权重多在 85%以上。以 1997~2009 年的数据为例，有三个阶段，非货币供应量因素的变量权重较大：

第一个阶段为 1997 年上半年，房价缺口权重取值在 1.30%~29.44%，虽然在此阶段 M2 已经成为货币政策调控目标，但此时经济金融的热点却在房地产领域。1996 年中央提出住宅建设将成为新的消费热点和新的经济增长点，随后城镇居民住宅消费市场成为消费的启动点，因此 1997 年上半年实际房价在 FCI 中的权重较高。第二个阶段为 1998 年下半年至 1999 年上半年，此阶段正值亚洲金融危机期间，汇率稳定成为捍卫金融稳定的关键所在，实际汇率在 FCI 中的比重占优，基本维持在 40%~80%的高水平上。第三个阶段为 2006~2008 年上半年，在全球流动性过剩和全球性资产价格上涨的大背景下，我国房地产价格也出现快速上涨，房价成为影响金融整体状况的主要因素，实际房价权重维持在 40%~80%。对比利率、汇率、房价和股价在 FCI_1 和 FCI_2 的权重变化轨迹可以发现以下几个特征：第一，房价权重均在 1997~1998 年、2007~2008 年出现下滑，这些年份正是名义房价出现显著下降的年份。第二，亚洲金融危机期间，汇率为影响整体金融状况的主要因素，而 2005 年 7 月汇改之后，汇率权重显著降低，2009 年受贸易争端影响汇率权重又有上升之势。第三，利率和股价对 FCI 的影响力度较弱，其中股价权重出现峰值的时间点基本是股市走势出现拐点的时间点，可见股市拐点的变化对实体经济的影响更重（1997~2011 年的数据组实证研究显示，不包含货币供应量因素的金融指数中，股价的权重甚至略微超过房价，成为最主要的因素）。而在 2009~2011 年，由于货币供应量的快速增长，其对整体金融状况的影响显著提高，在基于以货币政策的主要目标——产出为量测方程的因变量的状态空间模型计算的金融状况指数的权重中，居于绝对主导地位。

4. 动态权重金融状况指数的估计

两组由动态权重构建的 FCI 指数走势如图 2-4 所示。从具体走势看，1997~2009 年，FCI 走势基本围绕零线上下波动，但有几个年份的走势需要关注：一是 1997~1998 年货币政策由“适度从紧”向“稳健”转变（伴随积极的财政政策），金融形势逐步放松。二是 2004 年，货币供应量增速由之前 20%左右的高增长逐步下降至 13%~15%的合理区间，同期权重占比较高的实际汇率则经历先升值后贬值的变化，在两种主要因素的作用下，金融状况指数呈现出一个由宽松向收紧的快速转变过程。三是 2006 年，权重占优的房价因流动性充裕而大幅攀升，致使 FCI 出现放松态势。四是 2009 年之后货币供应量快速增长，同时其权重不断增大，这使得 FCI 走势呈现日趋宽松的态势。

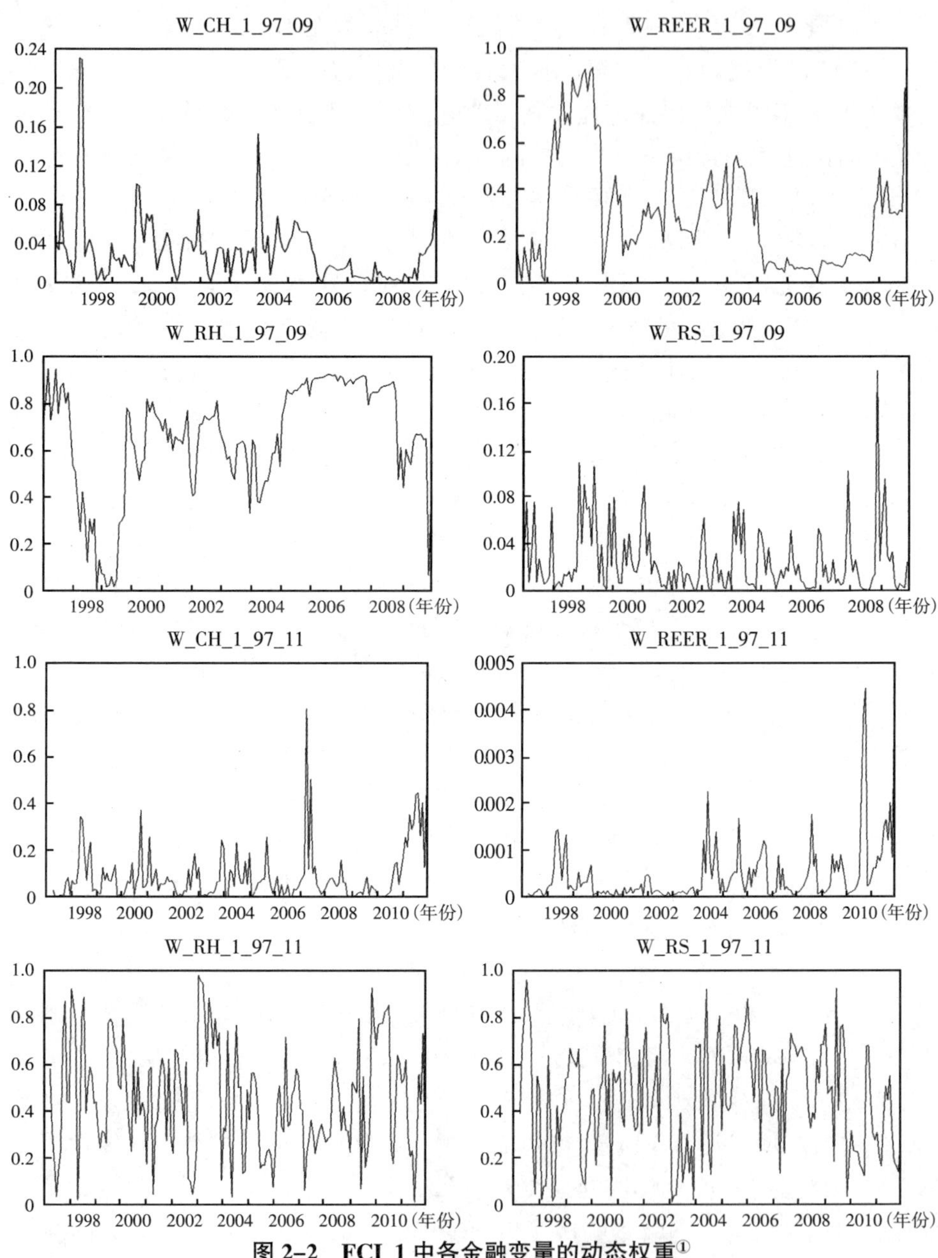

图 2-2 FCI_1 中各金融变量的动态权重①

① W_CH_1_97_09 表示无货币供应量金融状况指数中 1997~2009 年数据组的利率缺口的权重；W_RH_1_97_11 表示的是包含货币供应量金融状况指数中 1997~2011 年实际房价缺口的权重。其余包括图 2-2 和 2-3 的情形依次类推。

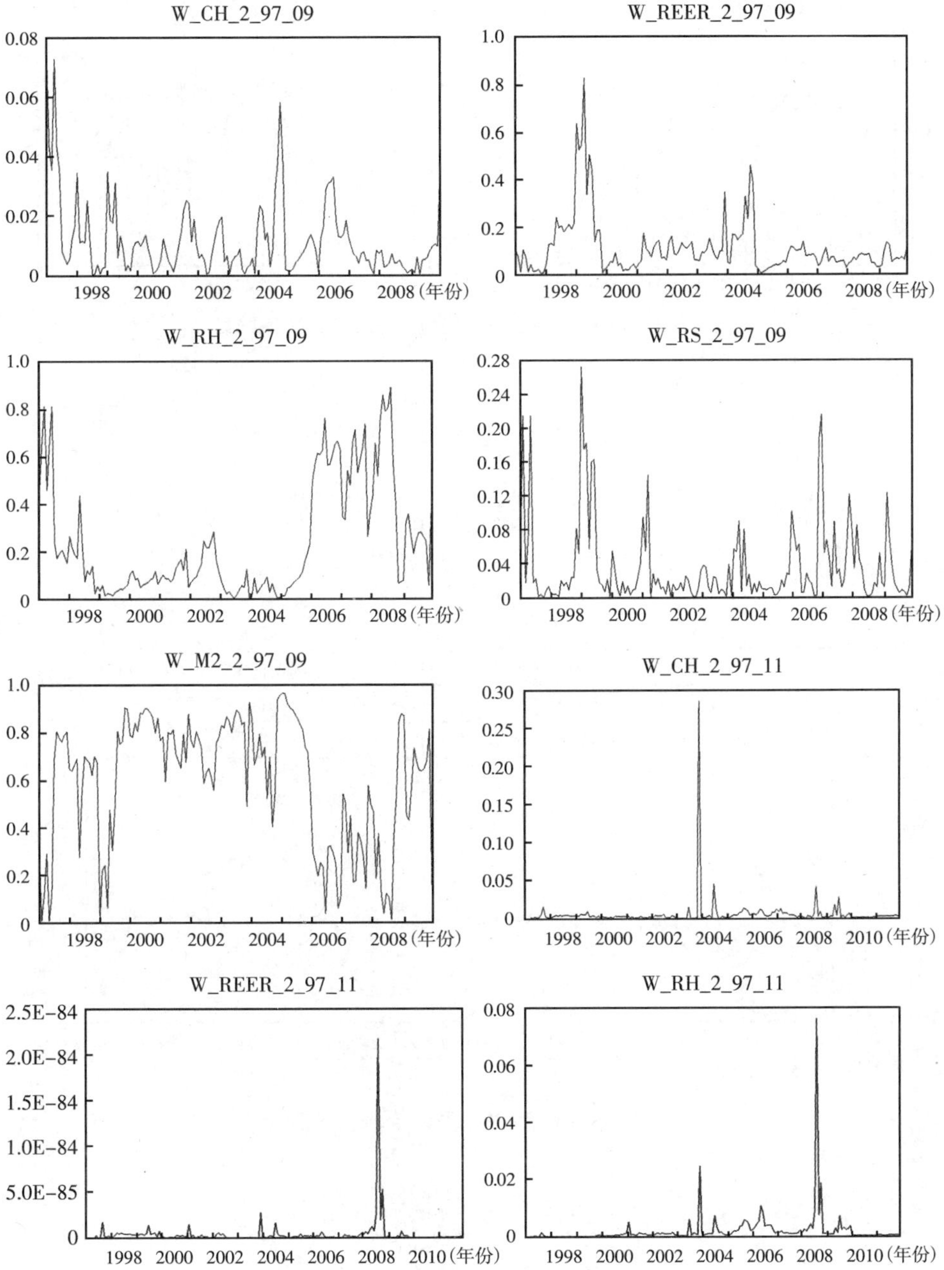

W_CH_2_97_09

W_REER_2_97_09

W_RH_2_97_09

W_RS_2_97_09

W_M2_2_97_09

W_CH_2_97_11

W_REER_2_97_11

W_RH_2_97_11

图 2-3　FCI_2 中各金融变量的动态权重

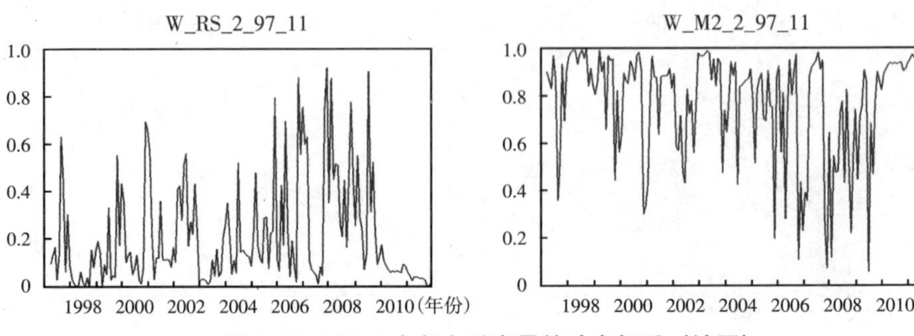

图 2-3　FCI_2 中各金融变量的动态权重（续图）

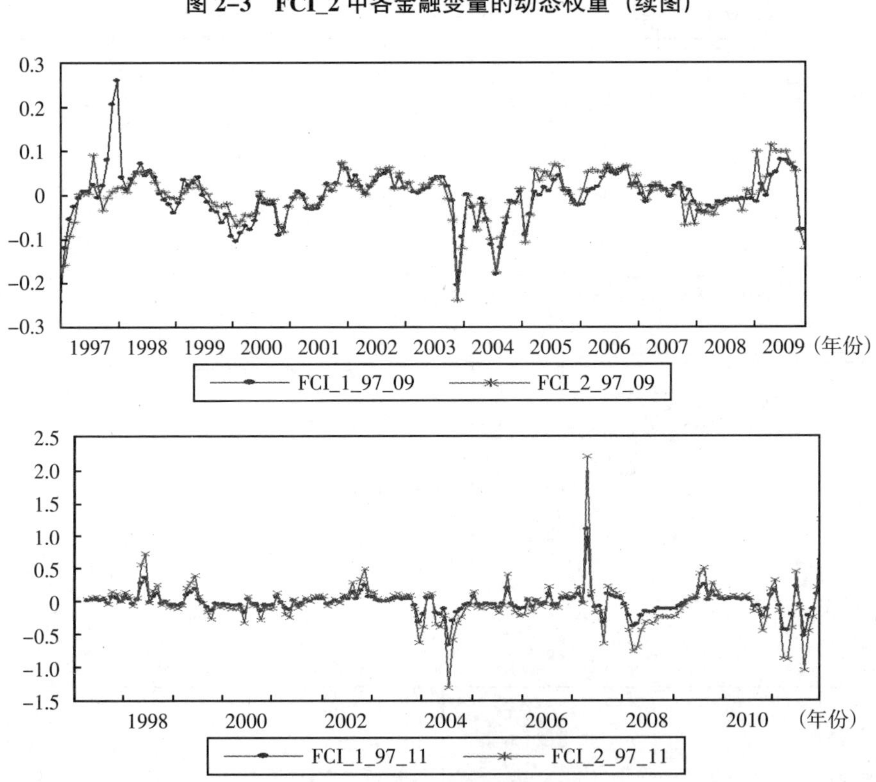

图 2-4　中国动态权重的金融状况指数

四、动态权重金融状况指数的性质

此处计算的动态权重金融状况指数，其估计模型中的量测方程的因变量为产出，而产出是货币政策的主要目标领域之一。对我国而言，货币政策目标领域的另一面为通货膨胀。要验证 FCI 的有效性，还需要检验其对通货膨胀的影响。一般认为 FCI 的主要功能在于对未来通货膨胀的预测，而 FCI 是否可以作为货币政策操作的参考指标则取决于以下几种方法检验的结果：FCI 与通货膨胀的格兰杰（Granger）因果性检验、脉冲响应分析以及预测能力分析。

1. 格兰杰因果性检验

表 2-2 列示了 FCI 指数与通货膨胀之间的格兰杰因果性检验结果，结果表明两组数据两个 FCI 指数都显著的是通货膨胀（以月度同比 CPI 为代表）变动的格兰杰原因，因此可以用于预测通货膨胀率，而包含货币供应量的 FCI 检验结果更显著，显示了货币供应量对引发通货膨胀的重要效应。同时，通货膨胀在 10%的水平上能够成为 FCI_2 变动的原因，这与 FCI_2 指数中包含货币供应量有关，通货膨胀成为 FCI_1 变动原因要在滞后一定月份以后才能实现，且其拒绝原假设的概率值明显高于 FCI_2 的情况，显示通货膨胀与包含货币供应量因素的 FCI_2 更加相关。

表 2-2　动态权重 FCI 指数与通货膨胀之间的格兰杰因果性检验

原假设 \ 滞后期	1	2	3	4	5	6
	1997 年 1 月至 2009 年 12 月					
FCI_1 不是通货膨胀的格兰杰成因	0.1632	0.0103	0.0115	0.0047	0.0024	0.0027
FCI_2 不是通货膨胀的格兰杰成因	0.0009	0.0002	0.0055	0.0052	0.0014	0.0003
通货膨胀不是 FCI_1 的格兰杰成因	0.4313	0.1350	0.1681	0.0791	0.0901	0.0952
通货膨胀不是 FCI_2 的格兰杰成因	0.0874	0.0775	0.0715	0.0276	0.0367	0.0632
	1997 年 1 月至 2011 年 12 月					
FCI_1 不是通货膨胀的格兰杰成因	0.0155	0.0060	0.0027	0.0005	0.0003	0.0006
FCI_2 不是通货膨胀的格兰杰成因	0.0126	0.00044	0.0019	0.0003	0.0002	0.0004
通货膨胀不是 FCI_1 的格兰杰成因	0.0020	0.0021	0.0065	0.0125	0.0109	0.0193
通货膨胀不是 FCI_2 的格兰杰成因	0.0018	0.0020	0.0064	0.0120	0.0104	0.0182

注：表中数值为概率值。

2. VAR 下的脉冲响应分析

由于 FCI 指数与通货膨胀之间存在互为因果的关系，所以此处参考 Goodhart 和 Hofmann（2001）的做法，分别建立通货膨胀和 FCI_1、FCI_2 的双变量 VAR 模型，并进行脉冲响应分析，Cholesky 分解的变量顺序为通货膨胀、FCI。两组数据表明通货膨胀对 FCI_1_97_09、FCI_2_97_09 新息的冲击分别在第 7 个月和第 6 个月达到最大值，分别为 0.2528 和 0.2734，随后逐步减弱。而 FCI_1_97_11 和 FCI_2_97_11 新息的冲击均在第 5 个月，分别为 0.2893 和 0.2984，随后逐步减弱（见图 2–5）。

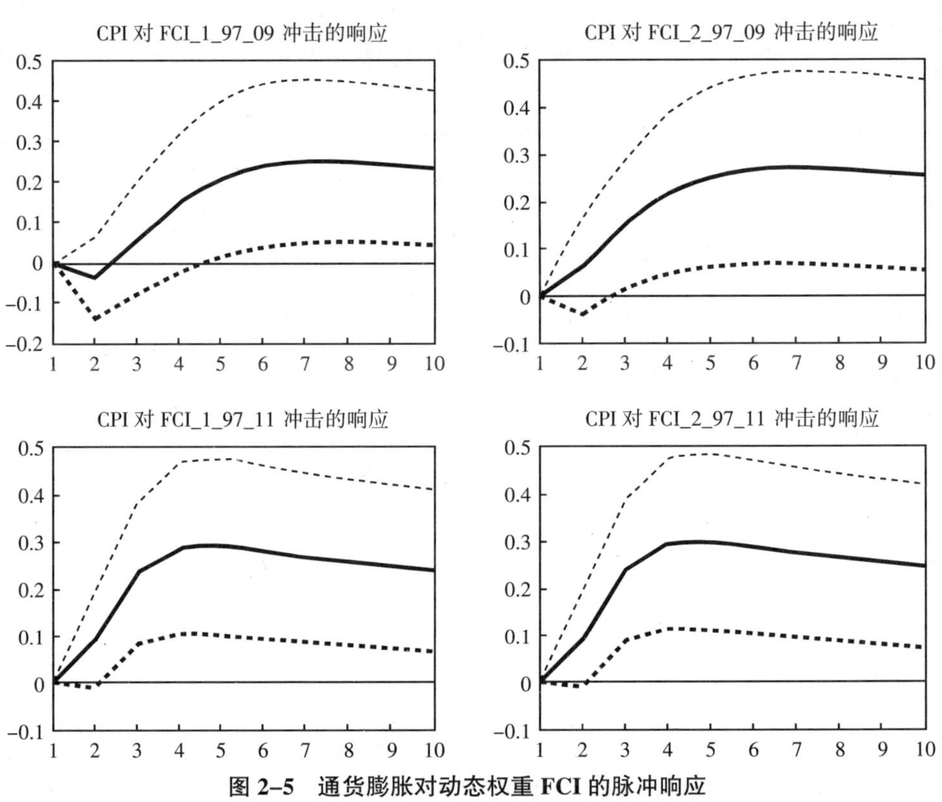

图 2–5　通货膨胀对动态权重 FCI 的脉冲响应

3. 预测能力分析

Gauthier 等（2004）使用公式（2–8）对金融状况指数对通货膨胀的预测能力进行了分析。

$$CPI_t = \alpha + \beta FCI_{t-k} + \varepsilon_t \quad (2\text{–}8)$$

其中，CPI_t 表示通货膨胀，FCI_{t-k} 表示提前 k 期的金融状况指数值，k 取值范围为 0~6。

此处将不同领先期的金融状况指数对通货膨胀的预测能力进行了计算

（见表 2-3）。结果显示，领先三期以内的所有 FCI 方程系数均非常显著地能够影响 CPI[①]，且显著性水平随着领先期越小而越高，说明更近的 FCI 指数能够更有效地影响 CPI，其反映出 FCI 可以对通货膨胀指数进行短期预测，期间越短，预测能力越强。

表 2-3　不同领先期动态权重金融状况指数对通货膨胀的预测能力

K		0	1	2	3	4	5	6
1997 年 1 月至 2009 年 12 月								
FCI_1	β	−16.1383	−14.3428	−10.8314	−9.1567	−8.5264	−8.4976	−8.1712
	P（β）	0.0000	0.0000	0.0016	0.0080	0.0142	0.0155	0.0211
FCI_2	β	−30.1242	−24.2021	−15.7486	−9.7776	−6.2562	−4.7520	−1.6767
	P（β）	0.0000	0.0001	0.0115	0.1196	0.3223	0.4547	0.7930
1997 年 1 月至 2011 年 12 月								
FCI_1	β	−5.8062	−5.8044	−4.8193	−3.6680	−2.3311	−1.6855	−1.0766
	P（β）	0.0000	0.0000	0.0001	0.0027	0.0600	0.1897	0.4043
FCI_2	β	−5.8206	−5.800	−4.7919	−3.6269	−2.2789	−1.610	−0.9867
	P（β）	0.0000	0.0000	0.0001	0.0028	0.0647	0.2081	0.4427

注：β 为方程中 FCI 的系数，P(β) 为方程中 FCI 系数 T 检验的概率值。

为进一步显示不同领先期的动态权重金融状况指数与 CPI 的相关性程度，此处计算了两者的动态相关系数（见表 2-4）。鉴于动态权重 FCI 趋势上升表示金融形势收紧，下降表示金融形势放松，经济理论表明金融形势放松对通货膨胀具有向上拉动的影响，因此，FCI 变动应与通货膨胀之间存在负相关关系。表 2-4 显示不同领先期的 FCI 指数与通货膨胀之间的动态相关系数，可见领先 6 个月内的 FCI 指数与通货膨胀之间存在负相关关系，且负相关程度（绝对值）随着领先期的临近，FCI 与 CPI 的相关程度越高。

① 对于 1997~2009 年的数据而言，领先六期的方程系数均显著；而对于 1997~2011 年的数据而言，领先三期以内的方程系数显著。

表 2-4　不同领先期动态权重金融状况指数与通货膨胀的动态相关系数

领先期	0	1	2	3	4	5	6
1997 年 1 月至 2009 年 12 月							
FCI_1_	−0.37385	−0.33373	−0.25289	−0.21377	−0.19846	−0.19676	−0.18814
FCI_2	−0.38520	0.309409	0.203204	0.126372	0.080808	0.061294	0.02161
1997 年 1 月至 2011 年 12 月							
FCI_1_	−0.37499	−0.359082	−0.297772	−0.226451	−0.143286	−0.100489	−0.064109
FCI_2_	−0.3778	−0.360669	−0.297605	−0.225078	−0.140769	−0.096462	−0.059093

五、我国不同金融要素功能效力解构内涵

本节利用时变参数状态空间模型估算了我国动态权重金融状况指数，金融变量权重的强弱变化体现出不同金融因素对金融整体形势影响力的强弱。实证结果表明：

第一，本节构建的金融状况指数是一个基于不同金融要素的合成指标，为方程的自变量；状态空间模型中的量测方程的实体经济发展指标（经济增长指标，以产出缺口为代表）为因变量。由不同金融要素构成的合成指标 FCI 与量测方程中的产出缺口间反映了金融与实体经济的关系，而构成 FCI 的不同金融要素的动态权重则体现了不同的金融要素在影响经济增长指标中的不同效力。

第二，本节合成的金融指标形成的金融状况指数与经济指标中的另外一个重要指标——通货膨胀（同时也是货币政策的重要目标）间具有显著的格兰杰因果关系，同时脉冲响应分析以及计算的动态相关系数也显示金融状况指数可以作为通货膨胀的一个先行指标，表明本节构建的金融状况指数合理有效。

第三，货币供应量因素以及房价、股价因素在我国金融状况指数中的权重较大，对产出的影响力较强；汇率、利率权重也正在逐步增加但绝对权重仍不高，这说明汇率制度改革以及利率市场化进程深化的影响日益凸显，但与货币供应量相比，目前依然不是影响实体经济发展最主要的因素。

第四，货币供应量因素的权重非常大，而且包含货币供应量的金融状况指数对通货膨胀的影响更为显著，表明货币供应量在货币政策传导，即影响

经济增长中具有特别重要的作用。一方面表明数量型的金融要素（直接的数量上的金融资源配置）在影响我国实体经济中具有最为重要、最为直接的作用，另一方面也说明我国货币政策的传导仍然主要是数量型的。

第五，对比 1997~2009 年以及 1997~2011 年两组数据发现，后者货币供应量因素的影响更大，显示了国际金融危机后我国 M2 大幅度快速增长对整体金融环境的重要影响，反映出我国当前依然是典型的数量型货币政策传导模式，而且在国际金融危机后的几年中，这种情形有所加深。

总的来看，运用时变参数状态空间模型构建的 FCI 显示，我国的数量型金融指标占据了较大的权重，其内涵是：在当前我国国情下，金融资源的数量配置对于实体经济的发展具有特别重要的影响；对于战略性新兴产业发展而言，通过一定的政策手段，将金融资源引导配置到战略性新兴产业领域，在当前仍然是金融支持战略性新兴产业发展的首要问题。

第三章　多重错配与战略性新兴产业融资模式安排

《国务院关于加快培育和发展战略性新兴产业的决定》（国发〔2010〕32号）对战略性新兴产业发展的第一个重要目标定位是“立足国情，努力实现重点领域快速健康发展”，即“到 2015 年，战略性新兴产业形成健康发展、协调推进的基本格局，对产业结构升级的推动作用显著增强，增加值占国内生产总值的比重力争达到 8%左右。到 2020 年，战略性新兴产业增加值占国内生产总值的比重力争达到 15%左右，吸纳、带动就业能力显著提高”。从这个意义上讲，战略性新兴产业作为实体经济的一个重要组成部门，同时也是拉动经济发展的重要引擎，其“增长”问题是研究的首要关注点。金融体系作为配置资源的重要环节，对于经济增长具有重大影响。上一章对金融体系的基本功能做了初步的回顾与梳理，并通过时变参数状态空间模型分析了我国金融体系中影响实体经济（经济增长）最重要的因素（渠道）。鉴于计量结论显示我国数量型的金融资源配置模式在支持经济增长方面仍然占据主导作用，为了促进某个特定产业（比如本书的研究对象——战略性新兴产业），有必要通过一定的政策设计，引导金融资源向该产业聚集。

第一节　战略性新兴产业融资安排的逻辑主线

由于战略性新兴产业的概念提出时间较短，所以经典文献，特别是专门针对金融支持战略性新兴产业发展研究的系统性文献较少。但这不妨碍我们沿循如下文献轨迹来梳理金融支持战略性新兴产业，特别是研究设计适应战略性新兴产业发展特点的融资模式的逻辑思路。

第一是引导金融资源向战略性新兴产业配置的原因。关于为什么要引导金融资源向战略性新兴产业配置的问题，这是本书研究的理论导向或意义所在。上一章内容对此做出了初步回答，即金融体系一方面可以通过改变储蓄率或者重新在不同的资本生产机制中配置储蓄，从而影响（提高）资本形成率；另一方面可以通过影响新产品和新生产过程中的创造行为来影响经济的技术创新程度。而资本积累和技术创新正是影响长期经济增长（特别是作为经济增长引擎的战略性新兴产业）的关键所在。而针对我国金融体系中不同金融要素效力的量化实证分析更是论证出，当前我国促进某类产业发展，必须特别注重引导金融资源在该产业类别的聚集。

第二是战略性新兴产业与金融资源配置流向的匹配问题。尽管战略性新兴产业对于国民经济的长远发展很重要，而金融资源对于培育战略性新兴产业亦具有不可或缺的重要作用，但金融资源的配置流向与战略性新兴产业并不能自然地实现匹配，很大程度上还需要政策设计者的主动引导。前文指出，从金融需求出发设计金融供给，是制定具有某类特定特征的产业的金融支持措施的根本逻辑。在金融需求决定金融供给的基本机制之下，设计适应战略性新兴产业发展特点的融资模式，应该遵循的基本逻辑是对战略性新兴产业的基本特点作出归纳总结，并提炼出其金融需求的特性。如此，才能设计出“量体裁衣”式的金融供给模式，促使金融支持战略性新兴产业发展的效应最大化。

第三是探讨战略性新兴产业的基本特征。应当明确，战略性新兴产业作为一个以“政策性概念”问世的专业术语[①]，需要解构其经济学内涵，才能归纳其基本特征。如前所述，该术语涉及三个关键词，即战略性、新兴和产业（贺俊、吕铁，2012）。“产业”一词在经济学中有比较明确的定义，即生产具有相互替代性产品的企业群体。“新兴产业”一词主要出现在技术创新领域有关“产业动态性”（Industry Dynamics）问题的研究文献中，指的是处于产业生命周期中“初创期”的产业。这类产业（企业）往往面临技术和市场风险、信息壁垒等，具有经济学含义上的“不确定性”。战略性新兴产业的最后一个

① 《国务院关于加快培育和发展战略性新兴产业的决定》（国发〔2010〕32号）对战略性新兴产业给出的定义是，“以重大技术突破和重大发展需求为基础，对经济社会全局和长远发展具有重大引领带动作用，知识技术密集、物质资源消耗少、成长潜力大、综合效益好的产业”。吕铁等（2014）认为该决定更多的是从战略性新兴产业对经济社会发展的功能和意义的角度出发来定义战略性新兴产业的。要把战略性新兴产业由一个强调“绩效”和“结果”的政策概念转变为可以进行理论和经验分析的学术概念，就必须首先提炼战略性新兴产业这一概念的经济学内涵。

关键词是“战略性”，也是相对缺乏经济学理论共识的概念。经合组织（1991）关注了战略性产业对于国家经济竞争力的影响，以及应当采取的支持性政策措施。中国社会科学院工业经济研究所“发展我国战略性新兴产业问题研究”课题组（吕铁等，2014）则认为“战略性”体现在经济学含义上具有明显的“正外部性”。综合几方面的关键词，可以初步认定战略性新兴产业同时具有“不确定性”和“正外部性”两大基本特征。

第四是引导金融资源向战略性新兴产业聚集的理论依据。从理论渊源上说，一方面针对战略性新兴产业正外部性的特征，Dewatripont 和 Maskin（1995）的软预算约束模型（简称 DM 模型）提供了思路；另一方面战略性新兴产业的不确定性特征导致该产业的金融需求与传统金融供给模式存在风险错配与期限错配两大问题。而关于风险错配和期限错配的金融工程学原理的文献则瀚如烟海，特别是资产组合理论及分散化原理，为不确定性情形下高风险、高收益的战略性新兴产业的金融供给模式提供了几乎是“免费午餐”性质的改进策略，而期权理论也为获取战略性新兴产业发展的“剩余索取权”提供了基本理论依据。

第二节　战略性新兴产业融资安排的模型综合

战略性新兴产业具有的战略性以及新兴性特征，导致其具有经济学意义上的正外部性以及不确定性特征。在此情况下，该产业类别的金融需求特征与传统金融供给模式具有不兼容性。其主要表现在：一是战略性新兴产业所具有的正外部性特征与商业金融存在模式上的不兼容性；二是战略性新兴产业具有的不确定性特征，与传统金融供给存在期限结构与风险结构上的错配。因此，需要对传统融资模式进行改造或创造新型金融供给模式，以适应战略性新兴产业的金融需求。

图 3–1 显示了战略性新兴产业特征决定的金融供给的基本思路。需要说明的是，在国家层面，推动战略性新兴产业发展就是为了充分发挥其正外部性，以带动其他产业和整体产业结构升级。因此本章的分析重点没有放在将战略性新兴产业的收益进行内部化上，而是着眼于政策性金融的作用上。

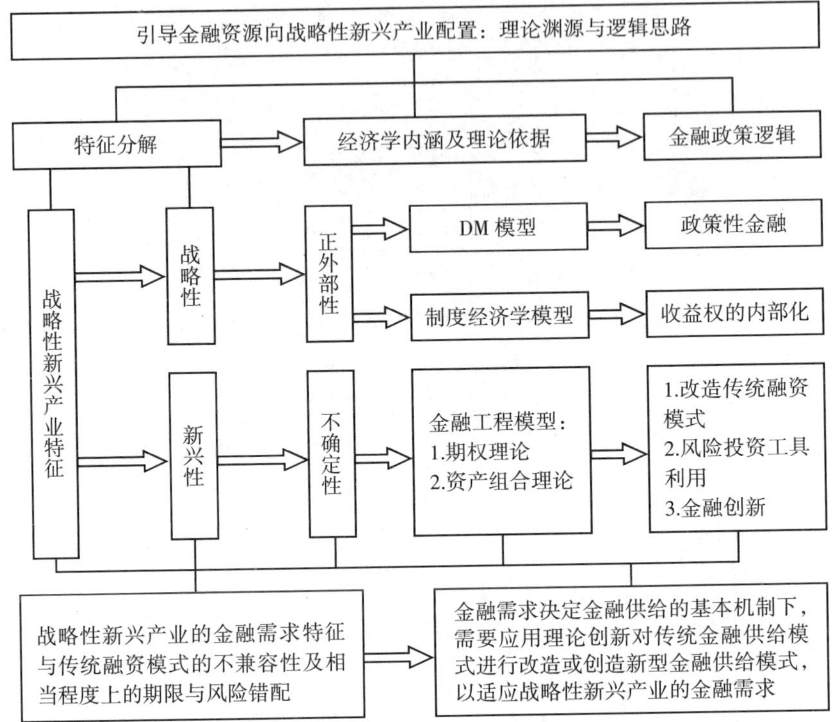

图 3–1　战略性新兴产业金融需求特征与金融供给安排的基本逻辑

一、战略性新兴产业正外部性特征下的模式错配与金融供给安排

战略性新兴产业的首要特征是战略性，其经济学含义为极强的正外部性。尽管战略性新兴产业整体前景良好，但对于一般的商业金融供给者而言，针对战略性新兴产业中的某单一项目（如产业内的某一具体企业）的投入（融资）仍然具有巨大的不确定性：一方面，可能该项目未来顺利成为主导产业，从而形成非常好的收益，即该项目是非常好的项目；另一方面，也有可能由于该项目所需应用的现代科技前沿成果并不成熟，在实现产业化的过程中并不顺利，即其所支持的项目可能会成为劣项目①。一般性的商业金融供给者对

① 战略性新兴产业的性质使得项目本身会产生足够大的外部性，使得战略性新兴产业产生的社会效应与私人企业的利润之间可能存在差距，从而面临收益不能涵盖投入的情况，使得金融供给者的投入面临损失，即对商业金融供给者而言是劣项目。

投资项目甄别的原则是并不需要最优项目，而只要能够按期还本付息的次优项目（短期产生快速有效盈利的项目）即可。对最优或最劣项目的金融供给的分析需要运用软预算约束模型（DM 模型）进行研究①。

借鉴 DM 模型，假定经济中存在三种项目可供金融供给者（如商业银行）选择：第一种是短期收回投资但回报率不是最高的快项目即次优项目；第二种是长期收回投资，但回报率最高的慢项目即最优项目；第三种是长期也无法收回投资或回报率极低的慢项目即劣项目（见图 3–2）。图中横轴 $0\sim X_1$ 段表示最优项目，$X_1\sim X_2$ 段表示次优项目，$X_2\sim X_3$ 段表示劣项目，那么商业金融供给将倾向于在 $X_1\sim X_2$ 段选择给予金融供给支持，呈现为正态分布（图 3–2 中较细的实线所显示的状态）。但在金融资源配置权力相对集中且预算约束较软的政策性金融供给中，则选择长期有效项目（最优项目）的概率会比一般的商业金融供给者高②，而选择次优项目的概率较低。这种情形下的投资项目选择呈现为“非正态分布”（图 3–2 中由较粗的实线所表示的状态）。

政策性金融供给所支持的项目往往具有很强的正外部性。从长期看，这些项目对经济增长与社会福利的增进具有不可替代的作用（如对战略性新兴产业的支持是对全社会福利增进的表现），因而是有效的。在经济学逻辑上，其反映的是预算软约束与经济效率之间存在的不确定性关系：在某种情况下，预算约束软一些，可能使经济资源配置的有效性增强（对最优项目的支持）；

① 一个较为生动的、关于软预算约束的成功实例是 1987 年版《红楼梦》电视剧的制作。该剧被认为是电视剧的经典之作，几十年来经久不衰，经济效益和社会效益均十分明显。在我国的电视事业发展史上，这显然属于非常成功的案例。但从当时的拍摄时间和资金投入上看，在目前的纯粹商业模式（硬预算约束下）下可能是无法承担的。据了解，该剧 1983 年开始筹备并挑选演员，挑选出的演员在“大观园”进行了长时间的陶冶情操训练，以提高艺术修养，然后再确定扮演的角色；因此，直至 1986 年末，各环节才陆续拍摄完成。而目前的影视剧投融资安排，一般的商业模式显然不可能忍耐如此长的周期，以及将大量的资金和精力放在精细化的准备工作上。精雕细琢出精品的方式很多时候只可能在软预算约束下才可能实现。

回到模型本身，对于金融供给方而言，在硬预算约束下，其资金投向（项目选择）存在较强的约束，即需要在规定的时限内回收本金，并取得相应的利息，因此其项目选择的特点必然表现为“短、平、快”。而在软预算约束下，由于没有在规定时间内收回资金的硬性约束，金融供给方的资金投向往往更为灵活，回收本金的期限更加宽裕。在这种模式下，尽管不排除会存在不能产生效益的劣项目，但由于软预算资金（政策性资金）的管理者出于对经济社会长远发展的考虑，会主动地、有计划地，甚至跨期地配置资源，使一些具有较长周期、未来可长期获得高额回报（包括经济效益和社会效益）的项目往往可能成为被选择的对象。如国家开发银行的政策性金融业务（开发性金融业务），一定程度上就可以认为是具有软预算约束性质，实际上国家开发银行的业务往往都是非常好的长期盈利且对经济社会发展有利的项目。

② 当然，软预算约束下的金融供给者选择劣项目的概率也比硬预算约束下的商业金融供给者高。

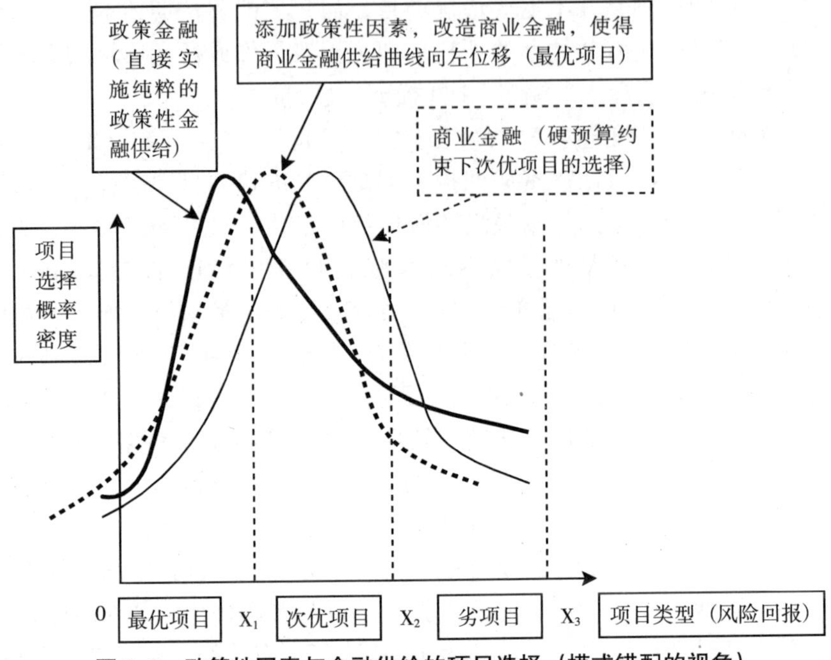

图 3-2　政策性因素与金融供给的项目选择（模式错配的视角）

而在另一种情形下，预算软约束会造成经济效率的降低（对最劣项目的支持）。战略性新兴产业中的单个项目（金融需求方），可以认为处于 $0\sim X_1$ 段（但也有可能处于 $X_2\sim X_3$ 段）。这种项目分布与一般的商业金融供给存在模式上的错配。为更多地提供适应这种端点分布的金融供给，在总体思路上，一是可设计单独的政策性金融供给体系（即图 3-2 中的粗实线）；二是可在一般性的商业金融（私人金融）供给上融入政策性因素，将供给配置左移（即将图 3-2 中细实线向左移动至粗虚线的位置），以适应战略性新兴产业的项目分布。鉴于此，适应战略性新兴产业发展特点的融资模式之一就是融入政策性手段，无论是纯粹的政策性金融，抑或是在传统的金融供给中融入政策性因素。

二、战略性新兴产业不确定性特征下的风险错配与金融供给安排

战略性新兴产业的新兴性是其另一种根本属性，在经济学含义上体现为不确定性。不确定性导致该产业的金融需求与传统金融供给模式存在风险错

配与期限错配两大问题。首先来看风险错配的情况。战略性新兴产业具有典型的“三高”特征：一是高风险性。其源于技术、市场需求本身具有的不确定性，且较长的周期还会增强这种不确定性。二是高投入性。由于新兴产业往往缺乏成熟的产业配套，且原材料和零部件短缺而价格高昂、商业模式不成熟、市场开发的难度较大等，因而需要较高的投入。三是高回报性。对新兴产业的投资一旦成功，获得的收益将非常丰厚。

战略性新兴产业的新兴性特征与一般的金融供给模式存在明显的风险错配。

假定某类投资产业 i，预期收益为 $E(r_i)$，风险为 σ_i；再假定共有两类产业的情况，当 $E(r_1)>E(r_2)$，则 $\sigma_1>\sigma_2$。

我们将 $i=2$ 的产业称为传统产业（或成熟产业），$i=1$ 的产业则为新兴产业。从金融供给视角看，信贷等传统金融供给模式，一般要求信贷对象具有较低的风险，信贷供给方一般只会获取较为确定且较低的收益——利息，一定程度上类似于卖出一个看跌期权。期权费是利息收入，卖出的预期损失是信贷本金及利息的损失。

在传统模式（以信贷为例）下，银企之间是一个标准的债务合约，银行对企业的贷款为 L，到期还款后银行获得 $L(1+r)$，r 为贷款利率。企业项目收益为 R，抵押物价值为 M，当项目收益和抵押物价值小于还款额时，即 $R+M<L(1+r)$，企业可能违约。银行在信贷业务中，相当于卖出一个执行价为 $[(1+r)L-M]$ 的期权，如图 3-3 所示。

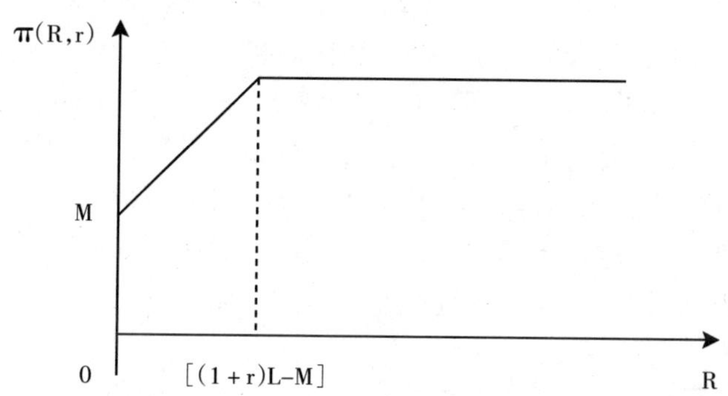

图 3-3　传统金融供给方式的金融供给方收益（类似卖出看跌期权）

在预期收益与风险的权衡中，一个基本公理是越高的风险伴随越高的预期收益，因此在预期收益与风险之间的等效用曲线是向右上方倾斜的。图 3-4

提供了一个不同特征的产业与金融供给间风险与预期收益的分配图。在传统的金融供给方式中，金融供给方预期实现的收益相对有限，在预期收益确定且有限的情形下，在风险与收益的等效用曲线中，仅能处于左下端。承担更高风险、预期更高收益的新型金融供给（特别是参与项目收益分成的风险投资）模式则可位于等效用曲线的右上端。

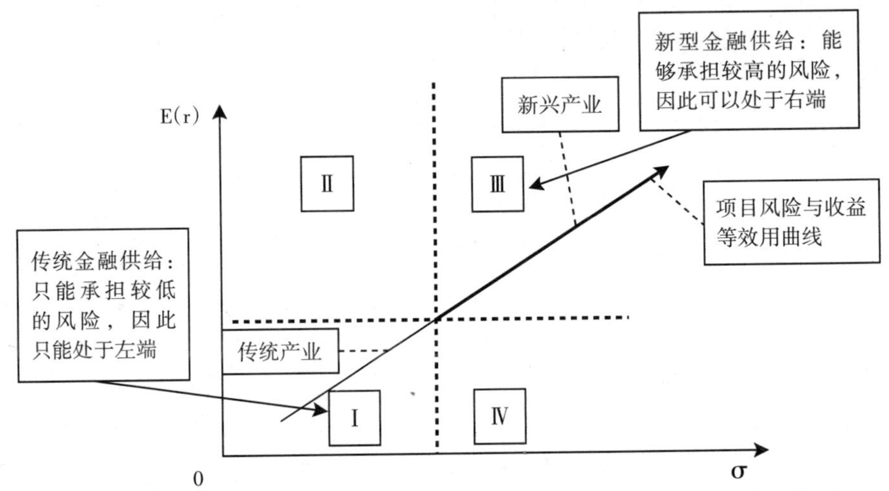

图 3-4　不同产业的金融需求特征与金融供给的模式安排（风险错配的视角）

在图 3-4 中，E(r) 为预期收益，σ 为风险。粗细连接的实线为项目风险与预期收益的等效用曲线，满足“越高的风险伴随越高的预期收益”的基本公理，曲线向右上方倾斜。从金融需求方（项目或产业）看：传统产业由于已经相对成熟，经营风险相对可控（风险较低），同时也无须支付超额利率（收益较低），因此处于项目风险与收益等效用曲线的左下端（图 3-4 中细实线部分）；而新兴产业由于“三高”特性，位于项目风险与收益等效用曲线的右上端（图 3-4 中粗实线部分）。从金融供给方看：传统的融资模式承担风险的容忍度较低①，只能位于图中的Ⅰ和Ⅱ区域，而区域Ⅱ内的项目一般又被认为是不存在的②，因此只能与传统产业相匹配；而新型金融供给（能够承受高

① 如一般的银行信贷业务获取收益预期不高，合同确定的利率水平为上限，因此其愿意承担的风险也有限。

② 如果存在这个区域的项目（即存在套利的机会），投资者的资产选择行为将抬高标的物（项目）的价格，挤出这个区域的投资项目（套利机会消失）。

风险的金融供给）可以在区域Ⅲ和区域Ⅳ选择项目，但显然也不会选择区域Ⅳ的项目，因此，区域Ⅲ的新兴项目与新型金融供给相匹配。

实际上，针对战略性新兴产业中的单一企业，除了产业部门所具有的这种特征之外，其单个企业自身，还将具有企业自身风险。可以通过分散化投资，并进行资产组合，消除非系统性风险。

假定在某类新兴产业中，共计有 1，2，…，N 个企业。对金融供给方而言，相当于 N 项风险资产，其预期收益率为 $E(r_i)$：i = 1，2，…，n，彼此之间的协方差记为 σ_{ij}：i，j = 1，2，…，n（当 i = j 时，σ_{ij} 即为方差）。ω_1，ω_2，…，ω_n 表示相应的资产在组合中的比重。投资组合的预期收益率和方差分别为 $E(r)=\sum_{i=1}^{n}\omega_i E(r_i)$和 $\sigma^2=\sum_{i=1}^{n}\sum_{j=1}^{n}\omega_i\omega_j\sigma_{ij}$。最优的投资组合，即要求在一定的预期收益率的前提下，使组合的方差最小化，即求解如下数学规划模型：

$$p=\begin{cases}\min\limits_{\omega}\sigma^2=\sum_{i=1}^{n}\sum_{j=1}^{n}\omega_i\omega_j\sigma_{ij}\\ \text{s.t.}\sum_{i=1}^{n}\omega_i E(r_i)=E(r)\quad(3\text{–}1)\\ \sum_{i=1}^{n}\omega_i=1\end{cases}$$

如图 3–5 所示，对于每一个给定的 E(r)，有一相对应的标准差 σ，一一对应的［E(r)，σ］组合构成标准差——预期收益率图中的一个坐标点。该曲线经过数学证明为双曲线。实际上只有上半部分（加粗部分）为有效组合边界（下半部分意味着存在同样风险，但收益明显更低的对应的［E(r)，σ］组合）。从金融供给方的收益、风险效用函数来看，其等效用曲线向右下方突出，即承受较高的风险，则需要较高的风险预期补偿。

等效用曲线和有效投资组合边界的相切点即为最终选择的投资组合。当投资组合含有多项风险资产时，个别资产的方差将会互相冲销。理论上，随着组合资产品种的增多（即 n 递增），组合将仅剩下系统性风险。进一步地，在同一类新兴产业中进行投资，将面临更大的系统性风险，如果在不同新兴产业间投资，则系统性风险可以降低，其基本原理类同。证券投资组合及分散化原理为高风险、高收益的战略性新兴产业的金融供给模式提供了几乎是“免费的午餐”性质的改进。在金融实践中，近年来中小企业集合票据的发展

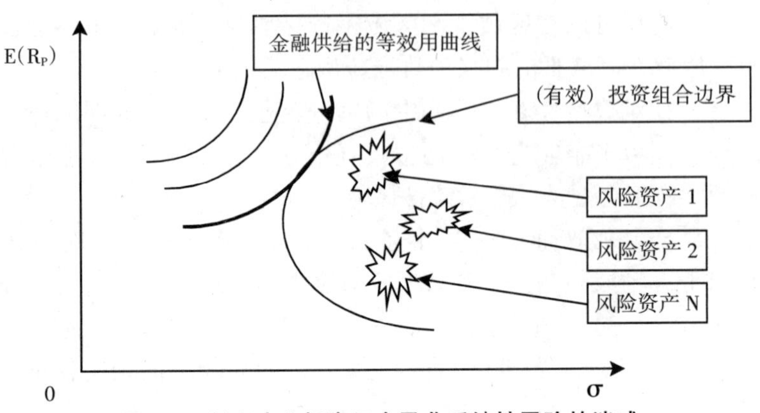

图 3-5 新兴产业投资组合及非系统性风险的消减

就是典型例证。针对战略性新兴产业金融供给的设计思路之二，即安排能够承受较高风险的金融供给方式，并一定程度上将其组合化。

三、战略性新兴产业不确定性特征下的期限错配与金融供给安排

战略性新兴产业的发展是一个具有较长时间周期的过程。就产业生命周期而言，一般可分为种子期、创建期、成长期和成熟期（后续还包括衰退期）。

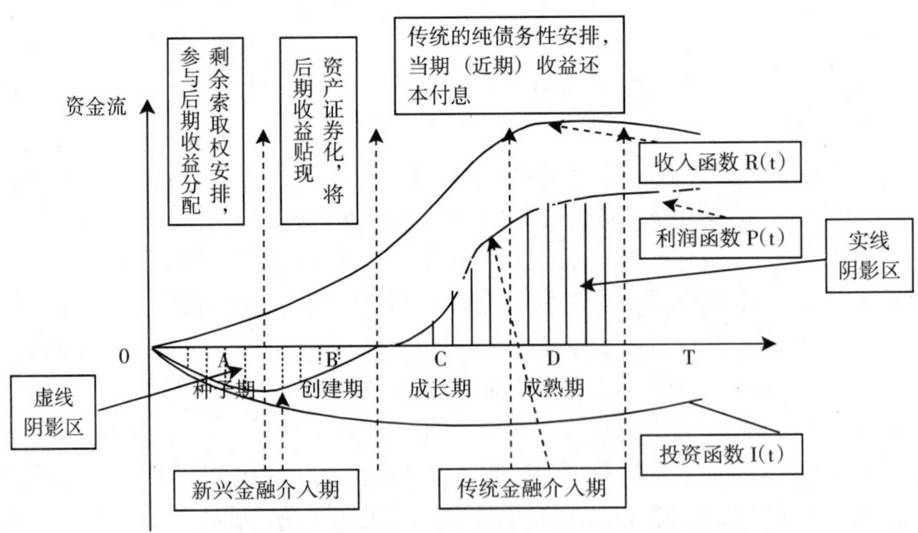

图 3-6 产业发展的阶段性特征与金融供给的模式安排（期限错配的视角）

如图 3-6 所示，对某类产业而言，处于种子期、创建期（或包括成长期）为新兴阶段（或将该阶段的产业称为新兴产业）。针对战略性新兴产业的投资回报及其资金流，主要包括如下几项：投资（I）——在前期逐步增大，然后再递减，投资作为支出，资金流为负，见图 3-6 中投资函数 I（t）对应的曲线；收入（R）——在种子期较难形成实质收入，此后逐步递增，并在成长期和成熟期能够获取较高收益，然后保持平稳，最后递减，见图 3-6 中收入函数 R（t）对应的曲线；利润（P）——收入与投资之差，在种子期和创建期，由于收入小于投入，总体利润为负，此后在成长期和成熟期逐步转正，见图 3-6 中利润函数 P(t) 对应的曲线。对项目的整个生命周期而言，整体收益为利润函数的积分，其中：

$$P = \int_0^t p(t)dt = \int_0^t [R(t) - I(t)]dt \tag{3-2}$$

即图 3-6 中的阴影部分，虚线阴影为累计净支出，实线阴影为累计净盈利。显然，只有当整体收益为正的项目（经过贴现后的收益），即实线阴影区大于虚线阴影区，才具备投资价值。

从项目的当期收益来看，仅在进入成长期，且收入大于投资时，才可能获取正向的现金流（即有利润产生）。对于传统的债权性金融供给方式，在合约存续期有限的情况下，能够当期（或有限的期限内）还本付息是此类金融供给模式的基本要求。在新兴阶段，一般无法提供纯粹的债权式金融供给安排。即新兴产业发展的新兴阶段与一般性金融供给存在明显的期限错配。鉴于此，适应战略性新兴产业发展特点的融资模式之三就是在债权融资中融入股权性因素，通过股权性金融供给模式获取剩余索取权，参与项目收益的长期分配。如图 3-6 所示，在不同的阶段，应该使用不同的金融工具或政策安排，促进金融资源与战略性新兴产业之间能够形成匹配关系。

剩余索取权的安排相当于买入一个看涨期权。假定某项金融供给投资的本金为 C，项目收益为 P，设定风险投资参与分成比例为 α，风险投资收益为 αP，企业收益为 (1 - α)P。当 αP - C > 0，风险投资开始实际获益。风险投资相当于买入一个看涨期权（见图 3-7）。

金融供给的预期收益：

$$E(r) = \alpha P - C = \alpha\int_0^t p(t)dt - C = \alpha\int_0^t [R(t) - I(t)]dt - C \tag{3-3}$$

实际上，对一项能够参与剩余索取权的金融供给制度安排而言，其金融

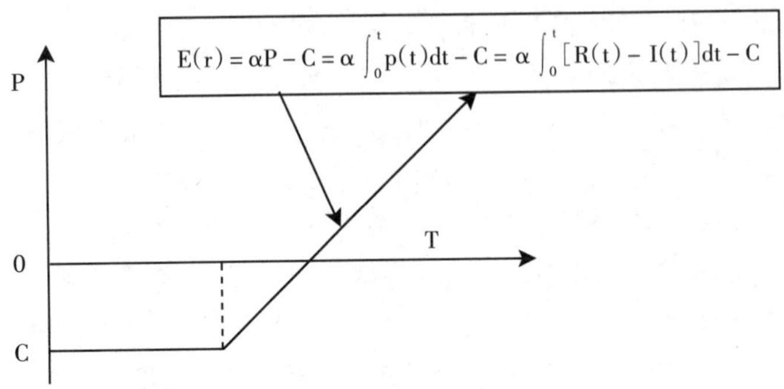

图 3-7 参与剩余索取权的金融供给安排（类似买入看涨期权）

供给产品本身能够通过将预期收益贴现，计算其净现值，然后通过证券化等形式转让，从而实现资本的退出。

第三节 战略性新兴产业融资安排的工具设计

从前述逻辑推理可知，设计适应战略性新兴产业发展特点的融资模式需要遵循三条基本原则：一是融入政策性手段，无论是纯粹的政策性金融，抑或是在传统的金融供给中融入政策性因素；二是安排能够承受较高风险的金融供给方式，并在一定程度上将其组合化；三是剩余索取权的安排以及在此基础上的证券化（推出金融衍生品）。这三条原则的组合运用，可以在银行信贷、证券、保险等多种基本金融供给手段的基础上设计出丰富多样的具体模式，并在金融实践中不断发展。根据前述三条基本原则设计的金融支持战略性新兴产业发展的政策框架（工具篮子）如图 3-8 所示。

从对一些发达地区金融支持战略性新兴产业的调研来看，一些具有一定创新性和有效性的政策设计已经融入了前文分析所述的“三条基本原则”。

在银行业务中，由于信贷是配置金融资源的主要渠道，为适应战略性新兴产业的特征，可以将补贴因素（政策性因素）融入信贷流程中，提高信贷流向战略性新兴产业领域的可能性。现实中，在宏观调控与监管部门的推动下，一些商业银行联合财政以及保险资金，在一些地区推出了“信贷快车”“瞪羚计划”“信用保险及贸易融资试点工作”等多项政策支持项目，从服务

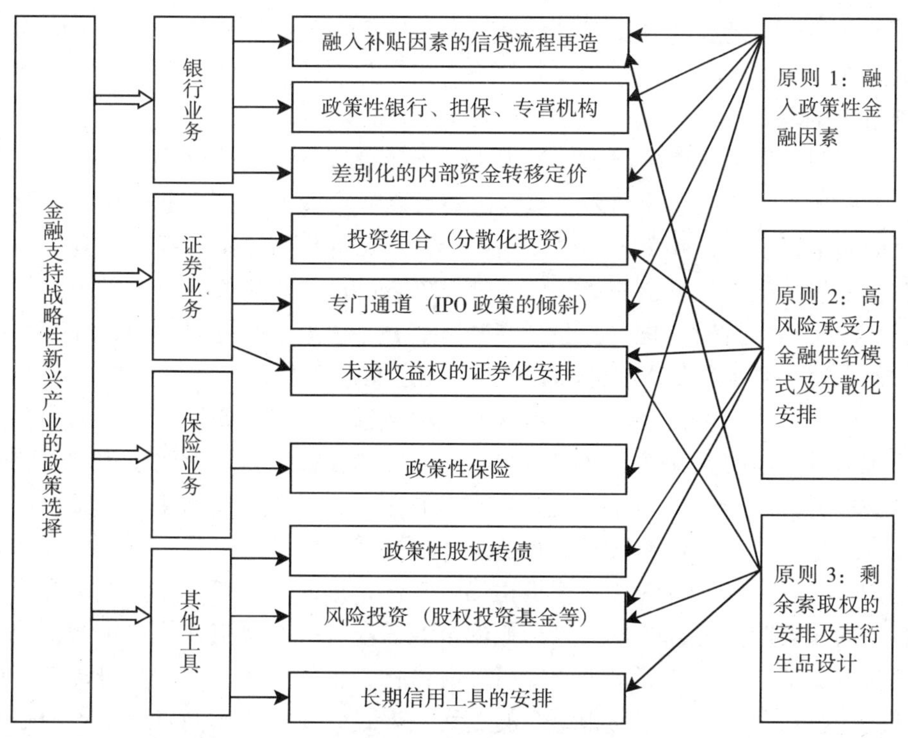

图 3–8　战略性新兴产业金融供给的工具设计

理念、产品设计、管理机制等多方面进行创新。一些机构以财政资金为支点，提前介入时期，创造了“财政+金融”“财政+保险”等支持战略性新兴产业发展的新模式。一些银行还在战略性新兴产业聚集区（如北京中关村地区）设立针对高科技企业或战略性新兴企业的专营机构，提供针对性的金融服务。

在证券业务中，充分利用金融工程原理开展资本市场工具创新。这方面中小企业集合票据（债券）的发展是近年来的一个重要创新。其弥补了单个战略性新兴产业中的单体企业固定资产少、信用等级低等不足，是对高新技术企业利用债券市场融资的方式和途径的探索。通过上述集合票据、集合债券和集合信托等创新工具，为战略性新兴产业中的中小企业有效解决了部分融资需求。

在保险以及担保业务中，全方位开展政策性担保业务。针对战略性新兴产业知识产权等“软资产”多、固定资产等传统抵押品少的特点，在监管部门和财政的支持下，一些商业银行推出无形资产质押信贷产品，深度介入战略性新兴产业发展的成长期。一些机构拓宽了权利质押范围，开展了应收账款质押、股权质押、代办股权质押等产品，并设计了企业互保、伞式信贷等创新产品。

在创业投资业务领域中，大力发展创业投资基金，分享战略性新兴产业发展的未来收益，实现风险投资与战略性新兴产业的双赢。通过对创业投资企业实施资金补助和资金奖励、租金价格补贴等优惠政策，吸引投资机构入驻，一些金融较为发达的地区风投创投资金已经初具规模。目前我国风险投资已培育出一批对全国乃至世界有影响力的新兴经济增长点，如光伏产业、软件产业、网络产业、信息通信产业、先进制造产业等。

此外，通过多种融资工具组合，推动金融供给与战略性新兴产业的金融需求形成更高的匹配性。某些银行对初创期的科技企业，形成了相对成熟的“期权贷”合作模式，在企业盈利或股权价值超过事先约定水平后，银行可通过合理方式分享企业成长后的收益（获取剩余索取权）。银行与证券、保险、信托、租赁、创业投资合作等机构加强合作，形成了融资支持链，全方位满足不同发展阶段的战略性新兴产业的金融需求。一些重点政策性银行机构还通过成立证券、租赁等多个非银行金融机构，根据市场情况和自身优势，形成了“投、贷、债、租”相结合的多元化方式，使处于不同发展阶段的战略性新兴产业企业均能获得相应的金融产品支持，既满足了战略性新兴产业融资业务快速增长的需要，又有效控制了风险。

第四节 战略性新兴产业融资安排的政策取向

尽管各地金融支持战略性新兴产业取得了一些成效，但调研中我们也发现，囿于战略性新兴产业的特征与一般性金融供给模式对应的服务对象具有明显的不匹配性，当前金融业在支持战略性新兴产业发展上仍有亟待改进之处。其主要表现在以下几方面：

一是商业银行的实质性信贷支持力度有限，成为制约战略性新兴产业融资的主要瓶颈。从我国的金融结构看，银行信贷是最主要的融资方式，因此，如果没有银行信贷的有效支持，就很难发挥金融对战略性新兴产业支持的有效性。2010 年以来，针对多家商业银行以及企业集团的调研发现，虽然多数银行将战略性新兴产业作为优先支持的项目类别，但在实际操作中，真正的优惠政策并不多，对待战略性新兴产业的发展与对待一般项目没有实质区别：商业银行总行在对具体办理该类信贷业务的分支机构的考核中，并没有在其内部资金转移定价（FTP）等方面采取实质性的鼓励措施予以支持，具体办理业务的分支机构也因此无法获得相对优惠的内部转移资金价格，导致一线业务人员没有足够的动力开展战略性新兴产业领域的企业和项目的营销。

二是多数金融机构尚未把战略性新兴产业作为盈利点，提供金融服务的动力不足。限于战略性新兴产业自身的特点，多数金融机构在提供金融服务，尤其是提供融资性服务时，往往在高风险和高服务成本[①]的约束下，动力不足。在众多金融创新支持战略性新兴产业发展的案例中，金融机构要么是为了获取一种宣传效应，要么是在政府政策引导或约束下被动而为。金融机构出于盈利目的向战略性新兴产业提供大规模优质金融服务的内生动力仍然缺乏。

三是一些传统的融资难问题依然存在。这方面的问题主要包括：战略性新兴产业中的中小企业融资难顽疾依然突出、政策扶持力度不足、风险分散与补偿机制不完善、风险投资从理念到行动均存在滞后、既懂金融又懂战略性新兴产业技术的复合型专业人才缺乏等。

解决上述金融业在支持战略性新兴产业发展上存在的问题与不足，需要宏观调控和监管部门、金融机构、金融市场和组织以及战略性新兴产业自身进一步加强合作，开拓创新，共同营造良好氛围，推动金融业与战略性新兴产业的合作共赢。

一是采取差别化的宏观调控和监管措施，创造新的盈亏平衡关系，提升银行类金融机构服务战略性新兴产业发展的内生动力。在我国现阶段，商业银行仍然是资金供给的主力军。鉴于此，应通过加强宣传教育，在我国大型金融机构，特别是国有大型商业银行中树立起有义务支持战略性新兴产业发展的理念。从目前的情况看，我国商业银行还不能被认为是完全意义上的纯

① 为战略性新兴产业中的中小企业提供融资服务时，相比大客户融资，单位融出资金需要配备更多的人员进行尽职调查以及服务，单位资金的人工成本更高；同时，由于战略性新兴产业具有高技术特性，金融机构提供金融服务时，必须掌握较高的专业技术水平才能对该行业和企业提供更具个性化和特色化的金融服务，这将对金融机构的人力资源水平提出挑战。

粹商业机构[①]，应该承担相应的社会责任[②]。就此，宏观调控或监管部门可以针对商业银行是否实质性地支持了战略性新兴产业发展的情况[③]，采取差别化的“奖优罚劣”的政策加强引导。通过建立一套考核评价体系[④]，对金融机构支持战略性新兴产业发展的状况进行评分。对得分较高的机构，中央银行可以在差别准备金的动态权重调整上予以优惠支持，在涉及战略性新兴产业领域的专项票据上给予优惠贴现利率；监管部门也可以在资本充足率考核的风险权重系数调整等方面给予优惠政策。与此同时，对评分较差的单位则给予相应的惩罚，包括中央银行可以通过动态权重的调整，增加其准备金缴存的成本，或通过定向票据控制其流动性；监管部门可以通过调高其资本充足率的要求加大其运营成本，进而影响其获利能力。在“奖与罚”协调并用之下，金融机构将会自动调节其资金投向行为，在一般短期盈利性行业和战略性新兴产业之间，找到一种新的盈亏平衡关系。一旦银行业金融机构在向战略性新兴产业提供金融服务时能够获取和在其他行业企业相同或者更高的预期收益（考虑风险贴水因素后），其向战略性新兴产业提供金融服务的内生动力就会得到增强。而只有内生动力得到有效提升，商业银行对战略性新兴产业的实质性支持举措才能够真正落实，进而大规模提供有效的金融服务。专栏 3-1 提供了一个引导商业银行应用优惠 FTP 价格，对战略性新兴产业提供融资支持的思路。

---

① 一段时间以来，我国银行业快速发展，盈利能力不断增强，主要大型商业银行已经跻身世界前列。分析我国商业银行的盈利能力，固然有近年来商业银行加强内部自身管理水平的因素，但同时也应该认识到，由于曾经长期存在的存贷款基准利率管制以及市场准入等方面的原因，商业银行经营获得了很多超额利润，实质是国家、企业和纳税人给予了大量的补贴。因此，可以说我国的商业银行并不是完全意义上的市场化机构。即便在 2013 年 7 月 19 日《中国人民银行关于进一步推进利率市场化改革的通知》（银发〔2013〕180 号）下发后，存款利率等仍然受到一定限制。

② 需要注意的是，正如 DM 模型所分析的，商业银行承担社会责任，如针对战略性新兴产业提供带有政策性性质的业务，不但不意味着这类业务一定会亏损（最差项目），其反而有可能是最优项目，或是盈利能力最强的项目。

③ 比如在内部资金转移定价上是否向战略性新兴产业倾斜，从而激励分支机构扩大对战略性新兴产业的服务。

④ 可以考虑推出金融业支持战略性新兴产业的具体指标，如规定银行业金融机构对战略性新兴产业的信贷支持程度，制定针对战略性新兴产业的优惠 FTP 资金转移价格等。

专栏 3-1

建议引导商业银行应用优惠 FTP 加大对战略性新兴产业的融资支持

内部资金转移定价（Funds Transfer Pricing，FTP）是指商业银行内部资金中心与业务经营单位按照一定规则全额有偿转移资金，达到核算业务资金成本或收益等目的的一种内部经营管理模式。在贷款等资产业务中，业务经营单位每笔资产业务所需要的资金，均以该业务的 FTP 价格全额向资金管理部门购买。中央银行可以通过一定的政策措施引导商业银行应用优惠 FTP 加大对战略性新兴产业的融资支持。

一、通过政策设计引导商业银行加大对战略性新兴产业融资支持的必要性

战略性新兴产业对于国民经济和社会发展的重要作用已经得到社会各界的肯定，但其概念本身所内含的"战略性"以及"新兴"两个关键词，导致其具有经济学意义上较强的正外部性和较大的不确定性等特征，从而使得银行信贷等一般性融资形式难以满足其融资需求。但鉴于我国间接融资占主体的基本格局，缺乏银行信贷的支持将会使得战略性新兴产业的融资需求更加困难，有必要通过政策引导，促进商业银行加大对战略性新兴产业的融资支持。

一是从我国融资格局看，需要银行信贷担当战略性新兴产业融资的主力军。2011~2013 年，金融机构各项贷款（含新增人民币贷款、新增外币贷款、新增委托贷款、新增信托贷款）占社会融资规模的比重分别为 74.40%、74.10%、80.20%，其中新增人民币贷款的占比分别为 58.20%、52.10%、51.40%。在银行信贷占据社会融资主体的基本格局下，如果缺乏商业银行的信贷支持，将极大地制约战略性新兴产业的融资需求。

二是从战略性新兴产业（企业，本专栏统一用"战略性新兴产业"表述，但对个体意义而言，均包括"战略性新兴企业"的含义）的融资意愿看，银行信贷是最受欢迎的融资形式之一。由于需要让渡股权等一系列较为苛刻的融资条件，风险投资等新型融资形式往往并不是战略性新兴产业的首选。从中国人民银行营业管理部与中关村管委会一项针对中关村科技园区内部分战略性新兴产业[①]融资意愿的抽样调查看，企业最愿意使用的融资方式首先是政府基金（约占抽样企业的85.7%），其次是银行贷款（约占78.6%）。而在全部企业中，愿意使用风险投资的仅占49.2%，其中已经处于成熟期的企业仅占14.3%。

三是从理论性质看，战略性新兴产业的基本特征决定银行信贷等一般性融资模式难以满足其需求。一方面，较强的正外部性导致一定程度的市场失灵，企业的收益不能完全覆盖其成本，需要相应的政府政策支持；另一方面，较大的不确定性导致资金提供者面临较高的风险，银行信贷等一般性融资模式可能难以承受。

四是从现实情况看，商业银行（特别是一线经营部门）向战略性新兴产业提供融资支持的内生动力不足，相当比例的企业不能获得银行信贷支持。尽管战略性新兴产业具有较强的银行信贷融资意愿，但实际获取信贷融资的满足度不高。针对北京辖内一些商业银行和企业的调研发现，多数银行业金融机构，特别是一线经营部门尚未把战略性新兴产业作为其盈利点，提供金融服务的内生动力不足。

二、中央银行和金融监管部门引导商业银行通过优惠 FTP 加大对战略性新兴产业融资支持的可行性

FTP 价格是商业银行一线经营部门核算其经营成本的重要依据，是决定其具体经营行为的重要指挥棒。如果商业银行总行（资金中心）给予战略性新兴产业融资业务较为优惠的 FTP 价格，将会有效调动一线经营部门开展该类业务的内生动力。而中央银行和金融监管部门可以通过货币信贷以及监管政策，引导商业银行采取差别化的 FTP 策略。

一是中央银行和金融监管部门将商业银行 FTP 情况纳入差别化调控与监管政策中。例如，为体现对战略性新兴产业的支持，人民银行可以将各商业银行针对战略性新兴产业的 FTP 情况纳入针对该行的差别准备金动态调整公式中。如果某行针对战略性新兴产业的 FTP 价格较为优惠，则可以考虑制定相应较低的差别准备金动态调整系数，一定程度上降低其差别存款准备金要求。与此类似，银监部门在确定各商业银行的资本充足率等监管要求时，对那些给予战略性新兴产业优惠 FTP 的商业银行，亦可以考虑相应较低的资本充足率要求。

① 选取企业样本时，以与战略性新兴产业具有高度关联性的高科技企业为代表。

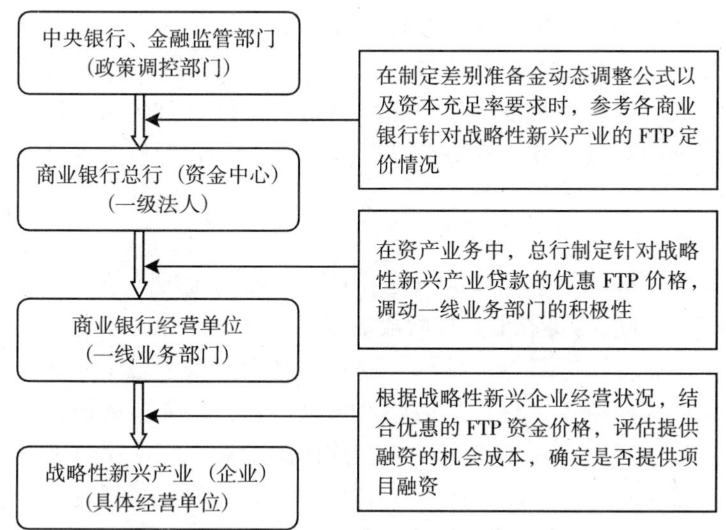

图 3-9　引导商业银行通过优惠 FTP 支持战略性新兴产业发展的流程

二是商业银行根据调控和监管政策核算其 FTP 体系。商业银行总行（资金中心）根据中央银行和金融监管部门的调控和监管政策，结合本行资金头寸以及盈利目标等情况，设计针对战略性新兴产业相应的 FTP 定价规则。

三是商业银行经营部门依据本行 FTP 情况决定其经营策略。当开展战略性新兴产业信贷业务的资金价格比一般性信贷业务的资金价格更为优惠时，一线经营部门将在一般性信贷业务和战略性新兴产业的信贷业务间进行权衡，在综合比较收益、风险、尽职调查成本等多种因素后，决定其信贷投向。

三、引导商业银行制定优惠的 FTP 支持战略性新兴产业融资具有多重有利性

一是中央银行和金融监管部门的政策设计及操作较为简便。由于商业银行的 FTP 体系一目了然，中央银行和金融监管部门可以非常直接、非常方便地将其纳入政策设计中。例如，在制定差别存款准备金动态调整公式时，可以直接将 FTP 情况纳入公式的系数中去。

二是调动商业银行一线经营机构的内生动力较为直接有效。在价格和资金成本的直接引导下，商业银行具体经营部门将会自发地在战略性新兴产业与其他产业间进行收益和风险的权衡，而不再是仅仅为了获取宣传效应或是在外部压力下的被动选择。

三是既能体现政策支持，又能发挥市场功能。与强制性的行政手段不同，

通过政策设计引导商业银行形成差别化的FTP体系，改变一线经营部门的盈亏平衡关系，仍然可以发挥市场机制的作用。商业银行经营部门仍然按照收益、风险、成本平衡关系进行业务操作，仍然会按照尽职调查模式甄选战略性新兴产业中的有效项目。这避免了行政命令导致的资源盲目进入，同时也避免了寻租行为。

二是大力发展能够承担较高风险和较长期限的金融工具，为处于“种子期”“创建期”等最需要资金支持阶段的战略性新兴企业提供融资安排。在资本市场，中小企业集合票据（债券）的发展是近年来金融工具的一个重要创新，中小企业股票融资市场也为战略性新兴产业（企业）的快速发展做出了重要贡献。但实践中，这类融资能够发挥作用的对象往往是已经初具规模的中型企业（新兴阶段已经或即将度过）。相对来说，风险投资能够承担更高的风险，同时又能获得投资项目的剩余索取权，是最适合处于“种子期”“创建期”阶段的战略性新兴企业的融资模式。但从我国目前的情况来看，在风险投资最该发挥作用的地方和阶段，往往难觅风险投资的踪影，而后端投资又过于“拥挤”。许多机构虽然名为风险投资，但实际上已成为“保险投资”。下一步的发展必须引导风险投资更多地进入新兴阶段，并通过投资组合等方式的运用，使其在大力促进战略性新兴产业发展的同时，也能参与剩余索取权的分享，获取高额回报。鉴于风险投资对战略性新兴产业的投资具有显著的正外部性，公共财政应该对风险投资予以适当补贴和支持：一方面可以考虑设立风险投资损失补偿基金，分担风险；另一方面则可通过建立风险投资引导基金，发挥其杠杆作用，引导社会资金的流入。就后者来说，就是要扩大风险投资资本的来源领域、规模和数量，实现风险资本的社会化、多元化，在金融风险可控的前提下，逐步允许养老金、保险金、信托投资等机构以及大型企业集团、国外机构投资者等适时介入风险资本市场，充分利用其雄厚的资金实力和丰富的管理经验，带动风险投资的发展。

三是探索政策性资金的“股转债”模式，扩大适合战略性新兴产业发展的资金来源范围。在前文的工具设计中提到应该在债权性融资中安排股权性因素，从而使资金提供者能够参与战略性新兴产业（企业、项目）发展中剩余索取权的获取，这将有利于在当前战略性新兴产业总体仍然存在融资难的情况下，扩大潜在资金供给者的范围，提高资金供给者向战略性新兴产业（企业、项目）融资的可能性。但与此同时，仍然存在另外一种情况，即因为战略性新兴产业（企业、项目）所有者本身不愿意让渡所有权[①]而丧失获取外部资金的机会。与一般的市场资金不同，政策性资金并不一定要追求极致的回报，能够回收本金并获取较高的回报就是比较理想的状态，很大程度上更看重资金扶持对象的社会效益。通过“股转债”方式，一方面在“股”的阶段，可以实现政策性资金对战略性新兴产业孵化期的扶持，有利于政府为企业分担投资风险，促进资本的形成与集聚，同时也能强化企业自身投入的责任；另一方面设定“转债”的条件，既可激励企业主加强经营管理，又可使企业在实现高盈利并退还政府资金后，经营所获高回报的剩余索取权完全由企业自身获取，从而解除企业经营者的顾虑。这样就可避免企业在发展初期出现既不能融入债务性资金，又因不愿让渡股权而无法获取股权性资金的情况。此外，在企业尚未成为公众公司前，这种方式也有利于政策性资金的有效退出。

四是发挥财政资金的引导作用，进一步优化适应战略性新兴产业发展的金融生态环境。这方面可采取的措施包括：加大专项财政资金扶持战略性新兴产业发展的力度，扩大资金规模，降低扶持条件，使创业期企业能得到贷款贴息、保费补贴、项目补贴、政府采购和后期奖励等财政支持；建立健全战略性新兴产业风险分摊机制和风险补偿机制，多方化解信用风险；探索建立政策性知识产权质押贷款质权处置周转金制度，解决金融机构知识产权资产处置变现难的问题；健全战略性新兴产业领域的企业征信资信体系，扩大信用报告为金融机构服务的范围；引导各类中介服务机构向战略性新兴产业（企业）提供持续提升信用等级的咨询服务。

五是加强金融政策与产业政策的协调，完善扶持战略性新兴产业发展的政策措施体系。加强金融管理部门与涉及战略性新兴产业发展的地方经济、行业主管部门的沟通协调，及时了解相关政策动态和金融需求，并密切合作、共同研究，不断完善促进战略性新兴产业的扶持措施。宏观调控和监管部门要引导和支持金融机构加强与行业主管部门及企业的沟通与联系，帮助金融机构准确把握并有效满足战略性新兴产业的金融需求。

---

① 因为企业自身对企业发展更加熟悉，可能预期企业今后能获得很好的发展空间，不愿意将未来收益的剩余索取权让渡出去。

第四章 金融体系促进战略性新兴产业创新研究

《国务院关于加快培育和发展战略性新兴产业的决定》（国发〔2010〕32号）对战略性新兴产业发展第一目标第二方面的定位是"强化科技创新，提升产业核心竞争力"，可见创新属性是战略性新兴产业的重要内涵，而从金融促进经济发展的渠道来看，其中重要的一条就是能够通过促进技术创新来推动经济增长。本章聚焦于金融资源配置与战略性新兴产业创新属性的实证关系，并分为三节：一是简要分析金融支持技术创新的基本逻辑；二是计量分析我国金融要素促进技术创新的实证效果；三是分析区域金融资源配置与战略性新兴产业的空间布局，并使用基于分省数据的面板模型进行实证检验。

第一节 金融体系影响技术创新的逻辑简述

技术进步是抵消资本报酬率降低的主要力量，是阻止发生经济增长停滞的主要手段[①]。Schumpeter（1912）在其经典文献中指出创新是现代经济增长的核心。Freeman（1982）认为创新是新产品、新过程、新系统和新服务的第一次商业性应用，是具有市场价值的创新活动。

金融体系对经济增长和创新的影响是全方位的，如对生产率（Banerjee 和 Duflo，2005）、创新水平（Atkeson 和 Burstein，2007；Gorodnichenko 和 Schnitzer，2010）、R&D 支出（Himmelberg 和 Petersen，1994；Bond 和 Van，2006；Hall 和 Lerner，2009）等，其具有特定的甄别择优功能，对于优化资

① 技术进步和创新也具有不同于一般生产的特殊属性，如不可预见性或不确定性、风险性、异质性、长期性和人力资本密集性等（Holmstrom，1989）。

源配置以及监督经营管理者具有重要作用，同时还能提供良好的激励约束机制，从而对生产函数产生影响①。

一是对研发投入的影响，从而影响技术进步。技术创新所需的高投入往往需要依赖融资支持，并且其失败的高概率与未来收益的不确定性导致了投资者难以对一项研发项目做出有效的评估。因此，技术创新速度往往取决于是否存在成熟的金融体系为可能失败的研发项目进行融资支持（于立平、余剑，2011）。Saint-Paul（1992）分析了金融体系发展程度对技术选择的影响，认为越是专业化以及先进的生产技术，其研发失败风险以及获利波动度往往也越大，而发达的金融体系可以降低技术选择弹性，从而使得创新者更能专业化地研发那些更为先进的技术。Allen 和 Gale（1994）对金融创新下的经济激励作了探究，认为金融创新改善了投资者可利用的风险转移的机会，从而有利于促进研发投入。

二是对全要素生产率的影响，从而直接影响到生产函数。资源的优化配置是全要素生产率（TFP）提高的重要渠道，但金融体系如果导致资源错配将会严重长期影响经济增长，并造成国家间发展的巨大差异。Jeffrey Wurgler（2000）认为具有较高资本配置效率的金融体系，能够形成高资本回报率的行业（项目）内继续追加投资、低资本回报率的行业（项目）内适时撤出资本的局面，从而有助于整个社会生产率水平的提高。Banerjee 和 Duflo（2005）、Hsieh 和 Klenow（2009）、Buera（2011）、Bartelsman（2013）从理论和经验上证明，贫困国家相对于发达国家的资源错配，一定程度上能够解释这些国家与发达国家的 TFP 差异。

三是投资者类型可能对创新产生影响。Boot 和 Thakor（1995）的研究表明，一个集中的全能银行系统与一个商业银行和投资银行被明确监管在各自领域内运作的功能分离的金融系统相比，在动态上前者表现出较低的创新性，这为美国金融创新率高于欧洲大陆的金融创新率提供了一个解释。Aghion 等（2013）认为更大的机构投资者所有权有助于创新，其原因在于机构投资人通过强有力的监督减少职业风险，从而提供创新激励机制。

四是对企业规模的影响。企业的创新活动是经济增长的重要动力，但什么规模的企业具有更强的创新能力则存在一定争议。“熊彼特假说”的重要立

① 金融体系对于创新的影响是广泛的，近年来的研究视角亦日益丰富，如从动物精神（Animal Spirits）的角度研究问题（Barsky Robert B.，Eric R. Sims.，2012）等。此处仅简述几种主流观点。

论基础体现为：由于在规模经济、风险分担和融资渠道等方面具有相对优势，且研发活动需要持续的资金支持，因此大企业（垄断企业）可能比小企业有更强的创新能力（Schumpeter，1942）。然而 Arrow（1962）则认为在特定的条件下，竞争性产业比垄断产业可能产生更多的研发激励，这意味着企业的垄断地位会削弱其创新激励。Aghion Philippe（2005）则认为，创新活动和市场竞争程度之间呈现倒 U 形关系，因为竞争既会增加来自创新的额外利润，又会削弱落后者的创新激励。尽管实证研究的结论也存在争议①，但如果依据企业规模影响创新呈现出先递增后递减的规律，中小企业通过并购等金融活动，一定程度上扩大企业规模，可能有利于创新②。战略性新兴产业中的新一代信息技术、高端装备制造等行业多为大型企业，但生物、新材料等行业则主要集中在大量中小企业，在这个意义上，通过并购等金融活动，一定程度上做大做强此类企业，可能有助于其技术进步（聂辉华等，2008）。

第二节　我国金融体系促进技术创新的实证研究

一、模型选取、变量指标和数据说明

Levine（1997）的综述性文献对于金融因素与创新和经济增长的关系作了经典描述。其中金融发展变量及其选择方法对于本书的研究具有直接的借

① Cohen 等（1987）对 1974~1977 年美国 345 家企业的 2494 个经营单位的数据研究发现，企业规模和经营单位规模（销售额）对创新（R&D 密度）几乎没有影响。Jaffe（1988）利用 1976 年美国 537 个企业的截面数据，发现创新投入（R&D 支出）对企业规模（销售额）的弹性小于 1，说明企业规模不是越大越好；同时发现市场势力（市场份额）对创新投入具有正面效应。Acs 和 Audretsch（1987）利用 1982 年美国四位数制造业数据，发现大企业和小企业在不同的产业和市场集中度下各自具有创新优势。Gayle（2003）利用 1976~1995 年美国 4800 多家企业的数据，发现企业规模（销售额）和市场集中度均对创新具有显著的正效应。Aghion Philippe 等（2005）利用 1973~1994 年在伦敦证交所上市的两位数行业的 311 家企业的数据，发现市场竞争程度（勒纳指数）与创新（专利数量）之间呈倒 U 形关系。

② 综述性的分析，可以参见 Bronwyn H. Hall and Josh Lerner，“The Financing of R&D and Innovation”，August 2009，Forthcoming 2010 in Hall，B. H. and N. Rosenberg（eds.），Handbook of the Economics of Innovation，Elsevier-North Holland，2009.

鉴作用，而控制变量的选择（即能够促进创新的非金融性变量）亦能达成基本共识。本书在实证研究中既关注了模型的需要，同时也考虑了我国的数据可得性①。

本书实证研究的一个重要方面是关于创新②的度量问题（即技术进步指标的选取问题）。综合不同的实证研究方法，发现不同学者的变量选取差异很大，但总的来说，无外乎如下两个方面：一是从创新投入的视角来考察，如企业科技经费支出占销售收入比例、R&D③经费支出占销售收入比例、企业技术改造投资占固定资产净值的比例、与创新有关的培训支出占人力资源总成本的比例、企业市场推广费用占销售费用的比例、企业科技人员占全部员工的比例、企业科技人员报酬与员工平均报酬的比例、企业员工培训比例等。二是从创新产出的视角来考察，如专利申请数、专利拥有数、专利效率（新批专利数量与 R&D 经费支出比例）、专利成长率、新产品开发项目数、参加科技项目人员时间占全部劳动人员时间比例、新产品产值率、创新产品出口额占总出口比例、劳动生产率的提高、投资收益率的提高、市场占有率的提高、人均劳动报酬增长率、单位成本降低率、技术转让收入占销售收入比例等（余剑，2015）。

在近年来的实证研究中，全要素生产率（TFP）是常被使用的指标。蔡昉（2013）认为提高全要素生产率是提高劳动生产率，并为经济增长提供持

① 当前尚无针对战略性新兴产业的专门统计数据，本部分使用国民经济的一般指标替代。鉴于本部分研究的创新和技术进步问题，是战略性新兴产业的重要特征，因此本部分的实证研究结论对于战略性新兴产业亦具有较强的针对性。

② 企业自主创新虽没有统一的定义，但一般指的是产品的创新（Technological Product Innovation）以及生产技术和生产过程的创新（Technological Process Innovation）（OECD，1997；ABS Innovation Survey Questionnaire）。依据国家统计局编写的《大中型工业企业自主创新统计资料》给出的定义，工业企业的自主创新活动是指企业开展的研究与试验发展（简称 R&D）活动。

③ 多年以来，对企业 R&D 行为及其影响因素的观测与实证一直是国外文献的热点与难点。Cohen 和 Klepper（1992）指出虽然企业的 R&D 强度（R&D 支出与销售额之比）与企业特征有关，比如企业规模、现金流和多元化的程度等，但是所有这些因素似乎都不足以解释企业间的 R&D 努力。Chang-Yang Lee（2002）利用世界银行提供的发达程度不等的 6 个国家 7 个行业中 1600 个企业 R&D 强度和技术能力的数据，检验并深化了 Cohen 和 Klepper（1992）的结论，认为行业内企业技术能力的分布决定了企业间 R&D 强度的分布。尽管利用 R&D 衡量技术创新具有较长的历史，但研究中仍然存在一些问题，例如：一是 R&D 指标自身只是一个资金投入指标，衡量技术创新水平不够准确。其他非资金因素，如研发组织能力、研发人才整合效率和研发思路等非经济因素都会影响到研发投入的最终产出效率。二是研究人员往往很难获得企业准确的 R&D 数据。不少学者对研发投入数据的准确性和可利用性感到怀疑（Griliches，1990）。国内学者，如郭晓丹、何文韬（2011）的研究中仅仅简单地将“企业年销售收入×相应比率”作为企业研发投入的数据。

续增长动力的源泉。全要素生产率是指在各种要素投入水平既定的条件下所达到的额外生产效率，其可以抵消资本报酬递减的不利影响，是长期可持续的，是经济增长经久不衰的引擎。作为残差的全要素生产率，由资源重新配置效率和微观生产效率组成。改善中国全要素生产率就是要保持这两种效率的持续改善，并提高其对经济增长的贡献率，如图 4-1 所示。

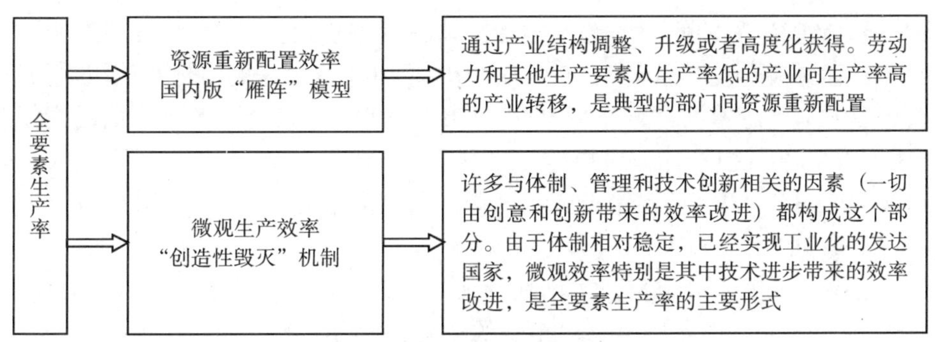

图 4-1 全要素生产率图解

然而，全要素生产率在计算方法上有一定的主观性，其基本的数据尚无官方权威的统计来源①，不同学者具体计算方法和数据选取的不同会造成研究结果的迥异②。鉴于此，一些研究者偏向于使用较为客观的数据指标来度量创新或者说技术进步，专利指标就是其中之一。Scherer（1965，1983）、Hall 等（1986）、Acs 和 Audretsch（1989）等认为专利是衡量技术创新的有效指标。Griliches（1990）、Griliches 等（1991）指出没有别的指标能够像专利一样提供如此多的信息，如数据质量、可获得性及技术细节。因此本书的分析中，也采用专利作为技术进步的指标。

① 测算全要素生产率所需要的资本存量数据。

② 20 世纪 90 年代对亚洲“四小龙”以及东亚其他经济体全要素生产率的估计差异巨大，甚至可以说是对立的。Paul Krugman（1994）认为东亚国家和地区的经济增长，与苏联计划时期的增长模式并无二致，主要依靠的是资本的积累和劳动力的投入，而缺乏生产率的进步，其具体表现是全要素生产率增长缓慢，终究会遭遇报酬递减而不可持续。但其观点受到较大争议，如根据 Alwyn Young（1994）的估计，新加坡在 1970~1985 年，全要素生产率年均增长率为 0.10%；而 C. Marti（1996）则认为该国 1970~1990 年的全要素生产率为 1.45%。依据这些经验研究所得到的政策结论大相径庭，以至于 Jesus Felipe（1997）等研究者对这种通过计算全要素生产率，并以此为依据评价东亚增长模式成败得失的研究方法产生怀疑。

采用经典的回归模型：$G(j)=\alpha+\beta F(i)+\gamma X+\varepsilon$ (4-1)

其中，G 为经济变量，F 为金融发展变量，X 为影响经济变量的其他因素，即控制变量。

因变量主要考虑代表技术创新的指标，选择专利授权（ZLSQ）和专利受理（ZLSL）两个变量。

自变量主要考虑相关的金融发展指标，一是金融中介方面的指标，借鉴 Levine（1997）等的研究，选择金融深化指标（该指标为货币供应量与国内生产总值的比重，即 $FINANCE=M_2/GDP$），以及信贷深度指标（该指标为贷款与国内生产总值的比重，即 Bank = DK/GDP）。二是金融市场方面的指标，选择资本市场规模指标（该指标为上市公司市值与 GDP 的比重，即 STOCK = SSGSSZ/GDP），以及资本市场流动性指标（该指标为股票成交额与 GDP 的比重，即 LIQUID = GPCJE/GDP）。

控制变量主要考虑与技术创新相关的非金融指标，一是经济增长方面的指标，一般认为经济越繁荣，相应的创新活动越活跃，使用国内生产总值（GDP）和工业增加值（GYZJZ）两个指标。二是教育方面的指标，一般认为教育水平越发达，相应的技术创新能力越强，选取高等学校毕业人数（GDXXBY）作为教育水平的指标。

全部数据选取自 WIND 数据库，数据选取的时间区间为 1993~2012 年的年度数据。

为了统一量纲以及更好地分析各变量动态变化间的相互影响，所有的变量全部计算缺口，其具体方法为原序列进行 HP 滤波计算趋势值，再计算缺口：

即缺口值 =（原序列 - 原序列的 HP 滤波趋势值）/原序列的 HP 滤波趋势值

为了统一标识，所有变量的缺口值记为原序列名后加 GAP。

进入回归模型的所有变量分别为：

因变量（科技变量）：专利授权缺口 ZLSQGAP，专利受理缺口 ZLSLGAP。

自变量（金融变量）：金融深度缺口 FINANCEGAP，信贷深度缺口 BANKGAP，资本市场规模缺口 STOCKGAP，资本市场流动性缺口 LIQUIDGAP。

控制变量（其他变量）：国内生产总值缺口 GDPGAP，工业增加值缺口 GYZJZGAP，高等学校毕业生人数缺口 GDXXBYGAP。

二、计量过程

1. 各变量的平稳性检验

采用 ADF 单位根检验，有关变量的检验结果如表 4–1 所示。

表 4–1　科技与金融等各变量的平稳性检验

变量	检验形式（C，T，K）	ADF 统计量	临界值	结论
ZLSQGAP	（C，0，0）	−4.493130	−3.831511***	平稳序列
ZLSLGAP	（C，T，0）	−4.473204	−3.673616**	平稳序列
FINANCEGAP	（C，0，0）	−2.694526	−2.655194*	平稳序列
BANKGAP	（C，0，1）	−3.516067	−3.040391**	平稳序列
STOCKGAP	（C，0，4）	−3.947295	−3.081002**	平稳序列
LIQUIDGAP	（C，0，4）	−3.809177	−3.081002**	平稳序列
GDPGAP	（C，0，3）	−4.744099	−3.920350***	平稳序列
GYZJZGAP	（C，0，4）	−4.306862	−3.959148***	平稳序列
GDXXBYGAP	（C，0，2）	−3.959661	−3.886751***	平稳序列

注：其中检验形式（C，T，K）表示单位根检验方程包括常数项、时间趋势和滞后项的阶数，C 代表有截距项，T 代表有趋势项，0 代表无该项。*、**、*** 分别表示在 10%、5%和 1%的显著性水平下的临界值。检验形式系根据被检验序列的线状图做出的判断，滞后期系 ADF 检验根据最优 SIC 标准的自动选择。

2. 回归模型

（1）对专利授权的回归。鉴于专利授权为实际官方认可的形成实际的专利数据，其代表技术创新的作用更强。我们先以此作为因变量进行回归分析。ADF 检验显示所有序列均为平稳序列，因此可以直接进行回归分析，回归模型的结果如表 4–2 所示。

表 4–2　专利授权与 7 个金融变量及控制变量的回归结果

因变量：ZLSQGAP；自变量的系数及系数 T 检验的概率 P 值（P 值<0.05 则检验结果显著）							
常数项		FINANCEGAP		BANKGAP		STOCKGAP	
系数	P 值	系数	P 值	系数	P 值	系数	P 值
0.063143	0.1079	−0.104669	0.6778	2.711861	0.0117	0.434661	0.0128

续表

因变量：ZLSQGAP；自变量的系数及系数 T 检验的概率 P 值（P 值<0.05 则检验结果显著）							
LIQUIDGAP		GDPGAP		GYZJZGAP		GDXXBYGAP	
系数	P 值	系数	P 值	系数	P 值	系数	P 值
-0.158058	0.1984	5.476010	0.0977	-3.429970	0.3218	0.398369	0.1021
Adjusted R-squared		F-statistic		Prob（F-statistic）		Durbin-Watson Atat	
0.849542		16.32589		0.000030		1.348085	

模型总体结论较好①，但部分系数不显著，变量间可能存在自相关性，如 GDP 与工业增加值之间可能存在此种关系。金融深化和信贷深化指标间也可能存在此种关系。现在对 P 值较大的变量首先进行剔除变量检验（Testdrop 检验）。Testdrop 的检验结果如表 4-3 所示。

表 4-3　专利授权与金融及控制变量 7 因素回归模型的剔除多余变量检验

拟剔除变量（Redundant Variables）	F-statistic	Probability（F-statistic）	Log likelihood ratio	Probability（Log likelihood ratio）	结论（P 值<0.05 表示不应该剔除该变量）
FINANCEGAP	0.181339	0.6778	0.299970	0.5839	应该剔除
GYZJZGAP	1.067848	0.3218	1.704964	0.1916	应该剔除

在剔除 FINANCEGAP 和 GYZJZGAP 后，建立一个技术进步与金融指标和控制指标的计量模型，其基本结论如表 4-4 所示，该模型的自变量系数均显著，回归效果较好。

表 4-4　专利授权与 5 个金融变量及控制变量的回归结果

因变量：ZLSQGAP；自变量的系数及系数 T 检验的概率 P 值（P 值<0.05 则检验结果显著）							
常数项		FINANCEGAP		BANKGAP		STOCKGAP	
系数	P 值	系数	P 值	系数	P 值	系数	P 值
0.068424	0.0812	剔除		2.947632	0.0002	0.574443	0.0002

① 指 R-squared 与 Prob（F-statistic）结论较好。

续表

因变量：ZLSQGAP；自变量的系数及系数 T 检验的概率 P 值（P 值<0.05 则检验结果显著）							
LIQUIDGAP		GDPGAP		GYZJZGAP		GDXXBYGAP	
系数	P 值	系数	P 值	系数	P 值	系数	P 值
-0.262295	0.0112	2.396416	0.0001	剔除		0.323796	0.0367
Adjusted R-squared		F-statistic		Prob（F-statistic）		Durbin-Watson Stat	
0.847504		22.11868		0.000003		1.172454	

（2）对专利受理的回归。同理，建立一个专利受理为因变量的回归模型，计量结论如表 4-5 所示。

表 4-5　专利受理与 7 个金融变量及控制变量的回归结果

因变量：ZLSLGAP；自变量的系数及系数 T 检验的概率 P 值（P 值<0.05 则检验结果显著）							
常数项		FINANCEGAP		BANKGAP		STOCKGAP	
系数	P 值	系数	P 值	系数	P 值	系数	P 值
0.081022	0.0501	0.182706	0.4817	1.052601	0.2818	0.297797	0.0743
LIQUIDGAP		GDPGAP		GYZJZGAP		GDXXBYGAP	
系数	P 值	系数	P 值	系数	P 值	系数	P 值
-0.159053	0.2057	8.418489	0.0194	-6.725140	0.0712	1.159463	0.0003
Adjusted R-squared		F-statistic		Prob（F-statistic）		Durbin-Watson Stat	
0.902243		26.05122		0.000002		1.438489	

对部分可能存在自相关的自变量进行剔除检验，如表 4-6 所示。

表 4-6　专利受理与金融变量及控制变量 7 因素回归模型的剔除多余变量检验

拟剔除变量（Redundant Variables）	F-statistic	Probability（F-statistic）	Log likelihood ratio	Probability（Log likelihood ratio）	结论（P 值<0.05 表示不应该剔除该变量）
FINANCEGAP	0.527287	0.4817	0.860051	0.3537	应该剔除
GYZJZGAP	3.917559	0.0712	5.650324	0.0175	可以剔除

在剔除 FINANCEGAP 和 GYZJZGAP 后，建立一个专利受理与金融指标和控制指标的计量模型，如表 4-7 所示。全部回归系数均显著，模型效果较好。

表 4-7 专利受理与 5 个金融变量及控制变量的回归结果

因变量：ZLSLGAP；自变量的系数及系数 T 检验的概率 P 值（P 值<0.05 则检验结果显著）							
常数项		FINANCEGAP		BANKGAP		STOCKGAP	
系数	P 值	系数	P 值	系数	P 值	系数	P 值
0.085813	0.0478	剔除		2.174775	0.0040	0.435583	0.0037
LIQUIDGAP		GDPGAP		GYZJZGAP		GDXXBYGAP	
系数	P 值	系数	P 值	系数	P 值	系数	P 值
-0.243064	0.0261	2.316376	0.0003	剔除		0.864832	0.0001
Adjusted R-squared		F-statistic		Prob（F-statistic）		Durbin-Watson Stat	
0.888358		31.23739		0.000000		1.193840	

三、计量模型的解释

包含专利、金融发展指标、经济指标缺口的各时间序列指标经检验显示均为平稳序列，可以直接进行回归。在经过剔除变量检验后，自变量包含信贷深度、资本市场规模、资本市场流动性、国内生产总值、高等学校毕业生数。回归模型中各变量的系数均显著，且回归模型的总体检验效果较好，反映出回归模型总体有效。从经济解释来看：

一是无论是专利受理抑或是专利授权作为因变量，控制变量经济增长缺口和高等学校毕业生人数缺口指标系数均为正，显示经济规模和创新总量是正相关的，而高等学校毕业生人数为代表的教育水平亦与科技水平正相关，这都符合基本的预期。

二是信贷深度和资本市场规模深度的系数均为正，显示金融发展的程度与创新发展的程度是正相关的，即大力发展金融业是有利于促进科技进步的。

三是模型中资本市场的流动性与科技创新水平负相关，说明过度的交易可能不利于创新的发展。在 Levine（1997）的经典综述性文献中，过度的流动性（股权交易的频繁）可能使得股东对公司经理人的监督力下降，从而降低经理人创新的冲动。

四是相比专利授权，专利受理作为因变量的模型，其 R 平方检验值更高，也许能够印证专利受理能够更好地代表创新。在选择专利授权量还是专利申请量作为度量指标问题上，Griliches（1990）、Holger Ernst（2001）等的研究论证了专利申请量比专利授权量更能真实反映创新水平。专利申请要交纳一定的费用，在一定程度上代表了创新的经济价值；由于专利授权量存在未及时缴纳年费被取消的问题，这一变数很难及时披露，而专利申请量相对更稳定；申请专利的技术很可能在申请过程中就已经对企业绩效产生影响，公开披露的专利申请数据比专利授权数据更为及时（余剑，2015）。也许本模型能够呼应这种解释。

五是对于本书的研究主体（战略性新兴产业）而言，鉴于当前并无有效统计数据的支撑，因此只能用替代数据进行实证研究。战略性新兴产业作为国民经济中具有引领作用、科技含量较高的产业部门，尤其需要金融体系的支持。而本部分实证研究显示的金融体系对于技术进步具有重要作用的结论，对于战略性新兴产业同样具有针对性。

第三节　金融资源与战略性新兴产业的空间布局

上节从国家层面出发，实证研究了金融体系与以专利为代表的技术进步（创新）间的关系。为进一步检验金融资源配置与战略性新兴产业发展的相关性，本节设计了一个基于比较优势原理的三阶段模型来说明战略性新兴产业的空间布局，并通过分省数据的面板模型进行实证检验。

一、战略性新兴产业空间布局及其产出效应的三阶段模型

尽管企业理论、交易费用学说、竞争优势理论、区位理论、产业集群理论、地租理论等均对企业的空间布局原因进行了各自的解释，但究其核心思想仍然是企业利用不同区域间资源禀赋的差异，将不同功能的单元在空间上进行布局，达到企业投入产出最优化，进而影响区域经济的发展。从逻辑顺序上梳理：首先是比较优势范畴下企业的空间选择；其次是 HOV 模型范畴

下基于要素禀赋差异的企业特定产出导致的区域经济差异（本节以战略性新兴产业的科技创新成果——专利的空间分布为代表）；最后是集聚经济模式下大型战略性新兴产业企业间的相互吸引，其效应强化了对区域经济的影响作用。

阶段 1：比较优势理论——战略性新兴产业（企业）空间布局的根本原因

比较优势理论是国际经济学及国际贸易学说的主要思想之一，在 Mundell（1960）、Bhagwati（1964）等对国际贸易（实证）理论演进情况进行的综述文献以及最为权威的《国际经济学手册》（Ronald W. Jones 和 Peter B. Kenen，1984）的表述中，经典的国际贸易理论模型分为交换模型（the Exchange Model）、李嘉图模型（the Ricardian Model）、赫克歇尔—俄林模型（the Heckscher-Ohlin Model）、资源禀赋模型（the Specific-factors Model）四大类模型以及它们的一些扩展形式。应该说，除原始的交换模型外，其余模型都在一定程度上体现了比较优势的思想（于立平、余剑，2011）。

以资源禀赋差异为前提的比较优势理论认为在市场机制充分发挥作用的前提下，一个均衡的经济体系必然会充分利用一国的要素禀赋并在与他国的贸易中表现出来。赫克歇尔—俄林模型从一般均衡的思想出发，把研究重点转向了比较优势的根源，提出了要素禀赋理论。该理论从假定国家之间技术相同但要素的禀赋不同出发，得出了一个国家将因密集使用本国丰富的生产要素而获得比较优势的思想，即 HO 定理。其主要思想及其延伸包括：一个国家将出口那些密集使用本国丰富生产要素的商品，进口那些密集使用本国稀缺生产要素的商品。简单地说，就是用本国丰富的生产要素去交换本国稀缺的生产要素。

将国际贸易理论的比较优势原理运用到企业的空间布局上，可以认为对于理性的企业而言，其空间布局考虑了一定区域所具有比较优势的资源。即战略性新兴产业（企业）与其他一般性生产企业在使用不同要素成本上的差异导致了战略性新兴产业（企业）的区位选择。

假设 1 企业 A_D 属于战略性新兴产业，其科技属性使得其需要更多的教育人才资源和金融资源（从前文的分析可知，金融对于促进创新具有重要影响），企业 A_P 为一般性生产企业；生产要素分为 F_K（F_K 主要包括智力、资本等）以及 F_L（F_L 主要包括劳动力、土地等）两个部分。

假设 2 相对于 A_P，A_D 的生产函数 P_{A_D} 使用更多的生产要素 F_K，更少的 F_L；

反之，A_P 的生产函数中 P_{A_P} 使用更多的生产要素 F_L，更少的 F_K。

即 $P_{A_D} = f(\alpha_D F_K, \ \beta_D F_L)$； (4-2)

$P_{A_P} = f(\alpha_P F_K, \ \beta_P F_L)$。 (4-3)

其中，$\alpha_D > \alpha_P$，$\beta_D < \beta_P$。

假设 3 不同企业可以自由选择不同的空间布局，空间区域分为 B_1 以及 B_2。其中，受到区域特定因素（包括政治、经济、文化、历史等）的影响，不同区域间提供不同生产要素的成本有所差异，假定区域 B_1 提供生产要素 F_K 的成本高于 B_2 提供生产要素 F_K 的成本，即 $C_{B_1F_K} > C_{B_2F_K}$；同时区域 B_1 提供生产要素 F_L 的成本低于 B_2 提供的生产要素 F_L 的成本，即 $C_{B_1F_L} < C_{B_2F_L}$。

假设 4 企业以利润最大化为经营目标，从成本角度考虑，即选择成本最小化为目标。

此时，最大化两类企业收益，其空间布局考虑：

$$\begin{aligned} \max profitA &= P_{A_D} + P_{A_P} = f(\alpha_D F_K, \ \beta_D F_L) + f(\alpha_P F_K, \ \beta_P F_L) \\ &= Gain(A_D + A_P) - Cost(A_D + A_P) \\ &= Gain(A_D + A_P) - (\alpha_D C_{DF_K}, \ \beta_D C_{DF_L}) - (\alpha_P C_{PF_K}, \ \beta_P C_{PF_L}) \end{aligned}$$

$$s.t.\begin{cases} C_{DF_K} = C_{B_1F_K} \text{或} C_{B_2F_K} \\ C_{DF_L} = C_{B_1F_L}, \ \text{if } C_{DF_K} = C_{B_1F_K} \text{或} C_{DF_L} = C_{B_2F_L}, \ \text{if } C_{DF_K} = C_{B_2F_K} \\ C_{PF_K} = C_{B_1F_K} \text{或} C_{B_2F_K} \\ C_{PF_L} = C_{B_1F_L}, \ \text{if } C_{PF_K} = C_{B_1F_K} \text{或} C_{PF_L} = C_{B_2F_L}, \ \text{if } C_{PF_K} = C_{B_2F_K} \\ \alpha_D > \alpha_P \\ \beta_D < \beta_P \\ C_{B_1F_K} > C_{B_2F_K} \\ C_{B_1F_L} < C_{B_2F_L} \end{cases} \quad (4\text{-}4)$$

可以得到 $$\begin{matrix} C_{DF_K} = C_{B_2F_K}, \ C_{DF_L} = C_{B_2F_L} \\ C_{PF_K} = C_{B_1F_K}, \ C_{PF_L} = C_{B_1F_L} \end{matrix}$$

即战略性新兴产业企业 A_D 在 B_2 进行，生产企业 A_P 在 B_1 进行。

阶段 2： 基于 HOV 模型的战略性新兴产业创新属性对区域经济的直接影响机制

区域间资源禀赋差异下，不同属性企业的空间布局，将引发区域经济产出的不同。这一点，HOV（Heckscher-Ohlin-Vanek）模型给出了基本的解释。

HOV 模型的基本结论为：假定两国之间没有进行专业化分工，每国都生产两种产品。如果是专业化分工，一国只生产一种产品。对于 2×2×2 模型，如果 HOV 假定成立，劳动力丰裕的国家出口劳动力密集型产品，并相应地进口资本密集型产品；反之亦然，即用本国丰富的生产要素去交换本国稀缺的生产要素①。

借鉴经典的 HOV 模型，并修订其适用范围，将国际贸易意义上不同国家间的生产贸易选择行为内化为不同企业在国内进行空间布局，得到基本传导机制如图 4-2 所示。

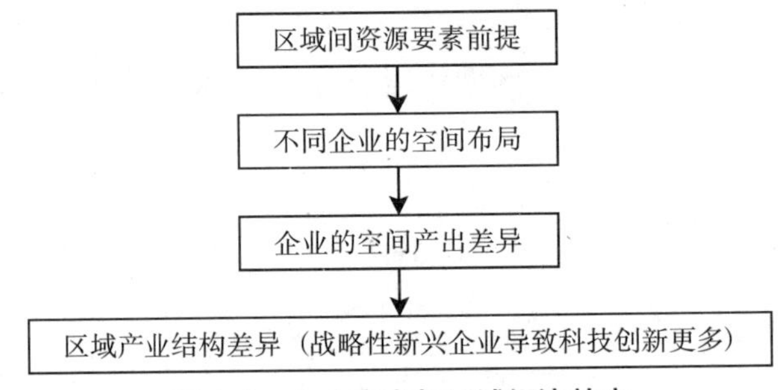

图 4-2　企业产出与区域经济效应

设区域 C 的总要素（包括直接和间接）投入矩阵为 B^C。这样该矩阵的维度等于要素数量乘以产品数量。根据前面的假定，这意味着对于所有区域 C：

$$B^C = B^{C'} = B \quad （不论 C，C'） \tag{4-5}$$

这些假定使模型使用者用一种单一的技术矩阵来计算所有的要素贸易量。将资源禀赋与产出结合起来得到：

$$B^C Y^C = V^C = BY^C \tag{4-6}$$

V^C——区域 C 的资源禀赋向量，Y^C——区域 C 的净产出向量。

式（4-5）为要素市场出清条件，式（4-6）为要素价格均衡条件。

标准的需求假定建立在区域间相同或相近的需求偏好上。假定一国（全

① 尽管现实世界是如此的复杂多变，使得实际数据的测算与一系列假定条件下的模型精巧的理论预测存在差距，如列昂惕夫（Leontief）悖论。为了弥合理论与现实的差异，Donald R. Davis 和 David E. Weinstein（2001）从现实出发，放松标准的 HOV 模型所作的苛刻前提假定，在引入技术差异、非要素价格均衡、非贸易品的存在以及考虑贸易成本的条件下，修正了 HOV 模型。其运用 10 个 OECD 国家和 20 个其他国家（不包括中国）的数据进行模型拟合，得到较为良好的结果。HOV 模型对研究伴随中国国内的资源禀赋结构与要素供给优势发生转化下的生产和贸易问题亦有重要的启示。

部区域）内自由无成本的贸易使贸易品的一价定律成立，同时要素价格均衡条件使非贸易品价格一致。这样区域 C 的需求将为全国总产出的一个部分：

$$D^C = S^C Y^W \tag{4-7}$$

Y^W——全国（全部区域）的净产出。

在 Y^W 前面乘以总要素投入矩阵就转化为要素含量：

$$B^C D^C = S^C B^C Y^W = S^C V^W \tag{4-8}$$

式（4-7）由相同或相近的需求偏好和一般产品价格均衡得来；式（4-8）则建立在要素价格均衡保证的所有区域使用相同的技术矩阵上。

结合有关的条件，我们可以得到两个关于标准 HOV 模型的关键函数：

Ⅰ生产函数

$$B^C Y^C = V^C \tag{4-9}$$

在设定的一般技术矩阵 B^C 下成立；

Ⅱ贸易函数

$$B^C T^C = B^C(Y^C - D^C) = V^C - S^C V^W \quad （不论 C） \tag{4-10}$$

此处的分析不考虑贸易函数，仅从生产函数来看，区域 C 的资源禀赋向量 V 决定了企业的生产布局行为，同时也进一步决定了区域 C 的产出 Y。产出水平及结构的改变将直接导致产业结构的变化。即如果某地的资源禀赋要素优势（如教育、金融等）决定了战略性新兴产业布局在本区域，那么战略性新兴产业的产出将决定本区域的产出结构，如更多的专利创新等。

阶段 3：基于集聚经济模型的战略性新兴产业（企业）经济效应的自我强化

集聚经济模型的主要思想是将外部规模经济概念直接引入经济模型当中，构成了城市集聚经济研究的重要基础（Mills，1967；Henderson，1974；Chun-Chung Au 和 Henderson，2005）。考虑到经济聚集作用微观机制的差异，一些研究者将模型进行扩张，把知识外溢、地方劳动力市场等各方面纳入作用机制中。在梳理各种文献的基础上，陈良文、杨开忠（2006）将纷繁复杂的聚集经济模型划归为六类，即将外部规模经济视为“黑匣子”的聚集经济、基于知识外溢的聚集经济模型、基于消费者多样性偏好的聚集经济模型、基于中间投入品的聚集经济模型、基于劳动力市场的供需匹配模型、基于消费不完全信息的聚集经济模型。其中将外部规模经济视为“黑匣子”的聚集经济（该模型没有考虑具体的微观作用基础，而是进行笼统的概况）是其他各类模型研究的基础。

一般认为经济集聚的作用有三点：一是劳动力池效应，即大量劳动力和厂商的空间集聚能够有效满足劳动力供需双方的需求，从而提高经济的运行效率；二是专业化投入品效应或上下游产业间的投入产出效应，具备上下游联系的企业在空间上集聚能够有效满足上下游企业的供需要求、降低运输成本和交易成本；三是知识外溢效应，大量经济活动主体的空间集聚带来的面对面交流能够促进知识和技术的交流和创造。战略性新兴产业间的集聚效应主要与知识外溢相关联①。

"知识穿过走廊和街道要比跨越大陆和海洋容易得多"。理论上，知识分为可编码知识（Codefied Knowledge）和意会知识（Tacit Knowledge），后者是指那些不容易明确表达、存储和转移的知识，面对面的交流和空间上的集中对意会知识的传播至关重要（Jacobs，1969）。知识外溢效应是导致经济活动集聚的重要力量，空间集聚的人与人之间、企业与企业之间通过面对面的交流来促进知识、技术的流动，从而能够提高地区的生产率水平。

具体而言：一方面，企业之间交流的外部性是企业集聚的重要原因。假定企业必须与所有其他企业进行交流才能达到某一产量水平，而企业与其他企业交流是需要付出旅行成本（交易费用）的，旅行成本是与互相交流企业之间的距离成正比的，一个企业与其他企业空间距离越远，则其需要支付的旅行成本越高，因此所有企业在空间上的集聚有利于节省旅行成本、增强交流外部性效应。另一方面，不同产业的空间集聚有利于新知识的创造和生产，多样化可以促进创新，如将产品生命周期理论引入集聚经济模型当中，将产品的生产划分为实验阶段和大规模生产阶段，当一个厂商决定从事某一产品的生产时，会面临多种生产流程的选择，厂商要通过多次实验才可以找到最优的生产流程，如果此厂商周边的地区存在很多种可以参考的生产流程，则此厂商可以逐一模仿这些生产流程从而节省实验的成本，显然，厂商可以参考的生产流程种类越多，其实验的成本越低，因此不同种类产业的空间集聚有利于降低实验成本、促进创新②。

---

① 鉴于基于知识外溢的集聚经济模型设立、推导和求解的过程十分繁冗复杂，此处只引述其基本原理用以说明问题。参见陈良文、杨开忠：《集聚经济的六类模型：一个研究综述》，《经济科学》2006年第6期。

② 虽然厂商在多样化的城市之中可以提高知识创造的效率，但大量厂商的集中会增加城市的通勤成本和土地租金，带来外部不经济，因此，当厂商结束实验阶段、进入大规模生产阶段时，厂商会面临重新选址的问题。这也是基于比较优势原理下，一些企业集团将其生产单元外迁出大城市的重要原因。

大量实证研究证实了空间集聚对知识溢出（Knowledge Spillovers）的重要性。Arrow（1962）、Jaffe（1988）等学者指出在研发密集型的产业（R&D Intensive Industries），知识溢出的作用是至关重要的，而地理接近对知识外溢具有重要作用，知识外溢总是集中在新知识被创造的地方。

战略性新兴产业（企业）集团一般从事研发等企业高端职能，相对于流水线般的生产加工环节，其对人才、知识、技术的要求要高得多。而一家战略性新兴产业（企业）示范性的管理、研发工作，将产生非常强的知识外溢作用，对吸引另外一家战略性新兴产业（企业）具有较强的刺激效应。总体来看，战略性新兴产业（企业）空间布局形成及其对区域经济影响的传导机制如图 4-3 所示。

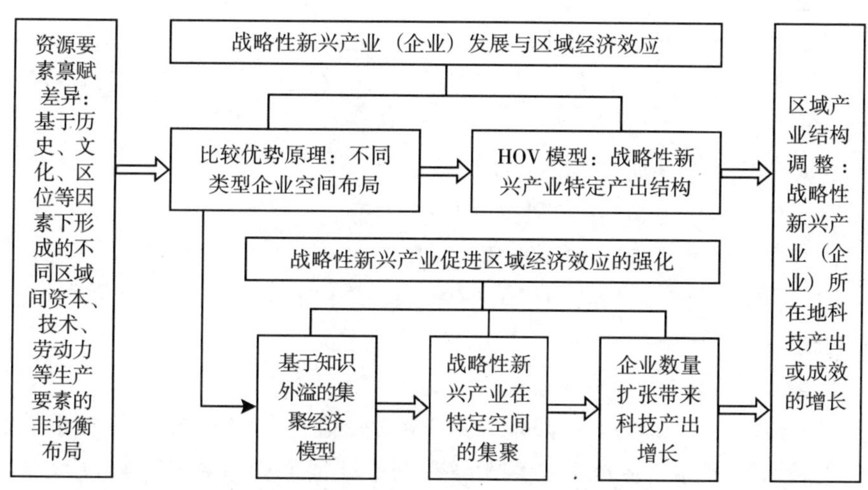

图 4-3 基于比较优势原理的战略性新兴产业空间布局三阶段传导机制

二、基于分省数据的面板模型实证分析

根据上述三阶段模型的预示，在金融资源丰富的区域，战略性新兴产业（企业）更多，且该区域的战略性新兴产业的特定科技产出会更多。以下利用全国 31 个省、自治区、直辖市（以下简称各省，不包括港、澳、台地区）的数据，以及面板模型，分析金融资源配置与科技创新（以专利为指标）的关系。

1. 有关变量、数据等的说明

使用 2003~2012 年度数据，全部数据选取自 WIND 数据库。

截面个数：各省均以省名首字母标识，如北京为 BJ，其中个别省份由于首字母重合进行特殊标记，如山西标为 SXL，河南标为 HNL，海南标为 HNLL，河北标为 HBL。

因变量为 ZLSQ：系各省专利授权数。

自变量包括：

LOAN：各省本外币贷款余额。

STOCK：上交所和深交所各省总交易金额。

控制变量包括：

GDP：各省 GDP。

FISCAL：各省地方财政在科学技术方面的支出。

对所有指标数据取对数，为统一标识，所有变量的对数值记为原序列名前加 LOG。

进入回归模型的所有变量分别为：

因变量（科技变量）：专利授权 LOGZLSQ。

自变量（金融变量）：贷款余额 LOGLOAN，股市总交易金额 LOGSTOCK。

控制变量（其他变量）：国内生产总值 LOGGDP，科技方面财政支出 LOGFISCAL。

2. 计量过程

（1）分析因变量与自变量间关系（金融变量与专利变量间）。由于各省间基础发展水平不同，造成模型截距各省间不同；而由于各省可以反映全国整体情况，因变量和解释变量间的关系应基本恒定，即系数不变；且不需要用样本来推断总体，即可采用固定效应。

综上所述，考虑建立固定效应的变截距 Panel Data 模型：

$$LOGZLSQ_{it} = \alpha_i + \beta_1 LOGLOAN_{it} + \beta_2 LOGSTOCK + u_{it} \tag{4-11}$$

模型采用截面加权的广义最小二乘法（Cross-section Weights Generalized Least Squares Method）进行估计，以修正异方差。回归结果如表 4-8 所示。

表 4-8　金融与专利间省级面板回归结果（不含控制变量）

因变量：LOGZLSQ；自变量的系数及系数 T 检验的概率 P 值（P 值<0.05 则检验结果显著）							
常数项		LOGLOAN		LOGSTOCK			
系数	P 值	系数	P 值	系数	P 值		
-2.980748	0.0000	1.218189	0.0000	0.070722	0.0000		
Weighted Statistics							
Adjusted R-squared		Mean dependent var		Prob（F-statistic）		Durbin-Watson stat	
0.990622		8.347182		0.000000		0.947307	
Unweighted Statistics							
R-squared		Mean dependent var				Durbin-Watson stat	
0.979665		8.347182				0.69473	
Fixed Effects　(Cross)							
_AH—C：0.176158		_BJ—C：-0.227939		_CQ—C：0.479998		_FJ—C：0.311213	
_GD—C：0.507205		_GS—C：-0.341177		_GX—C：-0.319568		_GZ—C：-0.052328	
_HB—C：0.163287		_HBL—C：-0.167245		_HLJ—C：0.437745		_HN—C：0.500190	
_HNL—C：-0.121891		_HNLL—C：-0.511222		_JL—C：-0.004717		_JS—C：0.529768	
_JX—C：-0.195327		_LN—C：0.009434		_NMG—C：-0.593766		_NX—C：-0.162947	
_QH—C：-0.694626		_SC—C：0.293224		_SD—C：0.260159		_SH—C：0.022515	
_SX—C：0.055149		_SXL—C：-0.527052		_TJ—C：0.138687		_XJ—C：-0.234546	
_XZ—C：0.283389		_YN—C：-0.545806		ZJ—C：0.532034			

该模型各系数均显著，且 R^2 为 0.99，模型成立。

假设各省截距为 C_i，则模型为：

$$LOGPATENT_{it} = (-2.98 + C_i) + 1.22_1 LOGLOAN_{it} + 0.07LOGSTOCK + u_{it} \quad (4-12)$$

进行固定效应检验（似然比检验）后，得到检验结果如下：

Effects Test	Statistic	d. f.	Prob.
Cross-section F	39.596426	(30277)	0.0000

可见，引入的固定效应是合适的。

(2) 引入控制变量，分析因变量与解释变量间的关系。

1) 以 LOGGDP 为控制变量，LOGLOAN 和 LOGSTOCK 为解释变量建立 Panel Data 模型。模型采用截面加权的广义最小二乘法（Cross-section Weights Generalized Least Squares Method）进行估计，以修正异方差，回归结果如表 4-9 所示。

表 4-9 金融与专利间省级面板回归结果（含控制变量：GDP）

因变量：LOGZLSQ；自变量的系数及系数 T 检验的概率 P 值（P 值<0.05 则检验结果显著）							
常数项		LOGLOAN		LOGSTOCK		LOGGDP	
系数	P 值	系数	系数	系数	P 值	系数	P 值
-3.060479	0.0000	1.068371	0.0000	0.058486	0.0005	0.171929	0.0291
Weighted Statistics							
Adjusted R-squared		Mean dependent var		Prob（F-statistic）		Durbin-Watson stat	
0.990871		13.08016		0.000000		0.927664	
Unweighted Statistics							
R-squared		Mean dependent var				Durbin-Watson stat	
0.979646		8.347182				0.684311	
Fixed Effects （Cross）							
_AH—C：0.145250		_BJ—C：-0.090632		_CQ—C：0.512814		_FJ—C：0.299435	
_GD—C：0.509757		_GS—C：-0.329490		_GX—C： -0.356569		_GZ—C：-0.034439	
_HB—C：0.134279		_HBL—C：-0.245217		_HLJ—C：0.375179		_HN—C：0.436783	
_HNL—C：-0.196979		_HNLL—C：-0.474008		_JL—C：-0.027670		_JS—C：0.506519	
_JX—C： -0.233391		_LN—C：0.007166		_NMG—C：-0.671184		_NX—C：-0.102475	
_QH—C：-0.656744		_SC—C：0.286418		_SD—C：0.198377		_SH—C：0.240154	
_SX—C：0.058196		_SXL—C：-0.523785		_TJ—C：0.183028		_XJ—C：-0.243302	
_XZ—C：0.228751		_YN—C：-0.518260		ZJ—C： 0.582041			

似然比检验结果为：

Effects Test	Statistic	d. f.	Prob.
Cross-section F	35.213364	(30276)	0.0000

检验结果显示，模型系数均显著，R^2 为 0.99，且似然比检验通过，引入的固定效应是合适的，模型成立。

假设各省截距为 C_i，则模型为：

$$LOGPATENT_{it} = (-3.06 + C_i) + 1.06_1 LOGLOAN_{it} + 0.06LOGSTOCK + 0.17LOGGDP + u_{it} \qquad (4-13)$$

2）以 LOGFISCAL 为控制变量，LOGLOAN 为解释变量建立 Panel Data 模型。

模型采用截面加权的广义最小二乘法（Cross-section Weights Generalized Least Squares Method）进行估计，以修正异方差。模型结果如表 4-10 所示。

表 4-10　金融与专利间省级面板回归结果（含控制变量：财政科技支出）

因变量：LOGZLSQ；自变量的系数及系数 T 检验的概率 P 值（P 值<0.05 则检验结果显著）							
常数项		LOGLOAN		LOGFISCAL			
系数	P 值	系数	系数	系数	P 值		
-1.497893	0.0000	1.089449	0.0000	0.111736	0.0000		
Weighted Statistics							
Adjusted R-squared		Mean dependent var		Prob（F-statistic）		Durbin-Watson stat	
0.988860		12.22055		0.000000		0.899355	
Unweighted Statistics							
R-squared		Mean dependent var				Durbin-Watson stat	
0.980601		8.347182				0.745733	
Fixed Effects　(Cross)							
_AH—C：0.170821		_BJ—C：-0.093904		_CQ—C：0.536158		_FJ—C：0.406573	
_GD—C：0.693095		_GS—C：-0.428870		_GX—C：-0.373537		_GZ—C：-0.196521	
_HB—C：0.256017		_HBL—C：-0.127628		_HLJ—C：0.417827		_HN—C：0.534281	
_HNL—C：-0.079669		_HNLL—C：-0.582255		_JL—C：-0.029979		_JS—C：0.679703	
_JX—C：-0.169622		_LN—C：0.079426		_NMG—C：-0.687890		_NX—C：-0.358657	
_QH—C：-0.921250		_SC—C：0.389032		_SD—C：0.375415		_SH—C：0.191811	
_SX—C：0.077373		_SXL—C：-0.512726		_TJ—C：0.149459		_XJ—C：-0.297506	
_XZ—C：-0.210080		_YN—C：-0.593084		ZJ—C：0.706185			

似然比检验结果为：

Effects Test	Statistic	d. f.	Prob.
Cross-section F	39.498382	(30277)	0.0000

检验结果显示，模型系数均显著，R^2 为 0.99，且似然比检验通过，引入的固定效应是合适的，模型成立。

假设各省截距为 C_i，则模型为：

$$LOGPATENT_{it} = (-1.5 + C_i) + 1.09_1 LOGLOAN_{it} + 0.11LOGFISCAL + u_{it} \quad (4-14)$$

上述面板模型的计量结论显示各省的金融与科技变量间存在正相关关系，金融资源的配置有利于以专利为代表的创新发展。且融入控制变量（包括地区经济增长和地方科技投入为指标①）的回归均显著，控制变量的系数亦符合三阶段模型的预期。

① 引入地方科技投入作为控制变量后，LOGSTOCK 回归系数不显著，剔除该变量进行回归后的实证结果显示信贷指标是显著的，这不影响金融因素和财政因素能够共同发挥作用的基本结论。

第五章　信息不对称与战略性新兴产业融资博弈

战略性新兴产业具有比一般产业更加复杂的行业特征，使得行业（企业）内部人与外部人之间具有非常高的信息不对称性。在一般性的融资博弈条件下，作为资金融出方的金融部门与作为资金融入方的战略性新兴产业（企业）之间，高度的信息不对称性导致出现了较高的金融部门尽职调查成本，以至于双方在很多时候难以达成交易，一定程度上加重了战略性新兴产业（企业）所谓的“融资难、融资贵”等问题。近年来，中央银行推出征信管理系统，并且在一些地方进行企业信用示范区建设，帮助中小企业（包括战略性新兴产业中的中小企业）不断积累信用，缓解了部分战略性新兴产业（企业）融资行为中的信息不对称性问题。本章首先用一个四阶段模型研究战略性新兴产业（企业）与金融部门的融资博弈过程，其次分析在战略性新兴产业（企业）的信用累积与金融部门的尽职调查成本的权衡中，战略性新兴产业（企业）不同发展阶段可能会出现的不同融资策略选择。

第一节　战略性新兴产业四阶段融资博弈模型分析

本节构建了基于信用累积的战略性新兴产业融资博弈模型，并分为四个阶段说明战略性新兴产业的融资发展模式。具体表现为：

阶段 1：信息完全不对称条件下的无纯外部融资阶段

1. 前提假设：不对称信息情形

（1）融资双方都是理性的“经济人”，其中在信贷市场上是银行（Bank）和企业（Enterprise），在直接融资市场上为债券购买者以及债券发行者（以下简称资金融出方为B，资金融入方为E)。

(2) B、E是该博弈中所有参与者。

(3) 双方进行动态博弈，且B与E在信息上是不对称的。由于E较为清楚地知道自己的真实情况，比如盈利和还款能力、资产负债状况、违约风险大小等，对于融入资金的实际投向及其风险、收益、融入资金的偿还概率等信息比较了解，在交易中处于信息优势；而B是资金的提供者，只能凭借E提供的诸如报表等信息辨别平均风险，对于资金投向情况及其风险、收益等相关信息不完全了解，从而在交易中处于信息劣势。

一般而言，越是传统的成熟的产业领域，其产业发展规律和基本经营信息越容易被理解，对于外部人，特别是金融部门而言，往往可以通过历史规律、同行业比较等手段对其信息进行了解。而对战略性新兴产业而言，其产业发展规律、技术路径选择、商业模式选择等都具有很强的不确定性，其复杂程度比一般企业要高得多，即使是产业内部的从业人员往往也难以全面掌握。对作为外部人的金融部门从业人员而言，不仅需要有相应的金融管理知识，还需要掌握战略性新兴产业的发展趋势和基本的技术特征，并分析其投资收益和风险，这对金融部门从业人员提出了非常高的要求。特别是对战略性新兴产业领域的企业个体而言，由于研发和生产等环节的复杂性，个体之间差异很大，未来的预期判断往往也会出现很大的分歧，即在未来预期收益均值存在差异的基础上，其方差更大。在对外融资过程中，为获取融资，内部人往往会从最佳预期的角度进行一定的游说，而企业个体的复杂性导致作为外部人的金融部门人员很难准确判断企业方的看法，从而在融出资金的决策上显得无所适从，并导致尽职调查的成本非常高。总体来看，与一般性生产或商贸企业与金融部门之间的状况相比，战略性新兴产业（企业）与金融部门之间的信息不对称状况更为严重。

2. 模型表达式

(1) 行为划分。用上角标 $N=\{1, 2\}$ 表示局中人B和E的行为集合，即：

b^1，$b^2 \in B$ 为局中人B（资金融出方，信贷市场上为银行，直接融资市场上为债券购买者）的策略集合。

b^1 表示B融出资金（信贷市场上表现为银行决定贷款，直接融资市场上表现为投资者决定购买公司债券）。

b^2 表示B不融出资金（信贷市场上表现为银行决定不贷款，直接融资市场上表现为投资者决定不购买公司债券）。

e^1，$e^2 \in E$ 为资金融入方 E（企业）的策略集合。

e^1 表示 E 履行债务（信贷市场上表现为企业诚实还贷，直接融资市场上表现为企业按期偿付债券本息）。

e^2 表示 E 不履行偿付义务（信贷市场上企业欺骗赖账，直接融资市场上企业不按期偿付债券本息）。

（2）类别划分。用下角标 $M = \{1, 2\}$ 表示局中人 B 和 E 的分类集合，即：

$E = \{e_1, e_2\}$ 表示企业类型。

e_1 表示有还款能力且愿意偿还债务的资金融入方，即所谓的“好企业”。

e_2 表示无还款能力或者不愿意偿还债务的资金融入方，即所谓的“差企业”。

资金融入方（融资企业）知道自己是哪一种类型，但是资金融出方（银行、债券购买者）并不知道。

用 $B = \{b_1, b_2\}$ 表示资金融出方的身份类型。

鉴于资金融出方自身类型不影响融资双方的博弈行为，即 E 并不关心 B 是好的还是坏的资金融出者，而只关心其是否进行融资的行为（即 E 关心的是 b^1 还是 b^2，而非 b_1 还是 b_2）；因此，对于 B 的类型统一设置为 b。

（3）行为与类别组合。综合行为和类型集合，共有六种状态：

b^1（无论 b_1^1 还是 b_2^1）为 B 融出资金。

b^2（无论 b_1^2 还是 b_2^2）为 B 不融出资金。

e_1^1 为“好企业”履行还款责任。

e_1^2 为“好企业”不履行还款责任。

e_2^1 为“差企业”履行还款责任（实际上不可能发生）。

e_2^2 为“差企业”不履行还款责任。

（4）效用。U_B，U_E 表示 B 和 E 的效用函数，其中，L 代表贷款（债券）本金，r 代表贷款（债券）利率，s 表示银行发放贷款时的筛选成本和随后的监督成本之和（债券购买者筛选成本），R 表示企业贷款（债券融资）投资所得的收益，T 表示企业获得贷款（或者是成功发行债券）的成本，I 表示企业不守信用所可能带来的名誉损失，包括以后难以从银行取得贷款（难以再次发行债券）及其合作企业的不信任所带来的交易损失，C 表示 e_2 型企业为获得贷款（这类企业一般也很难在直接融资市场获得资金，因为债券购买者往往要比商业银行具有更差的信息获取能力）要多花费的成本，如更高价值的担保品和游说公关成本等①。

3. 效用函数

根据双方融资行为可能性组合，共有如下几种潜在情形，其效用分别为：

(1) B 选择不融出资金，即无交易行为发生，此时双方均无效用。

$U_B(b^2, e_{1,2}^{1,2}) = U_E(b^2, e_{1,2}^{1,2}) = 0$ (5-1)

(2) B 选择融出资金给 e_1 并收回本息（e_1 履行还款义务）。

此时 B 实现了最大效用，$U_B(b^1, e_1^1) = Lr - S$ (5-2)

而 e_1 的效用为，$U_E(b^1, e_1^1) = R - L - Lr - T$ (5-3)

(3) B 选择融出资金给 e_1 收不回本息（e_1 不履行还款义务）。

此时 B 为负效应，$U_B(b^1, e_1^2) = -L - Lr - S$ (5-4)

e_1 的效用 $U_E(b^1, e_1^2) = R - T - I$ (5-5)

(4) B 选择融出资金给 e_2 并收回本息，此种情况不可能发生。

(5) B 选择融出资金给 e_2 不能收回本息（e_2 不履行还款义务）。

此时 B 为负效应，$U_B(b^1, e_2^2) = -L - Lr - S$ (5-6)

e_2 的效用 $U_E(b^1, e_2^2) = L(\text{或} R) - T - I - C$ (5-7)

4. 一次博弈下的纳什均衡

在一次博弈的情况下，E 不去考虑与 B 继续交易的可能，可以假设 $I = 0$，通过对效用函数的分析，有：

(1) 对于 e_1，分析其“不履行还款义务”和“履行还款义务”的比较：

$$U_E(b^1, e_1^2) - U_E(b^1, e_1^1) = (R - T - I) - (R - L - Lr - T) = L + Lr - I = L + Lr > 0 \quad (5\text{-}8)$$

e_1“不履行还款义务”的效用大于“履行还款义务”的效用，其理性选择为 e_1^2。

(2) 对于 e_2：

只要 $U_E(b^1, e_2^2) = L(\text{或} R) - T - I - C = L - T - C > 0$ (5-9)

就有机会争取获得融资，其行为选择为 e_2^2。

也就是说，在一次博弈的情况下，有：

$P(e_1^1 \text{或} e_2^1) = 0$，$P(e_1^2 \text{或} e_2^2) = 1$ (5-10)

为了最大化自己的效用，无论 e_2 还是 e_1，其最优选择都是 e^2，而 B 为了

① 中国人民银行营业管理部课题组（姜再勇、余剑等）：《总部经济对中国货币政策传导渠道影响机制研究》，《金融研究》2008 年 7 月。

避免损失，便会选择 b^2，此时的均衡为（b^2，$e^2_{1,2}$）。

融资博弈双方的理性选择可以通过一个简单博弈模型支付矩阵来说明，如表 5-1 所示。

表 5-1　一次融资博弈的支付矩阵

		B 战略	
		信任	不信任
E 战略	诚实	(10，10)	(0，-2)
	赖账	(20，-10)	(0，0)*

如表 5-1 博弈矩阵所示，假设 B 融出资金给 e^1_1 的收益为 10，贷款给 $e^1_{1,2}$ 收益为-10，不融出资金给 e_1 的收益为 0（或存在潜在利息损失，机会成本为-2），而 e^1_1 守信收益为 10，赖账收益为 20。

在一次博弈的情况下，唯一纳什均衡为：（不信任，欺骗），即效用为（0，0）。

5. 重复博弈下的纳什均衡

假定一次博弈结束后，博弈双方都预期到可能存在着下一次博弈且每次博弈的结构相同，并假设 A 采取“触发战略”：即 B 首先会选择信任；如果 E 选择诚实，B 则在下一阶段博弈中仍然会选择信任，但是如果在某个阶段博弈中 E 选择了欺骗，则此后 B 选择不信任，也就是说，此时 e_1 的 I 值可能相当大。假设交易继续的可能性为 δ，对于守信的 e_1 来说，其在将来无限次重复博弈中的收益为：

$$\sum U_E(b^1,\ e^1_1) = (R - L - Lr - T) + \delta(R - L - Lr - T) + \delta^2(R - L - Lr - T) + \cdots = \{1/(1-\delta)\}(R - L - Lr - T) \tag{5-11}$$

而 E 选择赖账的收益为：

$$U_E(b^1,\ e^2_1) = R - T - I \tag{5-12}$$

只要持续守信的收益大于一次赖账的收益，

$$\{1/(1-\delta)\}(R - L - Lr - T) > R - T - I, \tag{5-13}$$

e_1 的理性选择就是诚实守信，即 e^1_1。

一般来说，在博弈重复的次数越多的情况下，E 偿还债务的积极性将越大，因为信誉的净收益会随着博弈次数的增加而增加。但是要使 E 重视长远利益则需要两个条件，一是需要必须重复足够长的博弈时间，二是 E 与 B 继续交易的可能性较大。所以在重复博弈下的纳什均衡有两种可能，当大于某一数值时，均衡为（信任，诚实），这是 e_1 与 B 重复博弈的选择；而当 δ 小于这一数值时，均衡则为（不信任，欺骗）。

对于战略性新兴产业，特别是其中尚无信用记录的小微企业来说，在面临首次融资选择（一次博弈）时，作为外部人的资金提供者，其理性选择是不提供资金。

阶段 2： 征信体系与信用累积条件下的融资准备阶段

从阶段 1 来看，是否具有信用（即 I 值是否足够大）是影响企业能否融资的关键因素之一。为应对信息不对称对战略性新兴产业融资的负面影响，可以探索建立信息披露、记录和监督制度。金融管理部门近年来不断推进的征信系统及在部分地区试点的信用体系建设为战略性新兴产业中的中小企业融资提供了积累信用的渠道。对于这些企业，其融资模型中的 I 值在信用体系中是一个不断增长的过程，这个过程为其后续能够实质上获取融资奠定了基础。

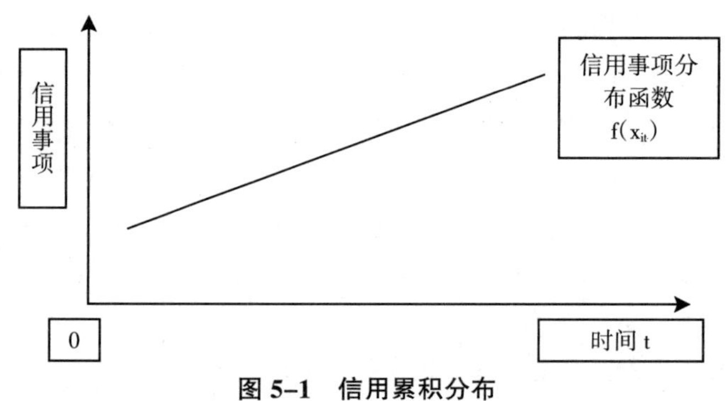

图 5-1 信用累积分布

如图 5-1 所示，企业在时间 t 的行为 i（比如正常缴税、还款等），可以形成一个信用事项 x_{it}，此信息进入征信系统（或者信用信息数据库、信息共享服务平台等）后，企业的 I 值呈现出一个不断增大的过程，是信用事项分布函数的积分，即：

$$I = \int_0^t f(x_{it})d_t \tag{5-14}$$

关于征信体系在企业信用累积过程中的有关具体举措和作用，有关地区的实践取得了较好的成效，有关情况如专栏 5-1 所示。

专栏 5-1

某国家高新区信用体系建设的目标和做法

为促进区域包括战略性新兴产业（企业）在内的市场主体发展，优化区域融资条件，中部地区某国家高新区大力推动信用体系建设。

其发展目标包括：

第一，建立企业信用信息数据库，搭建综合信息共享服务平台，数据库和信息共享服务平台建设覆盖区域内90%以上的企业。

第二，富有成效地开展信用企业培植工程，区内A级以上企业不低于区内企业总数的60%，且每年保持较快增长。

第三，国家高新区设立企业发展专项基金，协调组织相关部门、金融机构综合运用财政、税收、金融等多种政策手段，有效支持区内信用企业发展。

第四，运用担保、保险、风险补偿等手段建立增信机制，推动中介机构发挥在资产评估、中介服务、信用评级（分）、信用担保等方面的作用，有效完善区域内信用服务体系。

其主要做法包括：

第一，建立区内企业信用信息数据库和信息共享服务平台。解决信息不对称问题，促进包括战略性新兴产业（企业）在内的市场主体融资，提高履职效率。根据区内包括战略性新兴产业（企业）在内的市场主体特点和信息的分布情况，采取与各部门信息系统联网、数据报送、直接征集等多种方式，开展信用信息数据库和信息共享服务平台建设；参照中国人民银行《中小企业信用体系建设基本数据项指引》的数据规范，整合包括战略性新兴产业（企业）在内的市场主体注册登记、生产经营、人才技术、纳税缴费、劳动用工、用水用电、节能环保等信息资源；建立包括战略性新兴产业（企业）在内的市场主体数据按季的持续更新机制以及信息共享机制；建立健全信用信息服务机制，为政府部门、金融机构、担保机构、信用评级机构等提供服务。数据库和信息共享服务平台可由政府自建，也可由政府出资委托人民银行或者其他机构建设和维护。

第二，开展信用企业培植工程。组织相关政府部门、人民银行、银监分局、金融机构、评级机构共同开展信用企业培植工作，制定信用企业培植中长期规划和短期方案，明确信用企业培植工作的职责分工。每年制定区域内信用企业培植目录和目标，组织信用评级机构按照市场化原则对区内包括战略性新兴产业（企业）在内的市场主体信用状况开展信用评级，促进企业持续提高信用等级，使其尽快成为合格的融资主体。引导金融机构在区内大力实施“审批+培植”的服务模式，注重用好人才、技术等信息，建立评审机制。优先支持试验区内符合条件的包括战略性新兴产业（企业）在内的市场主体到债券市场、证券市场融资，拓展试验区企业直接融资渠道。

第三，建立包括战略性新兴产业（企业）在内的市场主体信用增信机制。努力打造“企业—信息和增信服务机构—商业银行”利益共享、风险共担的新机制，培育包括战略性新兴产业（企业）在内的市场主体提升自身信用等级。加大对担保机构的支持，增强担保机构对包括战略性新兴产业（企业）在内的市场主体，特别是其中的小微企业的增信意愿和增信能力；引导和鼓励区内企业依托上下游合作以及产业链之间的联系，建立信用共同体，开展互保、联保，达到集合增信的目的；推动发展贷款保证保险和信用保险业务；依托企业信息数据库，建立适合当地企业特点的信用评价指标体系，开展包括战略性新兴产业（企业）在内的市场主体信用评级，将评级结果纳入信用信息共享服务平台实时监测，并通过多种渠道将包括战略性新兴产业（企业）在内的市场主体信用评级（评价）结果、分析报告等向地方政府及各相关部门、金融机构、社会分别进行信息通报，建立完善的信息通报制度。

第四，建立健全信用激励机制。一是完善支持区域内信用服务体系建设的政策措施。推动区域内包括战略性新兴产业（企业）在内的市场主体信用担保体系建设，对规范经营且对企业融资支持力度大的担保机构给予资金和政策支持；建立企业融资风险补偿机制，通过财政或专项基金对金融机构、担保机构、投资基金等在企业融资业务上的损失给予一定比例的补偿；推动区域内包括战略性新兴产业（企业）在内的市场主体，特别是小微企业、小额贷款公司、担保机构参与外部信用评级，完善区内企业信用评价体系。二是完善与企业信用状况挂钩的政策扶持措施。在政府采购、招投标、资质管理、税费减免、财政补贴、企业发展项目审查、技术支持等领域，对区域内优质信用企业实行优先或优惠的政策措施，引导区内资源优先向信用等级高、信用级别增进快的企业倾斜。三是完善以信用为纽带的银企对接机制。发挥信用企业培植成果，搭建多渠道、多形式的政银企融资推荐平台，引导金融机构开展金融创新，加大对优质信用企业的信贷支持，鼓励金融机构对优质信用企业发放信用贷款，对信用企业开展应收账款质押、股权质押、保单质押以及专利技术、商标质押等多种方式的信贷服务，并加强与融资性担保机构以及区内企业信用共同体的合作，促进机构担保、企业联保及互保等担保融资业务的发展。四是完善区内金融组织体系。引导在试验区新设立村镇银行、贷款公司、小额贷款公司等小型金融机构或类金融机构，鼓励银行业机构向区域内小型金融机构或类金融机构融资；鼓励金融机构在试验区开设分支机构，并提升试验区分支机构的业务审批权限。

阶段 3：初步信用累积条件下的银行融资阶段——集中的外部融资模式

融资交易能否达成受到战略性新兴产业（企业）的信用累积值与金融部门的尽职调查成本的影响。当阶段 2 过程中的信用累积值达到一定程度时，则将进入阶段 3，即可能产生集中的外部融资形式，以下通过一个引入信用累积冲击变量的博弈模型进行分析。

1. 前提假设：信用累积冲击变量下信誉与信号传递的作用机制

前提假设及模型表达式中的含义与基本模型（阶段 1）相同。

从前述模型博弈的结果来看，B 与 E 之间达成信任交易是能够实现帕累托改进的关键环节，而其中 I 值是确定博弈结果的前提。

I 值的确认需要两个条件：一是 E 具有偿还债务的意愿和能力，二是 E 能够通过某种渠道将其偿还债务的能力和意愿的信息传达给 B（或者说 B 有能力甄别出 E 具备的这种信息）。如果这两个条件不能同时得到满足，则 I 只能为 0。

经过阶段 2 的信用累积，博弈模型中的 I 值将会逐渐变大，并在一定阶段促进博弈模型的均衡发生改变。此时存在两种途径，一是 B 能够通过尽职调查甄别出 E 的信息；二是通过征信系统的信用累积，E 能够将其信息传达给 B。

假设 $Z=1$，为经过信用累积的企业 e_1；$Z=0$，为 e_2；

不同企业类型的信誉函数为 $f(I, z)$。

2. 效用函数

（1）B 选择不融出资金，即无交易行为发生，此时双方均无效用。

$$U_B(b^2, e_{1,2}^{1,2}) = U_E(b^2, e_{1,2}^{1,2}) = 0 \tag{5-15}$$

（2）B 选择融出资金给 e_1 并收回本息（e_1 履行还款义务）。

此时 B 实现了最大效用，$U_B(b^1, e_1^1) = Lr - S$ （5-16）

e_1 的效用为 $U_E(b^1, e_1^1) = R - L - Lr - T$ （5-17）

（3）B 选择融出资金给 e_1 收不回本息（e_1 不履行还款义务）。

此时 B 为负效应，$U_B(b^1, e_1^2) = -L - Lr - S$ (5-18)

e_1 的效用为 $U_E(b^1, e_1^2) = R - T - f(I, 1)$ (5-19)

（4）B 选择融出资金给 e_2 并收回本息，此种情况不可能发生。

（5）B 选择融出资金给 e_2 不能收回本息（e_2 不履行还款义务）。

此时 B 为负效应，$U_B(b^1, e_2^2) = -L - Lr - S$ (5-20)

e_2 的效用为 $U_E(b^1, e_2^2) = L(\text{或}R) - T - f(I, 0) - C$ (5-21)

经过信用累积的企业信誉函数，即对此时的 e_1 来说，

$$f(I, z) = f(I, 1) = \int_0^t f(x_{it})d_t \tag{5-22}$$

对于没有（不能）进行信用累积的企业信誉函数，即对 e_2 来说，

$$f(I, z) = f(I, 0) \to 0 \tag{5-23}$$

3. 一次博弈的纳什均衡

对于经过信用累积的企业 e_1，分析其“不履行还款义务”和“履行还款义务”的比较：

$$U_E(b^1, e_1^2) - U_E(b^1, e_1^1) = (R - T - \int_0^t f(x_{it})d_t) - (R - L - Lr - T) = L + Lr - \int_0^t f(x_{it})d_t \tag{5-24}$$

此时，对于具备信用累积的 e_1，其“不履行还款义务”的效用可能小于“履行还款义务”的效用，即：

$$U_E(b^1, e_1^2) - U_E(b^1, e_1^1) < 0 \tag{5-25}$$

只要：$\forall \int_0^t f(x_{it})d_t > L + Lr$ (5-26)

此时具备信用累积的 e_1，其理性选择为“履行还款义务”，即 e_1^1。

仍然借用一个简单的博弈模型来说明，如表 5-2 博弈矩阵所示：假设 B 融出资金给 e_1^1 的收益为 10，给 $e_{1,2}^2$ 的收益（损失）为-10，不融出资金给 e_1 的收益为 0（或存在潜在利息损失，机会成本为-2），e_1^1 守信收益为 10，而赖账（e_1^2）收益为-5（损失了累积的信用）。

在信用累积到一定程度，即 $\int_0^t f(x_{it})d_t > L + Lr$，$e_1$ 的选择为诚实，即 e_1^1，同时该信息能够向 B 传达，此时的纳什均衡解为（信任，诚实）。

4. 重复博弈的纳什均衡

重复博弈将进一步增加企业信誉（在企业征信记录中进一步积累信用），

表 5-2　信用累积条件下 B 和 E 博弈的支付矩阵

		B 战略	
		信任	不信任
E 战略	诚实	(10，10)*	(0，-2)
	赖账	(-5，-10)	(0，0)

从而进一步增加获取融资的可能性。

阶段 4： 较强信用累积条件下的金融市场融资阶段——公众的外部融资模式

在某一个特定时点，如果借款人存在融资需求，其可能通过银行，也可能通过金融市场进行融资。关于银行还是金融市场的（可行性）选择上，涉及两者在融资行为事前的风险识别能力以及事后的监督能力区分上。

从事前的风险识别能力来看，一般认为银行具有专业的经营管理人员，专门从事风险控制的团队，在融资决策前可以进行充分的尽职调查。而对金融市场上的投资者，特别是普通的公众投资者而言，往往不具备专业的风险识别能力以及尽职调查的时间和条件，且由于人员众多、分散，多数均不愿承担尽职调查的成本，而是采取跟随和从众的行动（“搭便车”行为）。因此，对于没有建立一定信用的借款人而言，公众很难决定参与其融资行为，只有银行能够通过尽职调查获取信息。而对于已经建立信用的借款人而言，公众投资者从客观的渠道即可能了解到借款人的相关信息，或者在从众的行为中，作出融资决策①。

从事后的监督能力来看，银行比金融市场上的公众投资者亦具有一定的

① 关于银行与金融市场，哪种模式更容易了解信息，哪种形式的尽职调查成本更低，存在一定的争议。例如，Allen（1990）、Allen 和 Gale（1997）认为与银行相比，金融市场被看作是一种综合各种不同观点的机制，因此提供了公司最优决策规则的信息，这些信息比通过银行贷款所提供的信息更加充分。原因在于银行只能提供“一元审查”（Single Check）机制，而金融市场能提供“多元审查”（Multiple Check）机制，即金融市场通过多种机制（市场价格、交易量、并购企图等）来提供多重检查。比较两种模式，当决策存在争议、信息来源多头、信息更新较快等情形下，此时应主要由金融市场配置资金；而当决策较为一致时，银行是配置资源的理想制度安排，此时的主要问题是银行如何去监控企业，即事后的监督。此外，Boot 和 Thakor（1995）分析认为银行贷款和资本市场融资两者都会产生实际的经济效应。银行融资产生的实际效应表现在促使借款人选择具有社会效益的项目方面更有效率。而金融市场融资产生的实际影响来自市场对公司管理者的“信息反馈”，这种反馈诱使公司去改善那些可以提高项目收益的投资决策。即管理者并没有掌握作出最优决策所需要的全部信息，但通过观察金融市场交易，可以帮助其作出更有效的决策。

优势。一些借款人可能会用风险性资产代替安全性资产，从而损害贷款人的利益，而银行则会通过监控手段专门对付资产置换道德风险。但是，如果借款人保持还款的记录越长，即在该时间段，通过选择风险可控的项目，保障还款的及时性，从而提高其信用，则在未来更加容易获取贷款，并且利率可能降低，这意味着，积累良好的信誉，将在未来获得潜在收益。而如果借款人在某个时点上违约，那么他将可能永远被排斥在资本市场或银行借款之外。在履约和违约权衡中，声誉较好的借款人将会履约。借款人的声誉有一个临界点，一旦其声誉价值超过丧失这个声誉的价值（机会成本高），他将总是选择履约。在此情况下，声誉良好的借款人将降低银行的监控成本，一些声誉特别好的借款人甚至可以不需要银行付出监控成本。如此，不需要监控成本的借款人将更适宜于那些无力进行有效监控的公众投资者。

总体来看，借款人根据其信誉的明显不同来决定到底选择哪种融资渠道；那些有可观察的信誉等级的借款人将选择在金融市场上融资，而那些名声相对较小的借款人将选择在银行贷款；即那些刚刚建立起信贷声誉的借款人去找银行借钱，而已建立了较好信贷声誉的更成熟的借款人直接从资本市场上融资。很多研究者，如 Diamond（1991a），Boot 和 Thakor（1996）等，认为这个判断与标准化事实大致具备一致性。

鉴于此，我们认为在阶段 3，企业经过一定的信用积累，此时专业的外部融资者能够通过尽职调查，进一步发掘企业的信用情况，从而使得以银行为基础的间接融资行为能够产生。在阶段 4，当企业具有很强的声誉，以至于不需要专业的尽职调查时，资金融出者就愿意融出资金，则公众的外部融资模式即可产生①。

---

① 关于借款人通过银行还是金融市场融资的问题，除了调查成本和监督能力的影响之外，还涉及很多方面。例如，Campbell（1979）重点研究了股东和债券持有者之间的关系。假设债务条件可以重新协商，由管理层代表的股东则可能更愿意从银行借款，从而对债券持有者隐藏有利的信息。借款人出于保密的原因，倾向于向银行借款。Rajan（1992）重点研究了银行在提供贷款过程中收集借款人的财产信息的问题，并指出，这会形成一个当事（Incumbent）银行对信息的垄断，从而扭曲借款人的选择，使之偏离最优轨道。Rajan 据此认为那些从项目中察觉到有巨大未来收益的借款人，将不采取银行形式的融资，从而可以避免将来被拥有信息特权的银行占去大部分收入。Yosha（1995）、Bhattacharya 和 Chiesa（1995）等研究了在双边（单家银行）和多边（多家银行或金融市场）融资体制中的信息共享以及信息披露问题。他们认为如果一家公司选择多边融资，那么它面临的将是财务信息泄露给竞争对手的可能性更大。但是，如果它选择双边融资，那么竞争对手可能会认为它隐瞒信息，从而可能采取某些竞争性行为。

第二节 信用累积、尽职调查成本与融资策略选择

上节利用一个四阶段博弈模型对战略性新兴产业的融资和信用累积问题进行了分析。战略性新兴产业（企业）究竟会采取（或者是能采取）何种方式融资，涉及融资双方的行为选择。与信用累积密切相关的一个问题是不同模式的资金融出方的尽职调查成本与能力差异，总体来看，在信用不断累积的过程中，外部融资者获取其信息的渠道越来越畅通，需要进行的尽职调查成本将会越来越低，如图 5-2 所示。

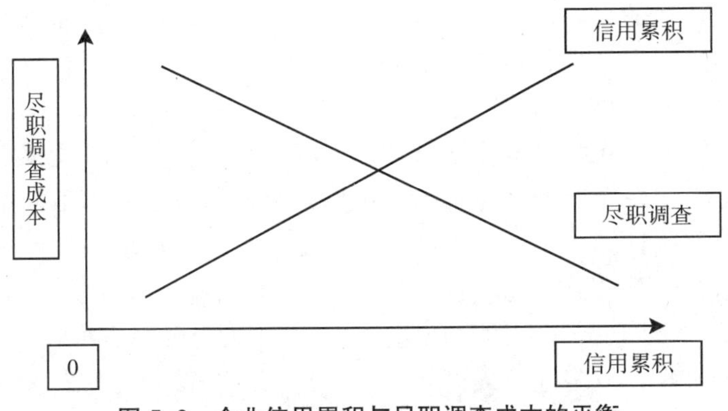

图 5-2 企业信用累积与尽职调查成本的平衡

在信用累积和尽职调查成本的权衡中，不同发展阶段的战略性新兴产业（企业）可能适用的融资模式如图 5-3 所示。

阶段 1：完全无信誉积累的新兴（种子）阶段——准内部人的融资模式

对于初创期的战略性新兴产业（企业）而言，硬件（如可供抵押的固定资产）和软件（如已经建立起来的信用）两方面的条件都不成熟，其资金需求将主要依靠内部融资解决，如股东、管理层、员工融资等。对于一般性的外部融资模式而言，由于很难满足银行信贷等模式的基本条件，一般不能达成交易。但风险投资可能有进入的机会，一方面，风险投资对于抵押等没有

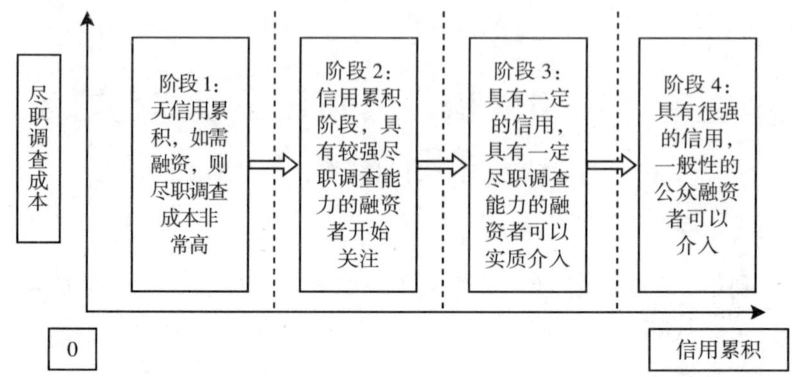

图 5-3　信用累积与尽职调查成本均衡下的融资模式阶段性选择

硬约束（即不会受到硬件的约束）；另一方面，风险投资为了获取未来的高额预期回报，一般均采取股权进入的方式，此时作为一种准内部人，他们有条件进行比较详尽的尽职调查，以解决信息不对称的问题，从而不需要企业已经建立足够的信用（即不会受到软件的约束）。

阶段 2：具有初步的信用累积——政策性金融的介入

在这一阶段，在政府或金融管理部门的扶持下，企业开始累积信用，如征信系统中将记录企业积极守信的信用信息，并通过一定渠道向金融部门反馈。符合一定条件的战略性新兴产业（企业）可能获取政策性金融的信贷支持。而集中的外部融资模式，如商业银行信贷也可能开始介入。

阶段 3：初步信誉积累的成长阶段——集中的外部融资模式

在这个阶段，战略性新兴产业（企业）已经获得一定的发展（硬件上可能拥有可供抵押的资产等），并且已经积累了一定的信用信息（软件上也开始具备条件）。银行作为资金的集中提供者，此时亦有动力和能力进行一定的尽职调查，信息不对称问题能够得到解决。

阶段 4：较强信用积累阶段——公众的外部融资模式

当战略性新兴产业（企业）已经具备较高的信用，则可以为金融市场上的公众投资者提供"搭便车"的机会，节省他们为获取信息而需要付出的尽职调查成本。

总体来看，征信体系具有非常重要的作用，有助于企业积累信用，从而降低外部人（包括金融部门）的尽职调查成本以及信息不对称问题影响企业融资的可能性。信誉积累与尽职调查成本间的平衡关系，很大程度上影响融资模式的选择，如果假设 G 为尽职调查成本，则融资模式取决于 G–I，当 G–I 的缺口越大，越需要进行集中的内部人的融资；反之亦然①。

① 如果在尽职调查成本和信用累积可以用具体的函数确定的情况下，则可以用微分导数方程，求一阶导数和二阶导数，确定两者之间的平衡关系。需要说明的是，以上四个阶段并不能完全严格区分，各阶段间可能有重合之处，在同一个阶段可能同时使用多种融资形式，而同一种融资形式也可能适合多个阶段。例如，风险投资可能适用于阶段 1，也可能适用于阶段 2。本章关于四个阶段的划分，也同样适用于本书第三章关于风险错配和期限错配的分析。

第六章　战略性新兴产业的需求端金融政策响应

发展战略性新兴产业与坚持科技创新相辅相成，其明显的技术进步特征符合经济新常态下的增长动力转换要求。既有理论显示科学推动与需求拉动均能促进战略性新兴产业的技术进步，而针对我国情形的相关实证研究也支持这一判断。鉴于当前我国发展战略性新兴产业的政策措施实际上存在“供给端有余”“需求端不足”的不对称性，并已经影响到相关的发展实践，因此下一步需要在需求端加以重点关注。本书前述章节多从供给端的视角分析问题，即注重通过引导金融资源聚集，提高要素供给水平，从而促进战略性新兴产业发展。本章则转换视角，初步从需求端来探讨有关问题，并分析金融政策着力点。建设领先市场、提升用户体验、扶持用户创新、拓展需求开发能力、适应新型生产方式是从需求端支撑战略性新兴产业发展的重要着力点，而金融政策响应亦需围绕上述方面发挥功效。

第一节　市场需求拉动战略性新兴产业发展的功效

一、既有理论显示市场需求在推动战略性新兴产业发展中具有重要作用

创新与技术进步是战略性新兴产业的重要属性。一般认为，在现代社会中，供给端视角下的要素投入驱动，比如人力资本和资金的集中配置所带来的研发（R&D）投入增加，往往会直接催生新的科学推动力，进而带来显性

技术进步以及企业创新活动。实际上，除科学推动外，需求拉动往往也能够引致技术进步，既有理论与实证研究已经显示市场需求在推动技术进步和创新中的重要作用。

例如，Carter 和 Williams（1957）较早研究了市场需求与创新之间的关系，并通过对百余家企业样本的研究，发现约 1/4 的创新来自于企业实验室的研发投入，10%则是为了满足相关部门的新需求，并且此后（1959）又发现用于满足新需求的创新超过了 10%。Schmookler（1966）提出的“需求拉动”假说认为，消费者的需求导向变化、有效需求规模等是促使企业进行创新活动最有效的内在激励机制，并宣称需求拉动与科学推动一样对企业创新具有重要作用。有的研究者甚至认为需求比技术更关键，如 Meyers 和 Marquis（1969）分析了美国铁路、计算机等行业的案例后，认为需求认知是比技术潜力认知更为常见的创新因素。当然，对于需求是否具有如此重要的影响，亦存在一定的争议，如 Mowery 和 Rosenberg（1979）认为那些主张需求拉动的实证研究普遍存在概念界定不清、抽样误差、过度推论等问题。面对争议，Dosi（1982）进行了一些调和，认为需求拉动和科学推动都是企业创新和技术进步的重要因素。此后，关于需求因素引致创新的理论与实证研究依然层出不穷，例如，Romer（1990）指出，新技术的产生主要是在市场利益驱动下追求利润的结果，并由市场供给和市场需求共同决定。David（2002）利用 1970~1994 年的美国专利数据，估算了能源价格对高效节能创新的影响，并认为无论是需求端的市场价格因素还是供给端的科学进步因素都能有效影响节能技术的创新。Shiue 等（2007）认为功能良好的市场机制能够激励工业化甚至工业革命，通过将中国与西欧的发展历程比较，认为两个区域在工业革命前的发展程度类似，但中国工业化进程却晚了 150 年，与此同时，英国比西欧大陆更早发生工业革命，亦缘于不同主体间市场运行机制的差异。一些学者，如 Walker Hanlon（2015）等十分看重需求在创新行为中的作用，甚至认为需求乃创新之母（Necessity is the Mother of Invention）。国内学者，如吕铁等（2014）认为发展新兴产业既要通过加强研发提供核心关键技术，又要存在相应的领先市场需求。

总体来看，对战略性新兴产业发展所要求的技术进步和产业增长等目标而言，供给端的要素驱动及其影响下的研发投入增长（科学推动）与需求端的市场需求拉动均是重要因素。与此同时，科学推动与市场需求两者间往往还有互动效应，如科学推动下产生的技术进步以及企业创新行为会产生新的需求（供给创造需求）；而市场需求则既通过利益补偿机制激励研发和创新行为，同时需求方的“用户创新”等行为本身也能持续推动厂商创新。

二、实证研究显示需求拉动有助于推进技术进步——基于技术市场成交额与专利的格兰杰因果检验

在对市场需求因素促进战略性新兴产业技术创新和发展进行初步的文献回顾的基础上，现在通过格兰杰因果检验来验证我国的市场需求因素与技术进步因素之间的关系。

1. 变量选取及有关数据说明①

技术进步的指标使用专利数据，并选取专利授权（ZLSQ）和专利受理（ZLSL）两个变量。市场需求因素选取技术市场成交额（JSCJE）这个变量。数据时间区间为1988~2012年的年度数据。所有数据来源于WIND数据库。

2. 各变量平稳性检验

为便于动态分析以及除量纲的影响，所有变量全部进行HP滤波处理后，计算缺口，如JSCJEGAP =（JSCJE–JSCJEHP）/JSCJEHP。所有变量的缺口统一加“GAP”进行标识。

由于时间序列数据有20多年，首先计算变量的平稳性。通过对各变量原序列和一阶差分序列的ADF检验，显示各变量均为一阶平稳序列，如表6–1所示。

表6–1　技术市场成交额与专利授权及专利受理的平稳性检验

变量	检验形式（C，T，K）	ADF统计量	临界值	结论
JSCJEGAP	（C，T，4）	5.290817	–3.268973*	技术市场成交额缺口为一阶平稳序列
△JSCJEGAP	（C，T，0）	–5.474168	–4.416345***	
ZLSLGAP	（C，0，0）	–1.116671	–2.635542*	专利受理缺口为一阶平稳序列
△ZLSLGAP	（C，0，0）	–3.081872	–2.998064**	

① 由于战略性新兴产业的统计数据缺乏，此处使用全国的专利和技术市场成交额数据来说明技术进步与需求之间的影响。

续表

变量	检验形式（C，T，K）	ADF 统计量	临界值	结论
ZLSQGAP	（C，0，0）	-2.407463	-2.635542*	专利授权缺口为一阶平稳序列
△ZLSQGAP	（C，0，0）	-5.596055	3.752946***	

注：其中检验形式（C，T，K）分别表示单位根检验方程的常数项、时间趋势和滞后项的阶数，其中 C 代表有截距项，T 代表有趋势项，0 代表无该项。***、**、* 表示在 1%、5%和 10%的显著性水平下的临界值。检验形式系根据被检验序列的线状图做出的判断，滞后期系 ADF 检验根据最优 SIC 标准的自动选择。△指一阶差分。

3. 格兰杰因果检验

鉴于序列均为一阶单整序列，可以首先构建 VAR 模型，并进行格兰杰检验。有关检验结果如表 6–2 所示。

表 6–2 技术市场成交额与专利授权及专利受理的格兰杰因果检验

原假设　　滞后期	1	2	3	4	5	6
专利受理与技术市场成交额之间的格兰杰因果关系						
ZLSLGAP 不是 JSZJEGAP 的格兰杰原因	0.0000	0.0000	0.0009	0.0458	0.1179	0.4526
JSZJEGAP 不是 ZLSLGAP 的格兰杰成因	0.5860	0.0426	0.0616	0.0019	0.7639	0.0967
专利授权与技术市场成交额之间的格兰杰因果关系						
ZLSQGAP 不是 JSZJEGAP 的格兰杰原因	0.0316	0.9205	0.0935	0.6850	0.5153	0.2818
JSZJEGAP 不是 ZLSQGAP 的格兰杰成因	0.6761	0.0814	0.0535	0.0230	0.0000	0.3603

注：滞后期下方对应的表格内显示的格兰杰因果检验的 P 值，P 值小于 0.05 表明存在格兰杰因果关系。

4. 关于检验结果的解释

（1）技术成交额缺口与专利受理缺口间的关系。首先来看技术成交额缺口与专利受理缺口格兰杰关系，结果显示滞后 1（P 值为 0.0000）、2（P 值为 0.0000）、3（P 值为 0.0009）、4（P 值为 0.0458）期的专利受理是技术成交额缺口的格兰杰原因。鉴于专利受理时，已经形成了相应的技术，存在进行技术转让的物质基础，而格兰杰因果检验的结果显示专利受理的增长（缺口）可以在多个滞后期引发技术转让额（缺口）的变化，其中滞后 1、2 期的显著性水平非常高，说明专利受理（企业实际可能已经形成的创新技术）在下 1~2 个年度很可能带来技术转让额的增长。而滞后 2 期（P 值为 0.0426）、滞后 4 期（P 值为 0.0019）的技术成交额缺口是专利受理缺口的原因，说明作为需求端的技术成交额的增长可能引致技术创新的增长，从而验证了需求对技术创新具有的重要影响。

（2）技术成交额缺口与专利授权缺口间的关系。关于技术成交额缺口、专利授权缺口间的格兰杰关系，仅有滞后 1 期（P 值为 0.0316）的专利授权缺口是技术成交额缺口的格兰杰原因，显示专利授权数（被官方认可的企业获得的技术创新）的变化可以很迅速地影响到技术成交额。与此同时，滞后 4 期（P 值为 0.0230）和滞后 5 期（P 值为 0.0000）的技术成交额缺口是专利授权缺口的格兰杰原因，其中滞后 5 期的格兰杰因果检验的显著性水平非常高。

综合来看，技术创新本身的增长（缺口），无论是企业实际形成的（专利受理）抑或是已经得到官方认可（专利授权）的技术创新，都将在以后的年度（特别是下一个年度）导致技术转让额的增长，这与预期吻合。而技术成交额，则无论对企业实际形成的抑或是已经得到官方认可的技术创新亦都具有格兰杰因果影响，说明技术市场（需求端）的增长能够有效促进以专利为代表的技术进步。

三、当前我国战略性新兴产业发展中存在供需政策失衡与重复建设问题

改革开放 30 余年来，由生产要素优化配置产生的全要素生产率的提升是中国经济保持年均 10%左右高增速的重要原因。当前，随着“人口红利”逐步消退、“刘易斯拐点”逐渐到来，这一重要推力日趋式微；再考虑到资源环境承载压力等因素，中国经济必然要进入由高速增长转为中高速增长、要素和投资驱动转向创新驱动的“新常态”。分析新常态下继续获取经济持续增长的动力，一个主要方面就是从全要素生产率的另一源泉（即图 4-1 中的微观效率，特别是技术进步带来的微观效率）入手，不断通过有效的技术进步来谋取增长动力。

发展战略性新兴产业与坚持科技创新相辅相成，其明显的技术进步特征符合经济新常态下的增长动力转换要求。自 2010 年《国务院关于加快培育和发展战略性新兴产业的决定》这一标志性文件发布以来，其发展可谓如火如荼。然而检视近年来的“成绩单”，亦可发现无论政策体系抑或实践发展都仍然存在一定的改进空间。

一方面从政策体系来看，当前我国支持战略性新兴产业发展的政策举措实际上存在“供给端有余”“需求端不足”的不对称性。即在供给端，强调通过政策引导，提高各种资源要素的供给水平，从而激励其研发投入以促进其技术发展，强化其资源聚集以刺激其产能扩张；但在需求端，实际配套的措施相对明显偏少，一些地方即便认识到需求端的作用，往往也只是关心其促进规模扩张的影响，对其引致的技术创新效应则关注不足①。

另一方面从发展实践看，一些地方政府在战略性新兴产业的选择和认定上，并没有很好地按照战略性新兴产业的技术经济特征进行产业选择，导致各地重点发展的战略性新兴产业相似度高，产业布局雷同问题突出。为进一步清晰对比各地区发展战略性新兴产业的基本导向情况，本书梳理了全国各省（自治区、直辖市）发展战略性新兴产业的各种指导意见文件、规划（见附录）。从中可以看出，各地战略性新兴产业发展中的领域重复问题确实比较突出，如果没有需求端政策的及时跟进，发展中国家容易出现的“潮涌现象”在我国发展战略性新兴产业的过程中将会比较明显。当前我国战略性新兴产业领域出现的重复建设问题已经引起学界的关注。

总体来看，各地在战略性新兴产业的布局选择上存在一定的雷同性，在缺乏需求端措施的有效跟进下，包括光伏在内的一些战略性新兴产业出现了本该在传统产业领域才有的“产能过剩”问题，并已经在一定程度上制约了该产业的健康持续发展。为此，下一阶段，尤其需要从需求端进行引导，既直接扩大战略性新兴产业的市场需求，又间接引致相关的技术进步，从而在全要素生产率的第二个源泉方面，提升其对经济发展的带动作用。金融政策作为战略性新兴产业发展支撑政策体系的重要环节，也特别需要注重在需求端上加大支持力度。

① 尽管理论与实证研究都显示了需求端政策的重要性，《国务院关于加快培育和发展战略性新兴产业的决定》等纲领性文件也特别提及需要关注需求因素对战略性新兴产业发展的影响，并明确提出要“积极培育市场，营造良好市场环境”，并通过“组织实施重大应用示范工程，引导消费模式转变，培育市场，拉动产业发展”，“支持市场拓展和商业模式创新”等措施来具体落实。但分析各地区各行业出台的各种支持性政策，可以发现已有的政策体系仍然偏重于供给端。

第二节　需求端发展着力点及其金融政策响应

鉴于供给端与需求端政策均具有重要作用，因此战略性新兴产业发展应该遵循“供给与需求双轮驱动，技术与市场均衡发展”的发展战略。本书前述部分多从供给端视角，就如何引导金融资源向战略性新兴产业聚集做了许多探索，本节则着重在需求端分析相应的金融举措。总体来看，下述五个方面是主要的政策着力点（见图 6-1）。

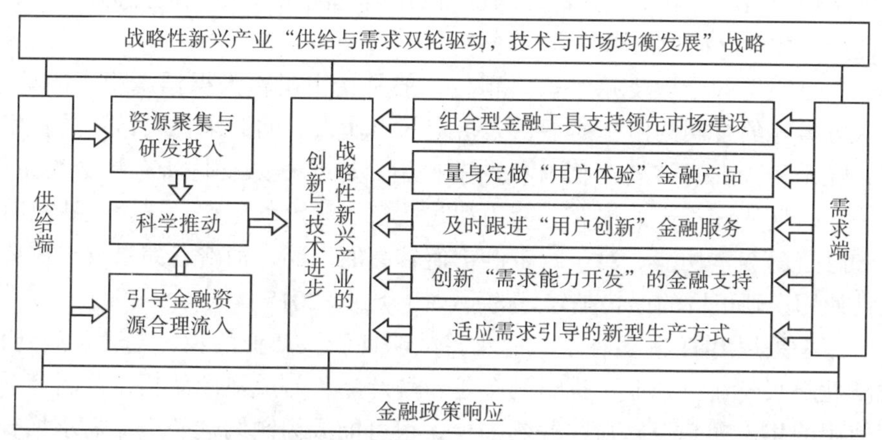

图 6-1　战略性新兴产业供给与需求均衡发展战略及其金融政策响应

一、发挥组合型金融工具的作用，强化对战略性新兴产业领先市场建设的金融支持

战略性新兴产业大多具有高新技术特征，前期资金和研发投入可能较多，需要较高的市场回报作为补偿。领先市场的形成能为企业技术创新提供巨大的利益回报补偿空间，并通过需求增长、成本下降、价格趋向合理，形成了良性循环的激励机制（吕铁等，2014）。实际上，通过优化组合，发挥好包括按揭、租赁等在内的金融工具的作用，对于促进战略性新兴产业领先市场的形成有着直接的推动作用。例如，按揭可以将未来的购买力贴现到当前，有

利于将大件战略性新兴产业产品（如新能源汽车）的潜在需求转化为现实需求；对于特定的价值较高的产品，而消费者仅仅需要阶段性使用，租赁则是较好的手段；建设—经营—转让（BOT）以及公私合营（PPP）等多种形式有助于支持战略性新兴产业的相关配套设施建设。在借鉴吕铁等（2014）思路的基础上，通过扩展金融政策响应分析，图 6-2 提供了一个综合运用金融工具，促进新能源汽车领先市场发展的方案。

一是按揭的金融支持手段。按揭一般指以不动产或大宗产品等实物资产或有价证券、契约等作抵押，获得银行贷款并依合同分期付清本息，贷款还清后银行归还抵押物。由于大宗资产价格较高，使用周期较长，购买时一次性付清款项的资金压力较大，往往会制约消费需求。而按揭可以将未来的购买力贴现到当前，对于大件的战略性新兴产业需求产品（如新能源汽车），采取此种方式可以扩大需求①。

二是租赁的金融支持手段。租赁一般是指由出租人根据承租人的请求，按双方事先的合同约定，向承租人指定的出卖人，购买承租人指定的特定资产，在出租人拥有该资产所有权的前提下，以承租人支付所有租金为条件，将一个时期的该资产的占有、使用和收益权让渡给承租人。这种租赁具有融物和融资的双重功能。对于特定的价值较高的产品，消费者如果仅仅需要阶段性使用，则租赁的形式是较好的手段（余剑，2015）。

三是采用 BOT 等多种形式，支持战略性新兴产业的相关配套设施建设。战略性新兴产业（企业）推出的多是新鲜产品，与成熟产品相比，新产品顺利使用的相关配套设施往往并不完善，很可能成为制约这类产品需求增长的重要因素。为推动配套设施的建设，可以考虑 BOT 等模式，丰富基础设施（战略性新兴产业某些产品的配套设施亦属于基础设施之列）建设的资金来源和建设渠道。需要特别指出的是，由于金融机构网点分布众多，这种渠道和场所的便利性在支持战略性新兴产业新产品的推广运用上亦能发挥重要作用。总体来看，为扩大消费需求的增长，金融手段可以多措并举，发挥合力。

---

① Woodward 等（2012）指出按揭贷款是市场专业人士帮助消费者（借款人）的典型案例。借款人从申请到成功获取抵押贷款，抵押贷款经纪人提供了相关的援助，而借款人则需要支付相应的报酬。

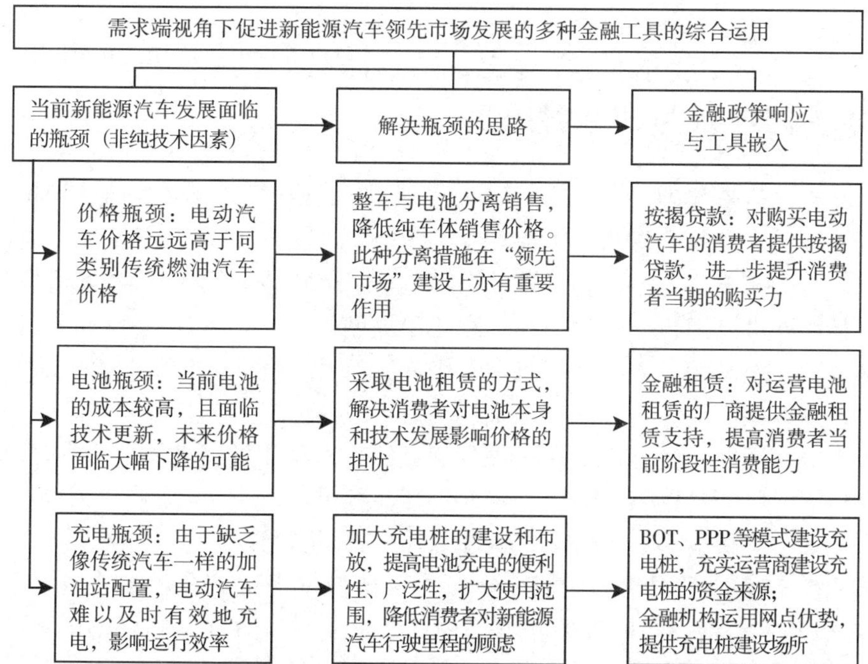

图 6-2 需求端视角下促进新能源汽车领先市场发展的多种金融工具的综合运用

二、细分客户对象，量身定做针对“用户体验”的金融产品

良好的“用户体验”是领先用户的主要关注点，也是领先市场形成的重要基础。领先用户通常超前于市场中的大众消费者（Urban 和 von Hippel，1986），往往能够率先适应并使用战略性新兴产业（企业）所提供的新型产品，并为企业提供最早的利润回报。需要特别指出的是，公共部门作为领先用户的作用往往非常显著，如历史上各国皇室对奢侈品的需求、“二战”期间交战国政府及军事部门的战争需求、“冷战”时期两大阵营开展的军备竞赛等，很多情况下都带来了大量的技术工艺创新和新产品研发。而公共部门由于具备国家信誉的支撑，往往在客户评级等方面具备较为明显的优势。金融体系应针对这一相对高端的特殊客户群体，在抵质押等传统融资环节给予一定的优惠支持，设计相应的专属金融产品等。

三、提升金融服务理念，及时跟进“用户创新”等需求端主体与行为的金融服务

在用户体验基础上，使用户创新更进一层。用户创新是促进新兴产业发展的重要方式，作为需求方的用户通过开发新产品或对现有产品进行改造，从而实现从现有产品中未能获得满足的需求。用户创新既包括最终消费者，也包括中间产品用户。对于中间产品的用户创新主体，尤其是其中的大型制造商，往往能够相对方便地享有金融服务；而对于众多的作为最终消费者的用户创新，则需要特殊关注。金融机构、供应商、进行创新的用户三者之间可以形成联动共赢的合作形式，进行创新的用户群体可以将其创新成果反馈给供应商，从而帮助供应商进一步改进产品；供应商可以为用户获取金融服务提供类似担保的契约；金融机构在为用户提供包括融资等服务的同时可以获取自身收益。需要指出的是，在三者合作的过程中，金融主体应该区分“进行创新”的用户和一般性的用户（消费者），不拘泥于提供简易的消费信贷等，还可以深度介入，设计相对灵活的金融服务方案，比如在融资、结算等方面给予更加优惠的条件。对金融管理部门而言，也可以尝试将“进行创新的”用户纳入信贷政策导向支持的对象中，对于那些大力支持“用户创新”的金融机构，可以考虑在资本充足率要求、差别存款准备金动态调整系数设置等方面给予政策倾斜。

四、创新金融服务模式，加大对厂商开发需求能力的金融支持

研究显示供应商的行为和策略对消费者选择有重要的影响，Eicher 等（2002）认为在许多高科技市场中（如软件开发、数据处理、通信、航空、国防等），供应商的广告、分销和产品设计宣传往往具有重要的作用。Kamenica 等（2011）认为如果供应商可以有效地将产品知识传授给消费者，以便消费者能够更好地使用产品、享受服务，则将有利于扩大消费需求，这种情况在高科技产品市场尤其突出（战略性新兴产业多属于高科技领域）。可以考虑为供应商的广告分销等行为以及与消费者间的互动环节提供有效金融服务支撑，例如，提供专门的营销信贷、在供应商与消费者之间提供上下游一体化的供

应链金融服务等。

五、进一步加强金融服务实体经济的规律性研究，大力扶持由需求引导的新型生产方式

战略性新兴产业既有具体产业类别的发展，也可能出现生产方式的重大变革，其方向可能既非低成本的大规模生产，亦非高成本的个性化定制，而是兼顾成本约束与客户个性化需求的大规模定制，这对企业能够快速有效地响应客户需求提出更高的要求。

对金融部门而言，要做到未雨绸缪，及早做好应对日益倚重由需求方引导的新型生产方式的准备。一方面，银行、证券、保险等金融机构要加强对新型生产方式发展规律的研究，设计能够满足企业快速响应需求的金融产品；另一方面，金融管理部门应该采取措施，引导金融资源向该领域合理流动。

第七章　金融支持战略性新兴产业发展的实践探索

前文理论与实证的研究表明，金融体系对促进战略性新兴产业发展具有重要的影响。从战略性新兴产业的本质特征出发构思的金融对策理念以及设计的有关金融工具，已经在实践中得到部分的运用，并取得一定的成效。在广泛调研的基础上，本章将总结以银行、证券、保险为代表的主要金融业支持战略性新兴产业发展的实践探索，并讨论针对战略性新兴产业金融需求特征而设计的多种金融产品（工具）组合。

第一节　我国战略性新兴产业发展成效

国际金融危机过后，学界和决策层对于“金融”和“实体经济”的关系进行了重新的审视和反思，我国政府果断指出应该坚持“金融服务实体经济的本质要求”，并结合经济发展实际提出了应该优先发展的七大战略性新兴产业领域，出台了相关配套文件，战略性新兴产业得到了较快的发展。

一、政策体系初步建成

2010 年以来，全国及地方层面的政策支撑体系逐步建立。在国家层面的纲领性文件《国务院关于加快培育和发展战略性新兴产业的决定》和《“十二五”国家战略性新兴产业的发展规划》的指导下，各有关部门纷纷出台相关的实施细则，从不同层面支持战略性新兴产业的发展。从各地的情况来看，除西藏外，中国内地 30 个省级行政区均一定程度上结合当地实际出台了相应的发展纲要、行动计划或是实施意见[①]。需要指出的是，浏览全国及各地发展战略性新兴产业的相关指导性文件，可以发现几乎无一例外地涵盖了金融支持的相关举措。

二、投资快速涌入

在一系列政策的指引下，包括金融要素在内的各类资源快速涌入这一产业领域，投资迅速增长。如根据时任国家发展改革委副主任张晓强的介绍，2013 年上半年，在节能环保领域，生态保护和环境治理业、废弃资源综合利用业固定资产投资累计同比增速分别高达 31.8%和 54.5%；在新一代信息技术领域，通信设备、电子元件、专用设备行业分别完成固定资产投资 394 亿元、989 亿元和 589 亿元，同比分别增长 46.0%、28.1%和 31.8%，互联网及相关服务业固定资产投资增长 65.4%；在生物领域，医药制造业固定资产投资累计同比增速达 33.7%[②]。

三、产值迅速增长

伴随政策引导下的投资快速涌入，战略性新兴产业收入不断增长，相关领域的产值在 GDP 中的占比也不断提高。

一是从全国来看，战略性新兴产业增加值呈现快速增长的局面。在“战略性新兴产业”这一概念正式提出的 2010 年，即《国务院关于加快培育和发展战略性新兴产业的决定》（以下简称《决定》）国发〔2010〕32 号）发布之年，我国战略性新兴产业增加值为 25513.71 亿元，占 GDP 的比重为 6.36%，相比 2008 年的 5.82%提高了 0.54 个百分点[③]。“十二五”期间，新一代信息技术、生物、节能环保、新能源、新材料、高端装备和新能源汽车等战略性新兴产业七大行业总体增速约是 GDP 增速的 3 倍；战略性新兴产业增加值占 GDP 的比重在 2013 年、2014 年分别达到 7.35%和 7.64%[④]。从目标来看，《决

① 根据有关公开资料，本书附录汇集了全国及 30 个省级行政区相关的实施文件名称及重点发展领域。
② 见时任国家发改委副主任张晓强在《中国战略性新兴产业发展报告（2014）》发布会上的介绍。
③ 周晶：《战略性新兴产业发展现状及地区分布》，《统计研究》2012 年第 29 卷第 9 期。
④ 綦成元：《“十三五”战略性新兴产业有望成为经济社会发展新的主动力》，《中国战略新兴产业》2016 年第 1 期。

定》中提出“2015年战略性新兴产业增加值占国内生产总值的比重力争达到8%左右，到2020年力争达到15%左右”。而从实际情况看，近期目标已经实现，例如，工业和信息化部党组（2017）已经指出新一代信息技术、高端装备制造、新材料和新能源汽车等战略性新兴产业快速发展，2015年战略性新兴产业增加值占国内生产总值的比重达到8%左右。此外，国家信息中心战略性新兴产业研究组（2017）指出，“十二五”期间，战略性新兴产业规模持续扩大，成为经济增长新动能，“十二五”期末，国家信息中心监测的战略性新兴产业（27个）重点行业规模以上企业收入达16.9万亿元，占工业总体收入的比重为15.3%，较“十一五”末提升了3.4个百分点，期间年均增速达18%。

二是部分经济相对发达区域的发展目标及实际增长更快。如《北京技术创新行动计划（2014~2017年）》中提出，“到2017年……通信、生物医药、新材料等战略性新兴产业增加值，将在地区生产总值比重中占到25%，真正实现创新驱动发展”；《2013年上海市国民经济和社会发展统计公报》指出，全年战略性新兴产业增加值2997.5亿元，比上年增长7%，占上海市生产总值的比重为13.9%；深圳的战略性新兴产业发展走在了全国的前列，2013年全年战略性新兴产业增加值达5002.5亿元，占全市GDP比重达34.5%，比上年提高4.6个百分点①。

三是战略性新兴产业领域相较传统产业更具增长潜力。国家统计局公布的2015年11月制造业采购经理指数PMI为49.6，创2012年8月以来的新低；但与此同时，高技术制造业和装备制造业等战略性新兴产业相关领域的分项指标分别为53.1%和51.6%，明显高于制造业整体水平，反映出其未来继续扩张的态势②。

四、带动作用加强

经过几年来的较快发展，目前我国战略性新兴产业对国内经济的带动作用不断增强，初步实现了《决定》中对战略性新兴产业发展的目标要求。

一是取得较好的经济效益，并拉动国内经济的发展。在近年来国内经济

---

① 北京、上海、深圳三地政府官方网站披露信息：www.beijing.gov.cn/tzbj/jjsj/sj/t1352438.htm.；www.stats-sh.gov.cn/sjfb/201402/267416.html；http：//sztqb.sznews.com/html/2014-02/11/content_2773645.htm。

② 国家发展改革委主管、中国经济导报社主办：《中国战略新兴产业》2016年第1期，第13页。

增速持续下滑，相当范围的传统产业领域经营困难的同时，战略性新兴产业等相关领域呈现出经济发展中的一抹亮色。如 2015 年 1~5 月，全国工业利润下降 0.8%，而同期高技术制造业利润大增 16.8%，新兴产业利润增长远超传统行业；2015 年 1~8 月战略性新兴产业 27 个重点行业规模以上企业实现收入和利润分别增长 9.2%和 13.2%，拉动 GDP 增长约 1.4 个百分点[①]。

二是科技引领作用进一步发挥。以反映科技创新水平的发明专利授权数量为例，2010 年，战略性新兴产业领域的发明专利授权量为 56319 件，占我国发明专利授权总量的 41.68%；2013 年战略性新兴产业领域的发明专利授权量迅速攀升到 93546 件，比 2011 年增加 37227 件，增幅达 66%，占我国发明专利授权总量的 45.04%，比 2010 年增加 3.36 个百分点[②]。战略性新兴产业领域获得的发明专利授权量占全国发明专利授权总量的比重保持在 40%以上，且占比有所增长，反映出我国战略性新兴产业的科技创新作用十分突出，且这种作用正在不断增强。国家信息中心战略性新兴产业研究组（2017）指出，“十二五”期间，战略性新兴产业上市公司研发强度达到了 6.2%，高于上市公司总体 2.7 个百分点。

三是部分领域的竞争力不断增强，并在国际上取得领先地位。如以大规模基因测序、第四代移动通信、高品质医疗器械、卫星应用、新型疫苗等为代表的一批新兴产业，已经形成了较强的国际影响力和竞争力；而以光伏为代表的新能源产品，出口额在国际市场占有很高的比重，甚至引发发达国家政府针对该类产品的贸易保护主义行为。

第二节 主要金融业态的支持举措概述

战略性新兴产业的发展离不开金融业的支持，银行、证券、保险是金融业发展的主体，对于战略性新兴产业的发展最具影响力。从近年来的情况看，三大领域在支持战略性新兴产业发展上均进行了诸多有益的探索。

---

① 国务院发展研究中心“中国战略性新兴产业数据库”，http：//www.drcnet.com.cn/eDRCnet.common.web/docview.aspx？chnid=5424&leafid=21019&docid=4125183&uid=271401&version=emerging。

② 基础数据来源于 WIND。

一、银行业支持战略性新兴产业发展的实践

为突出银行业的主力军作用，金融管理部门结合各地区的产业发展特点和金融发展水平，陆续出台了支持当地战略性新兴产业发展的指导意见；银行业金融机构大力创新，积极做好金融服务，有效促进了战略性新兴产业的发展。

一是明确支持的重点领域和重点对象。例如，浙江省规定支持的重点领域和对象包括一批重大项目和骨干企业、重要的产业基地（园区）、创新型中小企业、产业创新载体等。黑龙江省明确提出支持战略性新兴产业要抓好"两个重点、两个突出"，即重点支持战略性新兴产业重大项目建设和龙头骨干企业发展，重点支持战略性新兴产业园区建设，突出对战略性新兴产业中小企业的支持，突出对战略性新兴产业创新载体的支持。大连市明确金融服务的支持对象为新一代信息技术等八大重点领域。

二是完善信贷管理体制和机制。要求各金融机构进一步完善战略性新兴产业的信贷管理制度，制订专门针对战略性新兴产业的差别化信贷管理政策，合理设置信贷审批权限，简化信贷审批流程，与战略性新兴产业建立战略合作伙伴关系，量身定制差异化的金融服务；对生产经营状况较好但暂时出现资金周转困难的企业，简化贷款审批手续、缩短贷款审批时间，积极给予流动资金贷款支持；对资质良好、信用等级高的重点企业，通过利率向下浮动，为企业提供优惠利率支持；对体制改革到位、科技含量高、市场前景好的企业，灵活运用多种手段优先安排、审批和发放贷款；培育战略性新兴产业专业金融服务团队；完善内部信用评级体系，充分考虑知识产权、商誉等无形资产价值、企业家个人信用等非财务因素，灵活有效地划分企业信用等级（吕铁、余剑，2012）。

三是创新银行产品和融资模式。加大推广商标专用权、专利权、版权等知识产权质押贷款业务，大力支持自主知识产权研发项目；有效利用并购贷款和股权质押贷款支持企业兼并重组，鼓励企业集团加大投资力度；围绕战略性新兴产业核心企业、全产业链开展供应链融资产品创新设计，有效满足战略性新兴产业在研发、生产、流通、销售等各个环节的融资需求；针对战略性新兴产业中中小企业多、融资需求旺等特点，创新保理保函和信用证抵押贷款、仓单质押贷款、应收账款抵押贷款等融资产品，探索企业、银行、

信用评级机构三方联动机制，提高战略性新兴产业中中小企业的融资能力；积极开展CDM项目融资、合同能源融资、排污权抵押贷款、绿色消费信贷等绿色金融产品，推动低碳经济的发展；开办海域使用权抵押贷款，综合运用信用证、预付款保函、买方信贷等融资工具，支持海洋工程等海洋新兴产业发展；发展进口信贷、进口信用证等业务，支持引进吸收国外成套设备和关键技术；做好支付结算、现金管理、财务顾问、公司理财、网络银行、企业年金、保理等多样化和综合性的金融服务。

四是设置针对战略性新兴产业的政策性信贷专营机构。为支持战略性新兴产业的发展，一些银行业金融机构在特定的区域（如中关村国家自主创新示范区）建立科技支行、金融服务中心、小额贷款公司等专营机构，增强金融服务专业优势（吕铁、余剑，2012）。

五是提高针对战略性新兴产业企业的金融服务效率。部分银行通过完善“信贷工厂”模式，加速及优化审贷流程。如北京地区部分商业银行借鉴“信贷工厂”和“绿色通道”理念，以专业化分工、标准化运作和差异化管理加快贷款发放速度。部分银行实行“无纸化、24小时”网上审批，并实现贷中审查审批与贷前营销和调查的有机结合，提高了审批效率。部分商业银行针对战略性新兴产业领域的中小科技企业项目下移审批权限，尽力满足区域内科技企业的融资需求。针对战略性新兴产业中的中小企业多、融资需求“急、频、短”的特点，一些银行机构大力发展“网贷通”业务，借助网上银行系统为客户提供循环提款服务，及时满足客户的用款需求。

六是健全融资保障机制。灵活运用再贷款、再贴现、差别存款准备金等货币政策工具，为金融机构开展战略性新兴产业融资业务提供相应的流动性支持；支持符合条件的地方法人金融机构发行小微企业金融债券，募集资金用于满足战略性新兴产业小微企业的合理信贷需求；支持符合条件的地方法人金融机构发行次级债券和混合资本债券，增强支持战略性新兴产业中小企业的资金和资本实力；充分发挥支付清算、征信、跨境人民币结算等金融基础设施职能，为战略性新兴产业（企业）的发展提供优质的金融服务；通过召开银企对接会、融资推介会等多种形式，积极为银企合作搭建平台，全力支持战略性新兴产业发展壮大。

在政策指引下，近年来，银行业金融机构在支持战略性新兴产业发展上开展了各具特色的金融创新活动，推出了许多符合战略性新兴产业融资需求的新产品、新工具，为战略性新兴产业的发展做出了重要贡献[①]。根据中国银行业协会发布的相关年度《中国银行业社会责任报告》显示，涉及战略性新兴产业的信贷规模实现快速增长，对战略性新兴产业发展起到有力的促进作用。2012 年末，银行业各项贷款余额为 67.3 万亿元，同比增长 15.6%；其中，发放战略性新兴产业贷款为 3866 亿元，余额 6699 亿元，同比增长 23%，增幅高于全部贷款 7.4 个百分点。银行业金融机构通过进一步加大对战略性新兴产业的融资力度，提高了经济发展的质量和效益。同时，银行业金融机构秉承绿色低碳与可持续的发展理念，支持节能技术改造，推进风电等新能源建设项目，推进碳交易，推动实现经济社会的可持续发展。2012 年末，绿色信贷余额 6.14 万亿元，比上年增长了 16.9%；其中，支持各类节能环保项目贷款余额达到 3.58 万亿元，比上年增长 144%，支持节能环保项目数量 10874 个，比上年增加 1525 个；支持新能源项目贷款余额近 2000 亿元，为资源节约型和环境友好型社会建设做出了积极的贡献。

从表 7–1 可以看出，2011 年战略性新兴产业贷款的投放增长率、2012 年的余额增长率分别为 36.5%和 23.0%，远高于同年银行业金融机构各项贷款的同比增长率（分别为 15.7%和 15.6%），表明银行业对战略性新兴产业的信贷投放给予了相当大力度的倾斜和支持，有效促进了战略性新兴产业的发展。

表 7–1　2011~2012 年银行业支持战略性新兴产业贷款表

项目	2012 年		2011 年	
	余额	增长（%）	余额	增长（%）
各项贷款余额（亿元）	673000	15.6	548000	15.7
战略性新兴产业贷款（亿元）	6699	23.0	3634.6（投放）	36.5
绿色贷款（亿元）	61400	16.9	52524	—
其中：节能环保项目贷款（亿元）	35800	144.0	14672	25.24
节能环保项目（个）	10874	16.31	9349	28.79

注：根据中国银行业协会发布的相关年度的《中国银行业社会责任报告》整理。

① 有关银行业金融机构在支持战略性新兴产业发展上的具体做法，参见本章第三节。

二、资本市场及权益类融资方式在战略性新兴产业上的应用

战略性新兴产业，特别是高科技类别的战略性新兴产业，其高成长、高风险等不确定性属性使得其与一般的债权类资金（如银行信贷）供给相容性较差，而权益类资金供给则在某种程度上较为适合这类战略性新兴产业的发展。与债权类融资方式（信贷等）不同，权益类融资方式往往具有较长的时间周期，资金融出方可以参与获取剩余索取权，同时还可以相对方便地深入了解融资对象的经营管理状况，甚至一定程度上可以参与融资对象的决策，从而减缓信息不对称的问题，因此其与战略性新兴产业，尤其是处于发展早期的战略性新兴产业（企业）融资需求特征具有高度的匹配性。

在战略性新兴产业发展中，权益类融资方式发挥了重要作用。据统计，2014 年 A 股上市公司中共有 844 家战略性新兴产业企业，2015 年第一季度新增 19 家，达到 863 家，占上市公司总数的 32.4%，比 2014 年底提高了 0.9 个百分点；其中战略性新兴产业上市公司在创业板、中小板和主板分别有 278 家、246 家及 339 家，占比分别达到了 64.8%、33.1%及 22.8%[①]。

此外，一些资金供给者还进行了多种形式的创新，以满足企业需求。

一方面，以金融工程原理为依托，开展资本市场工具创新。扩展资本市场通道，发挥资本市场对战略性新兴产业发展的重要促进作用。增加境内外上市公司数量，积极支持企业通过境内外股票市场融资。充分利用“创业板”上市融资，按照创业板发行条件中的财务指标，积极辅导战略性新兴产业领域的企业上市。运用分散化原理，发展集合融资工具。在资本市场，中小企业集合票据（债券）的发展是近年来金融工具的一个重要创新。集合债券弥补了战略性新兴产业中单个企业固定资产少、信用等级低等不足，拓宽了战略性新兴产业（企业）利用债券市场的方式和途径。特别是通过集合票据、集合债券和集合信托等创新工具为战略性新兴产业中的小微企业解决了部分融资需要。以中关村国家自主创新示范区为例，通过完善“三板—创业板—主板”直融渠道，“中关村板块”逐渐形成。

---

① 国家信息中心：《经济下行背景下战略性新兴产业持续引领新的增长点发展》，载中国工程科技发展战略研究院：《2016 中国战略性新兴产业发展报告》，科学出版社 2016 年版，第 7 页。

另一方面，发展创业投资基金，分享战略性新兴产业发展的未来收益。近年来，我国风险投资业取得了很大发展，特别是随着法律环境的日趋完善、相关财税政策的出台以及多层次资本市场的逐步建立，风险投资的数量、资本总量大幅增加。风险投资的作用明显，风险投资的加入不仅可以抑制公司对自由现金流的过度投资，而且可以增加公司的短期有息债务融资和外部权益融资，并在一定程度上缓解因现金流短缺所导致的投资不足问题（吴超鹏等，2012）。一些地方通过对创业投资企业实施资金补助和资金奖励、租金价格补贴等优惠政策，吸引投资机构入驻。目前我国风险投资已培育出一批对全国乃至世界有影响力的新兴经济增长点，如光伏产业、软件产业、网络产业、信息通信产业、先进制造产业等。通过引导和集聚各类创投机构，一些发达地区的风投创投资金已经初具规模。

三、保险类融资方式在战略性新兴产业上的应用①

保险的实质是以风险事件发生为给付条件的期权。投保人为获得与风险损失相应的赔付支付保险费，保险公司汇集保险费形成资金池用于投资。财产保险和人寿保险负债期限有明显的差异，财产保险负债一般在一年以下，而人寿保险负债则相对长得多，这决定了二者在资产配置上存在本质不同。以中国最大的财产保险和人寿保险公司——中国人民财产保险股份有限公司（见表 7–2）和中国人寿保险股份有限公司（见表 7–3）2012 年资产分布为例：

表 7–2　2012 年中国人民财产保险股份有限公司资产分布

单位：%

项目	占比	项目	占比
现金及现金等价物	22.7	分保资产	7.8
债权类证券	33.6	预付款及其他资产	7.2
权益类证券	12.1	房屋、厂房及设备	4.8
保险业务应收款净额	7.8	其他资产	4.1

① 作为金融行业的一个组成部分，保险业本质上可以类比一般银行类金融机构，均是吸收公众资金用于资产运营管理。但在分业经营体系下，保险公司的资产负债管理模式与其他金融机构有显著的不同。

表 7-3 2012 年中国人寿保险股份有限公司资产分布

单位：%

项目	占比	项目	占比
定期存款	33.7	交易性金融资产	1.8
可供出售金融资产	26.6	应收利息	1.5
持有至到期投资	23.8	保户质押贷款	2.1
货币资金	3.6	债权计划投资	2.1
其他资产	4.7		

从资产配置情况看，一是财产保险公司资产的流动性明显高于人寿保险公司，这源自负债期限对资金运用方向的限制。但无论财产保险公司还是人寿保险公司都有长期资产配置的需要。不应认为财产保险公司资产流动性相对较高就忽略了其长期投资的需要。事实上由于未决赔款准备金、未到期责任准备金等准备金的长期留存截转，财产保险公司也会形成一定量的长期沉淀资金需要合适的资产配置。仅从期限较长的权益类投资就可以看出（见表 7-2）人保财险公司的权益类证券投资达到了 12.1%。二是在投资领域受到严格监管的情形下，保险业资产分布偏重银行存款和债权类资产，总体收益率偏低。据中国保监会通报，2012 年底保险资金运用余额为 6.85 万亿元，其中银行存款为 2.3 万亿元，占 34.16%；各类债券 3.06 万亿元，占 44.67%；股票和基金 8080 亿元，占 11.8%；长期股权投资 2151 亿元，占 3.14%；投资不动产 362 亿元，占 0.53%；基础设施债权投资计划 3240 亿元，占 4.73%。2012 年保险行业实现投资收益 2085.09 亿元，投资收益率 3.39%。而相比之下，2012 年一年期银行存款基准利率也有 3.25%，且商业银行上浮 10%执行之后比保险行业投资收益率还要高。保险业的投资收益率相对较低，直接制约了保险产品相对于其他金融产品的竞争力，不利于行业长期可持续发展。这也是我国保险行业长期以来主要发挥的是风险补偿作用，资金融通属性实际没有得到有效发挥的关键原因。三是从我国保险业总体规模和偿付能力水平来看，具备了一定的投资抗风险能力。以人保财险公司为例，该公司 2011 年和 2012 年投资净损失分别为 26 亿元、9.13 亿元，但公司总体实现利润分别为 80 亿元、104 亿元。只有具备了一定的财务实力，才有可能向高收益、高风险方向配置资产。总体来说，无论是财产保险行业或人寿保险行业都有长期高收益资产配置的需求与可能，寿险公司这方面的需求更大。这种资产配置的需求与战略性新兴产业的成长模式有一定的契合度。战略性新兴产业具有

成长快、收益高、风险概率大的特点，如果让保险公司发起或参与面向战略性新兴产业的风险投资（如 PE、VC 等），可以在投资额度锁定、风险可控的条件下，争取较高的收益率水平。[①]

从负债角度看，保险业经营的核心原则是大数法则，主要依靠对风险损失发生概率测算预估，结合预期投资收益率等因素为产品定价。保险保障可以改变战略性新兴产业的成本收益风险分布，一定程度上减少风险事件给企业带来的风险损失，辅助战略性新兴产业（企业）发展。针对战略性新兴产业的特点，保险业可以提供的风险补偿可以分为以下几类：一是财产保险类，主要可以为轻资产的战略性新兴企业中的核心设备、库存原料或产成品以及经营中断等风险提供保险保障，部分补偿因意外事故导致的企业损失，促进企业恢复生产。二是责任保险类，其中，产品研发责任保险、质量责任保险、环境责任保险等险种主要可以为企业提供在面临责任诉讼赔付时的帮助。出口信用保险、履约信用保险等也可以让企业在交易对手方违约时获得赔偿。贷款保证保险相当于信用担保的一种增信手段，可以便利企业获得信贷资金支持。三是人身保险类，主要是为企业的主要人力资源提供养老、健康和意外等方面的保险保障，作为社会保障体系之上的更高层次，覆盖战略性新兴产业中知识密集型人士的高端需求。对于战略性新兴产业而言，获得商业保险保障的主要阻碍在于，如果保险承担战略性新兴产业（企业）的核心设备、履约信用、产品质量等风险，可能有相对于传统产业更高的风险概率，使得保险产品费率定价过高而导致企业投保不经济的现象。尤其是处于初创期的企业自身财务实力较小，在保险费支出方面面临较大的财务负担，因而放弃保险保障。这与战略性新兴产业因高风险属性而不能以合适价格获得足够信贷等其他金融服务是同样的道理。为提高保险对战略性新兴产业的保障覆盖面，应当有“政府之手”适当干预。

限于保险业支持战略性新兴产业没有细分的统计数据和案例支撑，而中国保监会 2006 年提出的科技保险范畴包含了保险业支持战略性新兴产业的内容，因此通过科技保险视角来观察分析保险业支持战略性新兴产业问题是具备共通性的。保监会和科技部 2006 年发布《关于加强和改善对高新技术企业保险服务有关问题的通知》（保监发〔2006〕129 号），正式拉开了政府支持科技保险发展的序幕，第一批险种包括高新技术企业产品研发责任保险、关

① 目前来看，在保险资金运用监管方面尚需政策突破。

键研发设备保险、营业中断保险、出口信用保险、高管人员与关键研发人员团体健康保险和意外保险六个险种。经过近年来的发展，科技保险的保险产品覆盖范围不断扩大，营销模式已经初步形成，承保规模和保费收入有一定程度的提高，对促进包括战略性新兴产业在内的科技产业发展的正向溢出效应也逐步显现。以国内科技保险较为发达的苏州、武汉为例，截至2012年，苏州保险业已累计为631家（次）科技企业提供628亿元的风险保障，保费收入达到近8000万元。截至2013年9月，武汉保险业累计为406家（次）科技企业提供618亿元的风险保障，保费收入累积达2.3亿元。

四、组合类金融方式支持战略性新兴产业发展的探索

以银行业为代表的传统融资方式，资金充裕，支持力度大，但与战略性新兴产业存在多重错配；权益类等新型融资模式适合战略性新兴产业的发展，但相对而言资金总量小，支持力度有限。尽管近年来银行业在支持战略性新兴产业发展上进行了很多探索，也取得了许多成绩，但囿于其传统金融供给方式的基本属性，其与战略性新兴产业的金融需求在一定程度上存在天然的不匹配性（即本书第三章所指出的模式、风险及期限上的错配），因此，还需要多种金融业（产品、工具）发挥合力，采用组合型的金融供给方式在支持战略性新兴产业上发挥更多的作为。特别是从实际来看，将多种融资方式组合起来，并配合一定的政策支持（针对战略性新兴产业的外部性），以权益类融资和政策支持性资金撬动资金规模更大的传统融资模式，是推动战略性新兴产业发展的重要金融手段。

一是多种金融方式合作，开展融入政策性因素的融资流程改造。传统的信贷模式需要项目具有稳定的还款现金流，并辅以必要的担保手段，但战略性新兴产业的投资项目恰恰难以满足这些要求。从当前实践来看，一些地区和金融机构已经认识到这个问题，并推出了相应的应对举措，主要包括：①商业信贷与政策性信贷合作。如某些商业银行与国家开发银行开展合作，经过对战略性新兴产业中的科技企业进行审批并向开行开具保函后，由开行发放贷款并获得约定的利息收益。该合作模式对于确保更多科技企业获得贷款、提高银行体系信贷资金利用率发挥了积极作用。②创新信贷模式。一些机构创新了授信模式，对战略性新兴产业进行捆绑式授信管理，通过联保贷款将战略性新兴产业上下游的多个企业捆绑在一起进行授信，增强了信息对

称性和客户稳定性，有效降低了业务风险性。针对中小型科技企业项目，部分商业银行与小额贷款公司合作，开展买断型接力贷业务，经小贷公司同意后，由小贷公司按约定受让部分信贷资产。③银行信贷与财政、保险资金合作。在宏观调控与监管部门的推动下，有关商业银行联合财政以及其他机构，在一些地区推出了“信贷快车”“瞪羚计划”“信用保险及贸易融资试点”等多项政策支持项目，从服务理念、产品设计、管理机制等多方面进行创新，以财政资金为支点，提前介入时期，创造了“财政+金融”“财政+保险”等支持战略性新兴产业发展的新模式（余剑，2013）。

二是通过多种融资工具组合，推动金融供给与战略性新兴产业的金融需求形成更高的匹配性。推出期权贷模式，促进银行与战略性新兴产业的共赢。一些商业银行积极创新合作方式，分享科技企业高收益，充分获取剩余索取权。通过探索信贷资源综合利用新途径，助推更多战略性新兴产业领域的科技资源与信贷资金对接。某些银行对初创期的科技企业，形成了相对成熟的期权贷合作模式，在企业盈利或股权价值超过事先约定水平后，银行可通过合理方式分享企业成长后的收益。例如，①信贷与信托合作，开拓新渠道推动信贷规模增长。为发挥信贷资源优势，某商业银行与信托机构开展合作，依据集合信托计划受让信托公司向科技企业发放的信托贷款，并直接计入银行表内业务。②信贷与创业投资合作。贷款与 PE、VC 投资企业合作，前移介入周期。如某银行与多家创投机构签订合作框架协议，开发并推出投贷一体化产品，为具备高成长性、盈利模式清晰且已有 PE、VC 投资进入的科技企业建立投贷一体化高效对接机制。③银行与证券、保险、租赁等机构加强合作，形成了融资支持链。如商业银行联合证券公司专门为中关村科技园区内的节能环保、信息技术、生物、新材料等新兴产业客户推出“投保贷”业务，充分发挥银行、券商的优势，为企业提供从银行贷款、股权投资到辅导上市等“一条龙”金融服务。某商业银行与保险公司在信用分担合作方式下推出了面向战略性新兴产业的履约保证保险担保融资及短期信保融资业务，并与租赁公司合作开展了融资租赁业务。④开展金融综合经营，全方面满足不同发展阶段的战略性新兴产业的金融需求。一些重点政策性银行机构通过成立证券、租赁等多个非银行金融机构，根据市场情况和自身优势，提出了“投、贷、债、租”相结合的多元化方式，使处于不同发展阶段的战略性新兴产业企业均有相应的金融产品支持，既满足了战略性新兴产业融资业务快速增长的需要，同时又有效控制了风险。

三是创新担保方式，全方位开展政策性担保业务。针对战略性新兴产业知识产权等“软资产”多、固定资产等传统抵押品少的特点，在监管部门和财政的支持下，一些商业银行推出无形资产质押信贷产品，深度介入战略性新兴产业发展的成长期。一些银行研发了知识产权质押组合贷款，如北京地区某银行开发了“软件贷”产品融资方案，将软件著作权引入知识产权质押贷款品种，并将收益净现值法与应收账款质押相结合，助力中小软件企业发展。有些银行采取灵活股权质押方式，针对“新三板”企业专门设计了股权质押融资方案，根据拟挂牌企业注册资本或净资产，采取主动授信和实质性授信相结合；若企业准备 IPO，可提前撤销股权质押，并转为信用担保方式。一些机构拓宽了权利质押范围，开展了应收账款质押、股权质押、代办股权质押等产品，并设计了企业互保、伞式信贷等创新产品。

第三节　代表性银行业金融机构的探索实践

鉴于银行信贷在社会融资规模中的主体地位（见表 7-4），银行业在支持战略性新兴产业发展上势必会起到非常重要的作用。

表 7-4　近年来社会融资规模的分类占比

单位：%

年份＼指标	新增人民币贷款	新增外币贷款	新增委托贷款	新增信托贷款	新增未贴现银行承兑汇票	企业债券融资	非金融企业境内股票融资	保险公司赔偿	保险公司投资性房地产	其他
2002	91.90	3.60	1.00		-3.30	1.80	3.10	2.10		
2003	81.10	6.80	2.00		6.20	1.50	1.60	1.50		
2004	79.20	5.10	10.90		-1.00	1.60	2.40	2.10		
2005	78.50	4.70	6.50		0.20	6.70	1.10	2.50		
2006	73.80	3.40	6.30	1.90	3.50	5.40	3.60	2.10		
2007	60.90	6.50	5.70	2.90	11.20	3.80	7.30	1.80	0.10	
2008	70.30	2.80	6.10	4.50	1.50	7.90	4.80	2.20	0.10	
2009	69.00	6.70	4.90	3.10	3.30	8.90	2.40	1.20	0.10	0.50
2010	56.70	3.50	6.20	2.80	16.70	7.90	4.10	1.30	0.10	0.70

续表

指标 年份	新增人民币贷款	新增外币贷款	新增委托贷款	新增信托贷款	新增未贴现银行承兑汇票	企业债券融资	非金融企业境内股票融资	保险公司赔偿	保险公司投资性房地产	其他
2011	58.20	4.50	10.10	1.60	8.00	10.60	3.40			
2012	52.10	5.80	8.10	8.10	6.70	14.30	1.60			
2013	51.35	3.38	14.71	10.63	4.48	10.46	1.28			
2014	59.44	2.16	15.23	3.14	−0.78	14.74	2.64			
2015	73.10	−4.20	10.30	0.30	−6.90	19.10	4.90			
2016	69.86	−3.17	12.28	4.83	−10.97	16.85	6.97			

资料来源：WIND。

本节以我国政策性银行和在 A 股上市的 16 家商业银行[①] 为样本，分析 2010~2012 年银行业对战略性新兴产业发展所采取的具体措施，由于上市商业银行包含了国家控股商业银行、中小股份制商业银行和城市商业银行等类型的商业银行，因此，选择政策性银行和上市商业银行具有较高的代表性。

一、政策性银行支持战略性新兴产业分析

我国政策性银行主要为国家开发银行[②]、中国进出口银行和中国农业发展银行。由于中国农业发展银行主要从事粮棉油收储信贷资金供应和管理，所以以国家开发银行和中国进出口银行为重点来分析我国政策性银行支持战略性新兴产业的成效。

国家开发银行和中国进出口银行分别根据自身业务的特点，在支持战略性新兴产业方面取得了明显的成效：

一是积极参与战略性新兴产业的规划制定和实施。国家开发银行利用自身优势，加强与各部委以及各地政府的合作，积极筹集和引导社会资金投向

① 这 16 家上市商业银行依次为：中国工商银行股份有限公司（简称中国工商银行，下同）、中国建设银行、中国银行、中国农业银行、交通银行、招商银行、中信银行、浦发银行、民生银行、兴业银行、华夏银行、光大银行、深圳发展银行（2012 年更名为平安银行）、宁波银行、北京银行和南京银行。如无特殊说明，有关数据及信息来源于上市公司（银行）年报。

② 国家开发银行的定位在市场化和政策性之间进行了多次权衡。按照当前的定位取向，仍然以政策性（开发性）金融业务为主。

优势高新技术产业领域；积极参与战略性新兴产业的规划研究、评估论证、重大项目策划及规划的实施，并积极提供顾问和融资服务，支持各地编制战略性新兴产业发展规划；重点支持优势高新技术产业，支持重点行业、重点企业产业结构优化升级，积极拓展新兴领域业务。

二是支持战略性新兴产业的授信规模快速增长。国家开发银行2010年新增战略性新兴产业贷款663亿元，2011年和2012年则突破2000亿元，分别达到2825亿元和2235亿元；中国进出口银行2012年仅为新能源、高端制造装备、节能环保三大战略性新兴产业的贷款余额就接近1400亿元，同比增长18%。

三是加强业务流程和产品的创新。国家开发银行支持战略性新兴产业、先进制造业发展，助力核心企业突破发展瓶颈，积极创新融资机制和模式，推动相关产业链整合和开发，加强对战略性成长型企业的开发培育，支持信威通信、华大基因和歌尔声学等一批优质客户跨越式发展。中国进出口银行2012年与工业和信息化部在支持重大技术装备产业上的合作实现良好开局，率先构建起对企业研发、制造、销售等环节科技创新的全流程金融支持体系，为比亚迪、银环精密、北汽福田等企业科技创新、并购整合提供了支持。具体措施如表7-5所示。

表7-5 2010~2012年政策性银行支持战略性新兴产业发展成效

	2010年	2011年	2012年
国家开发银行	一是积极支持新能源、新一代信息技术、生物等七大战略性新兴产业的发展，促进国家科技重大专项成果产业化。重点支持“三网融合”、比亚迪新能源汽车等项目，新增战略性新兴产业贷款663亿元 二是积极开展低碳金融和绿色信贷，支持重点流域和城乡环境综合治理，推进建筑节能融资和循环产业园区建设。2010年发放环保及节能减排贷款2320亿元	一是融资支持航空发动机等高端装备，信威McWiLL、清华同方LED等新一代信息技术，比亚迪锂电池、徐州中能多晶硅等新能源、新材料项目，推动修正药业、同联药业等生物产业重大项目发展。建立战略性成长型企业识别培育和授信评审机制，全年发放战略性新兴产业贷款2825亿元，支持了清华同方LED、广州生物岛等项目 二是积极开展绿色信贷，支持污水处理、水环境综合整治等重点领域建设，推动低碳城市建设。截至2011年末，环保及节能减排贷款余额6583亿元，同比增长33%	一是积极创新融资机制和模式，支持战略性新兴产业、先进制造业发展，加强对战略性成长型企业的开发培育，支持信威通信、华大基因和歌尔声学等一批优质客户跨越式发展。成立船舶融资中心，推动航运业、造船业、海工装备制造等行业发展。融资支持民用航天领域遥感卫星、中航工业航空发动机航空产业链和中泰化学循环经济等重点项目。全年新增战略性新兴产业贷款2235亿元 二是积极开展绿色信贷，加大对循环经济、流域治理、污水处理、生态环境保护、工业节能技改、清洁及可再生能源利用等重点领域建设，推动低碳城市建设。截至2012年末，环保及节能减排贷款余额8453亿元，同比增长28%

续表

	2010 年	2011 年	2012 年
中国进出口银行	开展全方位的金融创新和推广，设计开发境外转贷款、银信合作、信贷资产转让等创新性产品和服务。扩大机电产品、成套设备和高新技术产品进出口，推动有比较优势的企业开展对外承包工程和境外投资。与浙大网新集团合作，开创了为科技型、外向型中小企业提供科技金融创新服务的全新运作模式	积极贯彻国家节能减排政策，引进国际金融机构优惠贷款，稳步推进以节能减排与新能源贷款为主要内容的绿色信贷业务。成功获得世行节能（三期）1 亿美元贷款转贷权，将融资服务扩大至建筑节能领域；利用中德财政合作，重点支持生物质—热电—化工循环经济产业链；首度为节能项目融资引进合同能源管理机制	一是与工业和信息化部在支持重大技术装备产业上的合作实现良好开局，率先构建起对企业研发、制造、销售等环节科技创新的全流程金融支持体系，为比亚迪、银环精密、北汽福田等企业科技创新、并购整合提供了支持。为新能源、高端制造装备、节能环保三大战略性新兴产业的贷款余额近 1400 亿元，同比增长 18% 二是积极推进绿色信贷，推出清洁发展机制顾问服务，支持生物质发电、风电、光伏建筑一体化等新能源项目

二、上市国有控股商业银行支持战略性新兴产业分析

上市国有控股商业银行资产规模较大、业务品种比较齐全，在支持战略性新兴产业发展方面发挥着重要的领军作用，其主要的工作措施如下（具体成效见表 7–6）：

一是对战略性新兴产业授信给予大力支持，授信规模快速增长。以中国建设银行为例，其支持新能源、节能减排等行业的“绿色信贷”余额从 2010 年的 1958.06 亿元增加到 2012 年的 2396.37 亿元①；在 2012 年 “绿色信贷”余额中，循环经济贷款余额为 260.06 亿元，占贷款总额的比重为 0.37%；清洁能源贷款余额为 1979.43 亿元，占贷款总额的比重为 2.78%；环境保护相关贷款余额为 156.88 亿元，占贷款总额的比重为 0.22%。

二是针对战略性新兴产业的特点，制定和完善授信政策。如中国工商银行在 2010~2012 年先后制定并印发了行业信贷政策，基本涵盖了国家确定的七大战略性新兴产业（见表 7–7）。这些授信政策的制定和完善，有力地支持了战略性新兴行业的发展。

三是加大对重点产业和项目的支持力度。2012 年，中国农业银行为优化

① 虽然绿色信贷的分类口径在 2011 年根据国民经济行业分类标准有所改变，不完全可比，但此类数据依然体现出中国建设银行对绿色信贷授信业务的支持力度。

我国轨道交通车辆制造产业布局，支持广州南车城市轨道装备有限公司城市轨道车辆维修组装基地项目一期工程。工程建成后，可形成组装能力 200 辆/年，检修能力 150 辆/年；为大唐山西新能源有限公司融资 3.55 亿元用于其风电项目，每年可节约标准煤 6.96 万吨，相应每年可减少二氧化硫排放 2279 吨，二氧化碳 21.07 万吨，一氧化碳 20.66 吨。

四是创新服务模式。例如，在中小企业信贷服务新模式的基础上，中国银行 2010 年针对科技型中小企业“重技术、轻资产”的特点，为北京中关村国家自主创新示范区设计推出了专属模式——中关村科技型中小企业金融服务模式（“中关村模式”）。该模式充分考虑到科技型中小企业的发展规律和特点，引入了科技型专家顾问评审制度，以企业核心技术及专利权作为抵押品，解决了传统模式下中小企业因缺少抵押物而无法融资的难题。中国银行上海市分行 2011 年针对科技型企业特征，开发覆盖企业生命周期的产品体系，优化信贷审批流程，开辟了专业高效的“张江模式”，服务于张江高新区内的科技型中小企业，获得 2012 年上海金融创新成果一等奖。中国农业银行 2012 年主承销了国家科技部支持的中小企业直接融资项目——苏高新“科技型”中小企业集合票据，并推出小企业知识产权质押、小微企业网络融资等信贷产品。

五是开发和创新金融产品。以中国银行为例，该行持续加大金融业务产品研发力度，积极完善产品创新机制，创新担保方式，加快新产品创新推广步伐；加大绿色金融产品创新力度，推出一系列绿色信贷产品，重点支持清洁能源、污水处理、垃圾处理等项目；创新推出基于清洁开发机制（CDM）的节能减排融资项目，以及基于碳排放权的金融理财产品，积极促进我国碳金融事业发展。2010 年，针对供应链型、成长型、科技型中小企业，推出了“银商通宝”“商户通宝”等 18 个中小企业专属产品；推出“私募通”“上市通”“租赁通”等投资银行产品；创新推出“中银融资顾问服务”，解决科技孵化企业融资难问题，取得了良好的经营效益和社会效应。梳理改造出 200 余项适合中小企业的授信产品，推出适用于企业不同成长阶段的菜单式产品组合，因地制宜地创新担保方式，针对不同行业开发了特色产品。例如，深圳欧菲光科技股份有限公司（下称“欧菲光”）是国内精密光电薄膜生产企业，中国银行通过投资银行业务与商业银行业务的有效联动，为该企业制订了包括授信业务和投行业务的全方位金融服务方案。2010 年 8 月 3 日，由中银国际证券有限责任公司担任保荐人及主承销商的欧菲光在深圳证券交易所中小板成功上市。

表 7-6 2010~2012 年上市国有控股商业银行支持战略性新兴产业发展成效

	2010 年	2011 年	2012 年
中国工商银行	加大对国家重点振兴行业、战略性新兴产业和节能减排等绿色信贷的投放力度，以信贷杠杆促进经济结构调整和发展方式的转变	密切关注国家相关部门关于战略性新兴产业发展规划和实施的细则，及时跟踪产业发展动态并加强相关行业研究，对节能环保产业、新能源产业、新一代信息技术产业、高端装备制造业、生物产业以及文化产业等国家重点产业及时制定有关信贷政策，积极推进战略性新兴产业的金融服务；加强对节能环保绿色产业等领域的信贷支持，绿色经济领域贷款同比增长 16.3%	一是先后制定并印发了 54 个行业信贷政策，基本涵盖了国家确定的七大战略性新兴产业。积极支持符合经济结构调整方向的先进制造业、服务业、文化产业和战略性新兴产业的发展；建立健全适应战略性新兴产业发展的信贷评审和管理制度，加大对战略性新兴产业领域的信贷投放。积极支持战略性新兴产业的出口增长 二是积极支持国家节能重点工程、环境保护重点工程以及采用先进节能环保技术的升级改造项目，加大对碳排放、节能等领域绿色信贷产品的创新力度。投向生态保护、清洁能源、节能减排和资源综合利用等绿色经济领域贷款的余额合计为 5934 亿元
中国农业银行	加大对产业调整和振兴规划行业的支持力度，将行业龙头企业列为信贷支持重点，积极支持企业兼并重组和产业结构升级，特别是采用高技术、高附加值、低消耗、低排放的新工艺和新项目。汽车、装备制造、电子信息行业贷款增幅超过全行法人平均贷款增幅分别为 4.6、2.7 和 3.3 个百分点	一是科学把握信贷投放的总量与节奏，全力支持国家重点区域和重点项目建设，积极服务国家经济结构调整，加大对新一代信息技术、高端装备制造、新能源、新材料等战略性新兴产业的支持力度，促进国民经济平稳健康发展。支持战略性新兴产业项目超过 600 个 二是大力支持循环经济、节能环保、污水处理等重点项目，全行全年支持节能环保项目 599 个，贷款余额 881.68 亿元	一是积极贯彻国家宏观调控和监管要求，加强宏观经济政策和行业政策研究。支持重大产业技术升级、循环经济等传统行业升级改造项目：优先支持技术成熟、内需导向的战略性新兴产业，如高端装备制造业、新一代信息技术产业等。支持战略性新兴产业项目 800 余个 二是支持环保及节能减排贷款客户 1318 户，贷款余额 1522 亿元。首例 CDM 项目——“山东金缘生物质发电项目”通过联合国注册

续表

	2010年	2011年	2012年
中国银行	一是加大对节能环保、新能源、新材料等战略性新兴产业的支持力度，积极促进经济结构调整，持续推动保障民生、扩大内需、海洋经济、文化产业、碳金融等相关产业发展 二是重点实施差别化的信贷政策，助力环保产业发展。绿色信贷余额1921.12亿元，新增绿色贷款417.9亿元，增长27.8%。其中，风电、环保、节能、新能源汽车、新能源设备信贷分别增长50%、30%、63%、14%和30%	一是大力扶持文化产业、战略性新兴产业、保障民生、环境保护以及扩大内需的相关产业发展。进一步完善“绿色信贷”（对水电、风电、核电、光伏、环保产业、节能产业、新能源设备、新能源汽车八个产业的信贷支持）政策 二是“绿色信贷”余额2494亿元，新增项目165个。其中，风电、环保、节能、新能源汽车等产业信贷余额分别增长16.68%、8.93%、18.67%和11.84%	一是优化信贷结构，支持高端制造业、能源等重点基础性行业，加大对文化产业、战略性新兴产业及现代农业等的支持力度，战略性新兴产业贷款余额2519.98亿元，比年初增长2.95%；文化产业贷款余额605亿元，比年初增长6.33% 二是环保节能产业、新能源设备制造业等“绿色信贷”余额达2274.80亿元，比年初增长8.74%，新增“绿色信贷”项目316个
中国建设银行	一是重点支持国家振兴产业。新能源领域（主要包括核电、风电、太阳能发电、生物质发电等）贷款余额516.63亿元，比上年增长23% 二是积极推行“绿色信贷”，为客户提供包括清洁能源贷款、工业环保减排贷款等。绿色贷款项目余额1958.06亿元，较上年增长8.12%	一是积极拓展战略性新兴产业、现代服务业、文化产业等新兴领域 二是积极拓展清洁能源、绿色生态、循环经济等绿色信贷领域，支持低碳经济，倡导节能减排。绿色贷款余额2190.70亿元，比上年增长11.88%	一是信贷投放重点支持实体经济发展，结构调整持续深入 二是进一步优化信贷结构，继续加大对属于绿色环保、节能减排项目的信贷支持力度。绿色贷款余额2396.37亿元
交通银行	一是优化信贷结构，新增信贷资源主要投向符合国家政策和经济运行特点的先进制造业、战略性新兴产业、现代服务业等 二是通过新增或修订制度的方法，针对31个具体行业制定行业的“绿色信贷”管理和操作要求，实现环保优秀客户的精细化管理；节能减排授信余额为1023亿元；开展CDM、低碳经济模式研究，探索开发创新金融产品，CDM项下融资项目已超过30个，授信金额超过100亿元	一是加大和择优支持能源资源、先进制造、民生消费、战略性新兴等产业 二是明确要求各分行成立高层级、跨部门的“绿色信贷工程建设推进工作协调小组”；发布《关于深化绿色信贷工程建设的意见》《2011年度绿色信贷政策指引》等文件，深入推进“绿色信贷”制度建设；加大对战略性新兴产业、低碳经济项目的信贷支持力度；以低碳经济等为显著特征的绿色一类客户达1052户，较上年增加307户，授信余额1235亿元，较上年增加212亿元	一是始终贯彻落实国家支持实体经济发展和“稳增长”的政策导向，信贷结构积极按照“十二五”规划和经济增长方式转变的导向优化调整。主动对接国家发展战略，加大对战略性新兴产业、节能环保和现代农业的信贷投入 二是在“绿色信贷”战略下，积极支持节能减排、循环经济和战略性新兴产业。其中风电、水电等清洁能源信贷余额为347亿元

表 7-7 2010 年中国工商银行支持战略性新兴产业的授信政策举措

产业分类	支持举措
节能环保产业	制订环境保护设备制造行业信贷政策，进一步加大对节能环保、循环经济企业和项目的信贷投放力度
新能源产业	制订《新兴能源发电行业信贷政策》，引导全行加大新兴能源行业信贷投放力度
新能源汽车产业	研究制订《节能与新能源汽车领域信贷指导意见》，积极支持获国家认可、现阶段具有实际需求和产业发展前景的企业
新一代信息技术产业	持续关注物联网及云计算等新兴领域发展，制订《电子信息产业信贷政策》《电信运用行业信贷政策》，基本涵盖了新一代信息技术产业
高端设备制造行业	制订《装备制造业信贷政策》，明确优先支持高端装备制造业
生物产业	研究生物产业发展特点，跟踪分析发展趋势，创新信贷品种支持生物产业的发展
新材料产业	密切关注新材料产业发展动态，修订《光伏行业信贷指导意见》，研究制订稀土行业信贷指引

三、上市中小股份制商业银行支持战略性新兴产业分析

上市中小股份制商业银行规模适度、机制相对灵活，在支持战略性新兴产业发展方面发挥了有力的推动作用。中小股份制商业银行在支持战略性新兴产业发展方面呈现出以下特点：

一是中小股份制商业银行在信贷资源投放上，加大了对战略性新兴产业的支持力度。以浦发银行为例，其支持战略性新兴产业 2010~2012 年贷款当年发放量分别为 41.55 亿元、178.15 亿元和 251.84 亿元，贷款余额分别为 106.83 亿元，284.99 亿元和 358.10 亿元（见表 7-8），支持战略性新兴产业的当年贷款发放量和贷款余额均有明显增长①。

① 中小股份制商业银行的支持力度与国有控股商业银行相比仍然存在差距。如中国银行 2012 年支持战略性新兴产业贷款余额 2519.98 亿元，为当年浦发银行支持战略性新兴产业贷款余额的 7 倍。同时，比较两者的战略性新兴产业贷款占比可知，中国银行 2012 年贷款总量为 67100 亿元，战略性新兴产业贷款占比为 3.76%；浦发银行 2012 年贷款总量为 15445 亿元，战略性新兴产业贷款占比为 2.32%，由此可见，中国银行对战略性新兴产业贷款投放力度高于浦发银行。由于中小股份制商业银行在战略性新兴产业贷款投放的信息披露方面相对于国有控股商业银行不充分，因此，不能完全得出国有控股商业银行支持战略性新兴产业的贷款投放占比高于中小股份制商业银行的结论，但从比较中国银行和浦发银行支持战略性新兴产业的数据可知，中国银行在支持战略性新兴产业的规模和力度方面均高于浦发银行。

表 7-8　2010~2012 年浦发银行支持战略性新兴产业情况统计

单位：万元

	2012 年	2011 年	2010 年
支持战略性新兴产业贷款当年发放额	2518444	1781488	415520
支持战略性新兴产业贷款余额	3581046	2849859	1068371

二是在授信政策方面，中小股份制商业银行加大了对战略性新兴产业的授信支持力度。例如，光大银行制定了《中国光大银行绿色信贷授信政策指引》，明确各行业的绿色信贷要求。截至 2012 年末，环境优化及合格类公司客户贷款余额占全部公司客户贷款余额的比例超过 99.9%，其中，投向绿色领域的贷款余额占比为 10.18%。平安银行建立绿色信贷的快速审批通道，积极开展绿色信贷，支持新能源经济，对列入国家和省级的重大节能环保项目，优先安排审批，给予额度支持。

三是在产品创新和服务方面，中小股份制商业银行机制相对灵活，具有一定的比较优势。如招商银行在 2010 年推出了旨在培育创新型成长企业发展的战略举措；2011 年联合科技部以及地方政府，专门开发了“科技贷”系列产品，对当地持有待转化科技成果的企业提供专项服务，当年获得该计划支持的创新型成长企业达 3239 户，较年初增加了 2519 户。浦发银行深圳分行在深圳南山科技园与深圳市力合智通融资担保有限公司合作，推出了“科技订单贷”与“科技薪金贷”，为有持续稳定订单的科技型小微企业提供免抵押的流动资金贷款，帮助企业快速成长；2012 年，以“科技贷”为主打产品的“银园宝”金融服务方案在科技园区大面积铺开，已有 50 多家科技中小企业获得资金支持；在提供银行融资服务的同时，浦发银行整合社会多方资源，为不同发展阶段的企业引入了科技事务所、担保公司、保险公司、天使投资、风险投资、证券公司等多方合作平台，分析各合作伙伴在服务中小企业上所具有的资源优势与技术优势，对企业不同成长阶段的金融需求有的放矢地推出系列服务。

总体来讲，中小股份制商业银行在授信规模、政策制定等方面均给予战略性新兴产业大力的支持（见表 7-9），但与国有控股商业银行相比，由于资金实力、业务规模和风险防范能力等有限，在大型项目上的支持力度上与国有控股商业银行有一定的差距。但中小股份制商业银行机制灵活、数量较多，因此，在产品和服务创新方面，具有一定的优势。

表 7–9 2010~2012 年上市中小股份制商业银行支持战略性新兴产业发展成效

	2010 年	2011 年	2012 年
招商银行	一是积极实施大中小客户并重的策略，加大对铁路、电力、电信、现代服务业、可再生能源、环保、高新技术产业等行业的支持力度 二是绿色信贷余额 482.51 亿元，比年初增长 16.14%。其中清洁能源贷款余额 98.74 亿元（包括可再生能源 88.36 亿元），占比 21.36%，环境保护领域贷款 363.77 亿元，占比 78.65%	一是积极提供优质贷款服务，重点加大对战略性新兴产业、现代服务业、可再生能源、环保、高新技术产业等优质行业的支持力度 二是绿色信贷余额 509.82 亿元，比年初增长 47.31 亿元；清洁能源贷款余额 115.96 亿元，其中可再生能源贷款余额 106.70 亿元，比年初增长 18.34 亿元；环境保护等领域贷款 393.86 亿元，比年初增长 30.09 亿元	一是严格贯彻落实国家宏观调控政策，积极优化信贷结构，支持产业结构转型升级。积极支持绿色、环保、高科技等行业企业的发展 二是绿色信贷余额 610.57 亿元，比年初增长 100.75 亿元；清洁能源贷款余额 143.63 亿元；环境保护等领域贷款 466.94 亿元，有效促进绿色经济的发展
中信银行	一是紧抓国家经济战略转型和产业结构升级带来的机遇，积极拓展符合本行发展战略要求和政策导向的客户和产品 二是节能环保贷款客户 300 个，较年初增加 38 个，增幅 14.50%；贷款余额 161.41 亿元，较年初增加 11.18 亿元，增幅 7.46%	一是高度关注新兴产业的发展，积极研究国家政策鼓励的新能源、节能环保、新材料、新医药、生物育种和新能源汽车等战略性新兴产业，并择优给予支持 二是节能环保贷款客户 358 个，较年初增加 58 个，增幅 19.33%；贷款余额 183 亿元，较年初增加 18.86 亿元，增幅 13.57%	对于战略性新兴产业，积极支持节能环保、绿色经济、新能源、新材料、文化创意等新兴行业和国家重点扶持的行业；积极支持符合国家“十二五”规划和地方经济发展规划的能源化工、装备制造、环保节能等行业的重点工程项目；积极支持符合《高端装备制造业“十二五”发展规划》，具有鲜明竞争优势的专业化高端通用设备制造业企业
浦发银行	支持战略性新兴产业当年发放贷款 41.55 亿元，贷款余额 106.83 亿元	支持战略性新兴产业当年发放贷款 178.15 亿元，贷款余额 284.99 亿元	支持战略性新兴产业当年发放贷款 251.84 亿元，贷款余额 358.10 亿元
民生银行	对节能减排重点工程、技术创新、技术改造、产品推广信贷支持 27 户，涉及信贷金额 29.09 亿元	大力支持节能减排技术、新能源项目，节能减排授信金额 23.50 亿元，绿色能源贷款余额近 70 亿元	将节能环保行业作为区域特色行业予以重点支持，支持国家节能重点工程和重点技术信贷 12.48 亿元
兴业银行	深入贯彻国家宏观经济政策，把握扩大内需和城市化进程两大主题，支持节能减排、产业升级和环境保护项目	关注国家产业和区域规划以及产业转移动向，加大对国家重点领域和重大项目的信贷投入，授信金额增加 2130 亿元，有力支持军工、电力、医药等国家重点调整产业的可持续发展	认真贯彻国家宏观经济产业结构调整政策，不断加大对重点产业和项目的信贷投入，贷款余额 5828 亿元，比年初增加 2319 亿元，有力地支持了铁路、航空航天、电力、石化医药等国家重点产业的可持续发展

续表

	2010 年	2011 年	2012 年
华夏银行	响应国家宏观经济政策产业调整与发展政策，制定了绿色信贷等行业政策，保证业务发展符合国家产业政策调控方向	以信贷结构优化配合国家经济战略调整，将更多信贷资源投向国家重点项目和社会薄弱领域；大力发展绿色信贷，加大对循环经济、环境保护及节能减排项目的信贷支持力度	积极支持实体经济发展和国家重点项目建设，引导信贷资源向绿色信贷和战略型新兴产业倾斜，在投向结构的不断优化中实现信贷业务的可持续发展。2012 年，绿色信贷增长率为 18.25%
光大银行	严格贯彻落实国家宏观经济调控政策，合理控制信贷增量，加强对战略性新兴产业分析，尝试性选择行业内优质客户拓展业务；积极贯彻低碳金融和绿色信贷政策	合理调整信贷结构和投放力度，优先支持国家重点项目、民生工程、“三农”经济和支柱产业，注重加大绿色金融、环保行业的信贷支持	认真贯彻落实国家宏观经济政策，积极进行战略转型，加快结构调整，通过信贷资源倾斜和金融共享平台，服务实体经济和新兴产业。完善绿色信贷政策，支持节能减排项目
平安银行	对于通信设备、医药、电力、燃气、信息传输、计算机软件等行业给予扶持。全面建设绿色信贷文化体系	通过信贷资源的优化配置促进节约资源、保护环境	制订《绿色信贷政策指引》，对节能减排和发展低碳经济项目，建立快速审批通道，积极支持新能源经济；对于列入国家和省级的重大节能环保项目，优先给予额度支持

四、上市城市商业银行支持战略性新兴产业分析

城市商业银行由于规模有限，在支持大型项目方面会受到局限，但其机制相对比较灵活，在产品和服务创新方面，结合自身以及所在区域的特点，不断支持战略性新兴产业的发展（见表 7–10）。

表 7–10　2010~2012 年上市城市商业银行支持战略性新兴产业发展成效

	2010 年	2011 年	2012 年
宁波银行	积极支持循环经济和节能减排技术改造项目，致力打造“绿色信贷”银行	一是结合各地区经济特点，创新担保方式，先后开发了科技融、设备融、订单融等区域特色金融产品 二是改进和完善金融服务，加快产品创新，支持节能减排重点项目信贷需求	一是加大对小微企业的信贷支持，2012 年小微企业贷款余额为 544 亿元，增速高于全行各项贷款增速 二是增加对绿色、可循环的节能环保行业授信支持力度，确保其授信投放增幅高于全行授信投放的平均增幅，重点支持高效节能设备制造企业等

续表

	2010 年	2011 年	2012 年
北京银行	一是信贷资金重点支持节能工程、再生能源等节能减排项目。对重点新兴行业进行分析，建立适应行业特点的信贷管理和贷款评审制度 二是节能减排项目贷款余额 23.35 亿元，其中新发放 10.54 亿元，主要用于新能源开发利用、节能减排改造等环保项目	一是积极响应国家产业政策，重点支持高新技术、节能减排、生物医药、新能源、新材料、现代服务业等领域的中小企业发展 二是截至 2011 年末，节能减排项目贷款余额 25.65 亿元，其中 9.88 亿元为 2011 年新发放贷款，主要用于新能源开发利用、企业实施节能减排改造等环保项目	一是重点支持战略性新兴产业的发展，引导信贷资源合理配置，有效支持国家经济转型发展 二是明确节能环保行业是信贷投放重点支持的业务领域之一，推出"节能贷"特色融资方案，绿色信贷余额超过 100 亿元
南京银行	一是重点扶持具有自主研发能力的科技型小企业发展，积极推进科技与金融的结合 二是认真贯彻绿色信贷政策，支持发展新能源、节能环保等战略性新兴产业发展	一是大力培育符合产业政策、有市场潜力的战略性新兴产业、现代服务业、节能环保、文化产业等新兴增长点 二是加大对循环经济、低碳经济和绿色经济的信贷支持，重点支持环境保护和节能减排项目，着力建立"绿色信贷"长效机制	一是大力支持创新型企业的发展，培育和扶持科技企业成长。公司科技贷款余额 38.18 亿元，较年初增长 10.88 亿元，增幅 39.85% 二是加大对绿色产业领域的信贷支持力度，推动绿色经济发展

1. 宁波银行分析

以宁波银行支持环保工程科技企业发展为例，江苏某环保工程科技有限公司主要从事污染源治理的设计、环境工程、水处理系统工程的总承包、制造和施工，企业缺乏有效的固定资产抵押，该行无锡分行对企业进行多次调研后决定对其提供授信支持，截至 2012 年底，对该公司发放第三方企业保证项下贷款 1000 万元，有效支持了该企业的发展。

2. 北京银行分析

北京银行始终坚持"服务中小企业"的鲜明市场定位，不断创新特色产品，着力打造特色鲜明、服务优质的中小企业金融服务品牌，形成包括"创融通""及时予""腾飞宝"三大核心产品包和"文化金融""科技金融""绿色金融"三大特色行业包，推出"创意贷""信用贷""节能贷""就业贷""智权贷""联保贷"等众多特色产品，全面满足处于不同成长周期、行业特点的中小企业特别是科技型中小企业的融资需求。

2010 年，北京银行首家推出中关村百家主动授信方案，首家提出软件融资品牌战略，首家获批成立中关村分行，中小企业人民币贷款余额在北京地区同行业排名保持第一。

2011 年，北京银行正式成立中关村分行，这是国内首家针对中关村国家自主创新示范区金融服务设立的分行级银行机构。中关村分行以“硅谷银行”模式为发展榜样，探索形成科技金融特色业务，并推出“软件贷”特色产品，创新性地将软件产品登记证和软件著作权引入知识产权质押贷款质物品种。与中关村担保公司合作推出“小瞪保”，为企业小额担保主动提供授信绿色通道，该产品荣获人民银行营业管理部“十佳科技创新产品”奖。截至 2011 年末，科技创新企业贷款余额 78.33 亿元，增长 35.84%。

同时，2011 年北京银行与中国节能协会节能服务产业委员会（EMCA）签订战略合作协议，在未来 5 年内将为 EMCA 会员企业提供意向性授信 100 亿元，并创新性地采用未来收益权质押和打包贷款支持授信，推出“节能贷”特色产品。该产品荣获中国银行业协会“2011 年服务小企业及三农十佳特色产品奖”。

2012 年，北京银行发布《科技金融三年发展规划》，提出“四个不低于”目标，即科技企业信贷业务增速不低于全行信贷业务平均增速，未来三年累计为科技企业投放不低于 1000 亿元的信贷支持，重点培育不低于 1000 家高成长型科技企业，累计建设科技企业专营支行不低于 20 家。同时，不断加深与国际金融公司（IFC）在节能减排领域的业务合作，推动中小企业节能/节水融资损失分担项目的合作。

3. 南京银行分析

南京银行积极响应国家大力发展科技型企业的政策要求，加强对高新技术企业发展和自主创新项目建设的支持，破解科技型企业融资难瓶颈，促进科技成果的产业化，围绕各级政府重点支持的科技企业和科技项目，开展全面合作。

一是重点扶持具有自主研发能力的科技型中小企业发展，积极推进科技与金融的结合，在支持科技型企业融资方面进行了有益的探索。自 2007 年以来，持续深化与知识产权交易中心的合作，为优秀科技型企业提供知识产权质押贷款。2010 年 2 月，南京银行江宁支行、鸡鸣寺支行成为南京市首批挂牌的“科技支行”，其宗旨是为科技型中小企业、高新技术企业、创投企业（包括创投项目）和大学生（留学生）创业企业提供专业的金融服务。为更好地突出科技支行“高效、高质、专业”的特点，南京银行对科技型初创企业给予信贷额度、利率优惠、审批实效、风险容忍等方面的政策支持，对科技型中小企业授信业务实行单独的风险容忍政策，建立科技金融绿色审批通道制度，对支持科技型企业、合作较好的担保公司在担保放大倍数、授信额度、单户贷款限额等合作条件上给予优惠。2011 年末，公司科技贷款余额达 27.30 亿元。2012 年南京银行进一步推进与政府部门、各类科技园区、孵化器平台、科技企业的紧密合作，积极拓展科技型企业客户；建立科技金融绿色审批通道，组建专业审批团队，针对科技型企业“清资产、高发展、重创意”的特点，制订差别化的信用评价体系和审批标准，提高业务审批效率。截至 2012 年末，公司科技贷款余额 38.18 亿元，较年初增长 10.88 亿元，增幅 39.85%，其中南京地区贷款余额为 22.65 亿元，较年初增长 6.08 亿元，增幅 36.69%，市场份额占比 48.91%。

二是持续加快小企业产品创新步伐。为完善小企业产品创新机制建设，在总行层面成立小企业产品创新小组，选派产品专家团队，在各分支机构中明确小企业产品经理，全面推动公司小企业的研发、推广、培训、跟踪和回溯评价工作。不断丰富产品创新体系，为客户量身定制产品，形成并重点推出了小企业业务品牌“鑫动力”、科技金融业务品牌“鑫智力”及小微企业业务品牌“鑫活力”，创新推出包括税联贷、倍增贷、投联贷等在内的多个特色产品，尝试开展了国内信保融资、保联基金项目等多项创新业务。

三是积极发挥投资银行的业务优势，创新服务手段，帮助中小企业通过联合发行集合债券实现直接融资。2010 年 9 月，南京银行成功注册和发行了江苏省内首单中小企业集合票据，这次集合票据由南京银行主承销，发行人为四家高科技技术企业，发行金额达 3.3 亿元，期限 3 年，采取浮动利率方式发行，采取完全市场化方式运作，最终综合融资成本低于 1 年期贷款利率。南京银行通过创新集合债发行模式，帮助中小企业利用新型债务融资工具实现融资目的，摆脱了融资渠道单一、融资成本高的困境，开辟了中小科技企业融资的新途径。

4. 大连银行分析

对于部分战略性新兴产业（企业）而言，客观上存在一种情况，即已经存在较大的潜在市场需求，但限于企业，特别是其中的中小微企业的实力，可能无法在短期内筹集资金组织较大规模的生产经营活动，因此无法满足市场需求。当潜在需求无法得到满足时，可能会发生需求转移，从而延缓该类战略性新兴产业（企业）的发展。此时，需要金融机构根据需求特点，创造性地设计金融产品（工具），提升战略性新兴产业满足潜在需求的能力。例如，近年来，金融管理部门推出了基于需求的应收账款质押等手段，同时金融机构基于这一原理，开发了一些新产品。战略性新兴产业中的小微企业普遍具有“轻资产、高流转”的特点，银行传统的抵押担保产品很难契合小微企业的现状，使得小微企业融资处于尴尬境地。

以大连银行北京分行推出的“政金通”产品为例，通过对政府采购交易进行结构化设计，为参与政府采购的企业提供了免抵押、准信用的授信产品，解决了企业“融资难”的问题。×公司成立于1999年12月，注册资本1600万元，是一家拥有北京高新技术资格的小微企业（属于战略性新兴产业领域内的生物制药行业），专门从事医学模型销售、医学实验室的建设与培训服务。企业自成立以来，市场定位准确，取得了美国宇航局所辖METI公司产品的中国大陆独家代理，下游客户为全国各大城市的“三甲”医院、医学院等，均为国家和地方财政采购项目。近年来，政府采购订单不断加大，累计在执行合同超过1500万元，企业营运资金需求不断增大。为解决融资问题，×公司先后与四家银行进行了联系，各家银行都认同该企业的产品和商业模式，但说到贷款，却因为拿不出抵押物、找不到强担保而无法获得银行信贷支持。久旱逢甘霖，正当×公司基于流动资金压力不敢接新订单时，大连银行北京分行的客户经理找到×公司，向其推荐了小企业“政金通”产品。只要提供符合要求的采购订单，以企业实际控制自然人保证的形式就可以获得贷款，且一次授信、循环使用，×公司的融资难题就迎刃而解了。

第八章 金融支持战略性新兴产业发展的案例调查

为了解不同地区金融业支持战略性新兴产业发展的特色做法，本章分别选取东部地区与中部地区的两个科技园区进行了调研分析，其中东部地区选取了我国第一个高新技术开发区——中关村国家自主创新示范区，中部地区选取了湖北省孝感市国家高新区。

第一节 中关村国家自主创新示范区的特色实践

中关村国家自主创新示范区是我国第一个国家级高新区，目前已经成为我国规模最大、综合竞争力最强的高技术产业基地①，在很大程度上引领着包括战略性新兴产业在内的中国高新技术产业的发展方向。与此同时，中关村国家自主创新示范区在建设国家科技金融创新中心的过程中，金融业支持园区内包括战略性新兴产业范畴内的科技企业也形成了许多具有特色的做法。

一、中关村国家自主创新示范区发展战略性新兴产业的概况

作为我国的科技教育文化中心，北京市高度重视战略性新兴产业的发展，

① 2012 年，中关村国家自主创新示范区总收入突破 2.5 万亿元，占全国国家级高新区经济总量的 1/7，形成了电子信息、新能源与节能环保、生物医药、高技术服务等产业集群。资料来源于苟仲文：《中关村：国家创新的战略高地》，《求是》2013 年第 16 期。

目前正在积极实施的《北京技术创新行动计划（2014~2017年）》中明确指出：要“率先形成创新驱动的发展格局，更好地服务国家创新体系建设；2017年，本市战略性新兴产业增加值占地区生产总值比重将达25%”。[①] 中关村国家自主创新示范区作为高科技产业聚集区，是北京市发展战略性新兴产业的重镇。近年来，面对全球新一轮科技革命背景下战略性新兴产业正在孕育兴起的重大机遇，中关村国家自主创新示范区提出了打造全国乃至全球战略性新兴产业策源地的战略目标，集中力量加快下一代互联网、移动互联网和新一代移动通信、卫星应用、生物和健康、节能环保、轨道交通六大优势产业集群创新发展，推动集成电路、新材料、高端装备与通用航空、新能源和新能源汽车四大潜力产业集群跨越发展，力争形成2~3个拥有技术主导权的产业集群。

二、中关村战略性新兴产业发展中的金融约束问题调查

科技属性是战略性新兴产业的重要特征，科技的发展离不开金融的支持，一些经济学家特别看重金融的影响，如Hicks（1969）在《经济史理论》中指出“工业革命不得不等候金融革命”。然而长期以来中国都被认为受到较强的金融约束，如世界银行投资环境调查数据表明：中国是80个样本国家中金融约束最大的国家，80%的民营企业将融资约束视为投资扩张的主要障碍之一（Claessens和Tzioumis，2006）。尽管中关村国家自主创新示范区同时承担了建设国家科技金融创新中心的重任，众多的金融机构为区内科技企业提供了相对优质的金融服务[②]，但从问卷调查和普查的情况看，金融服务仍然存在一定的缺口。

我们早前对中关村园区200家企业的金融需求情况进行了一项问卷调查，约占当时区内企业数量的1%，调查样本区分了处于种子期、创业期、成长期和成熟期等不同发展阶段的企业。代表性调查情况包括：

一是融资用途。排名前三的用途为解决流动资金不足、技术研发和投资新项目，三者占比依次为68.0%、63.3%、54.7%，特别是种子期企业更为重视技术和项目开发，有75%的企业会将融入的资金用于投资新项目和技术研发。[③]

① 北京市人民政府官方网站“首都之窗”，http：//www.beijing.gov.cn/tzbj/jjsj/sj/t1352438.htm。

② 在前文，特别是第七章金融服务战略性新兴产业发展的实践中，有相当多的具体支持性措施都是率先在中关村园区实施的，如开设科技专营支行等。本章不予重复。

③ 均为多选，所以选项和超过100%。下同。

二是现有融资方式。被调查企业选择银行贷款的最多，占比为 73.2%；内部积累方式次之，占比为 57.7%；选择政府基金的企业也在半数以上，占比为 53.7%；其后依次为民间融资（39%）、风险投资（26.8%）、发行股票债券（8.9%）、其他方式（7.3%）。需要关注的是种子期企业将内部积累（71.4%）和民间融资（57.1%）作为主要的现有融资方式，可见内源性融资和自筹资金成为种子期高科技企业启动资金的重要来源。创业期企业仍将内部积累（52.2%）作为重要的融资方式。

三是企业意愿融资方式。企业最愿意使用的融资方式是政府基金，占比达到 85.7%；其次是银行贷款，占比 78.6%；风险投资居第三，占比 49.2%；其后的排序依次为内部积累、发行股票债券、民间融资和其他方式，占比依次为 28.6%、25.4%、22.2%和 4.8%。

四是贷款满足情况。半数以上的高科技企业申请过贷款，成长期和成熟期企业占比较高。57.6%的被调查企业申请过银行贷款，其中分别有 65.9%的成长期企业和 77.8%的成熟期企业申请过银行贷款，申请过贷款的种子期企业和创业期企业不超过半数。成长期企业和成熟期企业通过银行贷款基本能满足资金需求和期限需求，而创业期企业的获贷金额比例和获贷期限相对比值都不高①。

五是金融服务满意情况。在政府基金支持、贷款贴息垫息、担保费补贴、税收减免、社会化服务体系等政府提供的优惠措施中，税收减免和政府基金措施最能得到企业的认可，企业覆盖率分别达到 79.5%和 48.7%，其他措施的企业覆盖率均在 25%以下。其中，政府基金主要扶持的是种子期、创业期和成长期的企业，三类企业有一半左右能够享受到政府基金，这与政府基金建立和使用的出发点是一致的。

调查显示，中关村园区高科技企业（多数企业均属于国家确定的七类战略性新兴产业类别）的融资需求与融资供给存在一定的不匹配性。如与企业现有的融资方式排序对比，政府基金、风险投资和民间融资的排序发生显著变化：由于政府基金包含政府扶持高科技企业的优惠金融政策，企业使用它的成本最低，所以政府基金前移到首位；风险投资不仅会给企业带来资金支持，而且还会帮助企业进行管理经营方式升级，同时风投资金的注入将给企

① 获贷金额比例=获得贷款的金额/申请贷款的金额×100%
获得期限相对比值=获得贷款的期限/申请贷款的期限×100%

业带来发展潜力巨大的社会效应，从而带来引致投资，此外，风投资金通过上市撤回资金的潜在预期也使得企业未来上市的概率明显加大，种种好处使得风险投资方式前移至第三位；由于民间融资的成本较高，风险也较大，因此在所有融资方式都可行的前提下，民间融资方式的意愿排序降至第六位。从最主要的外源融资看，银行信贷基本上是针对成长期和成熟期企业的融资需求。处于发展初期的企业较难获得信贷支持。而在申请银行贷款被拒绝的企业中，分别有 50.0%和 43.3%的企业认为抵押不足和缺乏担保是主要原因，33.3%的企业认为企业规模小限制了银行贷款，选择其他方面原因的企业比例均不超过 10%，这说明银行为规避贷款风险而采取的担保和抵押方式实际上将一半的中小型高科技企业排除在贷款客户之外，加之银行对中小型企业贷款申请采取较大企业更为严格的审批程序，进一步增加了中小企业的审贷成本，造成银行对中小企业的贷款约束。需要说明的是，种子期企业刚刚起步，建立信用档案的各项条件不完善，因此 50%的种子期企业认为没有建立信用档案也是贷款被拒绝的重要原因。总体来看，问卷调查显示包括战略性新兴企业在内的科技型企业在获取金融服务上仍然存在一定的障碍，特别是处于发展初期（种子期、创业期）的企业，从规模来看，它们都属于小微企业。

为全面梳理中关村科技园区包括战略性新兴产业（企业）在内的各类科技型企业的金融服务状况，特别是银行信贷服务状况，2013 年 9~10 月，有关金融主管部门与中关村管委会联合对中关村示范区 15000 余户高新技术企业进行了摸底调查，发现有 6400 余家企业无贷款卡[①]，占全部企业的 41.3%，无贷款卡企业中有 1000 余家国家级高新技术企业、500 余家“瞪羚企业”[②]、近百家“瞪羚重点企业”、1100 余家“展翼计划企业”。此项调查充分反映出中关村科技园区相当程度的科技企业，特别是部分优质的具有发展潜力的科技型企业没有或者较少获得信贷支持，由此可见，金融服务还存在一定的缺口。

三、中央银行牵头推动中关村战略性新兴企业金融服务的特色实践

为进一步提高中关村园区包括战略性新兴产业在内的科技型企业的金融

① 贷款卡是中国人民银行发给借款人凭以向金融机构申请办理信贷业务的资格证明。
② “瞪羚企业”是银行对成长性好、具有跳跃式发展态势的高新技术企业的一种通称。

服务覆盖率，促使金融引领科技发展的作用充分发挥，2013 年下半年以来，中央银行有关职能部门与中关村管委会联合启动“中关村零信贷小微企业金融服务拓展活动”，以商业银行为主体、各类金融机构积极参与，形成了一些具有实效的措施。典型做法包括：

一是统筹安排，完善政策体系和组织保障机制。先后出台了《中关村国家自主创新示范区小微企业信贷风险补偿资金管理办法（试行）》《中关村国家自主创新示范区小额贷款保证保险试点办法》等政策文件，为银行拓展“零信贷”客户提供政策保障。在京各商业银行及时制定活动方案，明确主管行领导和主要牵头部门，组成专项工作小组，研究制定明确的工作目标。例如，北京某地方法人商业银行总行、分行、支行三级联动，争取贷款卡代办点落地其中关村分行，为创业人群订制专属产品“创业卡”，详细制定“零信贷”企业拓展方案并推出配套激励机制。某地方法人商业银行明确将中小企业部确定为“零信贷活动”牵头及管理部门，制定专项工作方案，并推动支行成立工作小组，建立起总分支行联系人制度，积极推进活动开展。

二是细分企业名录，有效明确服务对象。各商业银行及时将中关村园区的企业名录进行细分处理，并对企业优先拓展级别进行定义，及时将拓展任务下发到各支行网点，指导各支行优先拓展在本行开户企业。例如，某大型国有商业银行北京市分行通过科技系统对客户名单进行筛选，梳理出 1500 余户在本行开立结算账户客户名单及相关结算情况，并确定其中 600 余户企业为第一批重点目标客户；某全国性股份制商业银行北京分行经过名录筛选，与 1000 多家企业进行了电话沟通，与超过 400 家企业进行了面对面的接触营销。

三是便捷惠企，开辟“绿色通道”。金融主管部门和中关村管委会强化通过“绿色通道”为园区内企业提供便利的金融服务。各商业银行积极向中央银行申请加入代办贷款卡“绿色通道”，主动为名录内企业开辟其他业务办理“绿色通道”，并根据名录内企业特点，推介针对性强的金融产品。例如，某大型国有商业银行北京市分行为名录内企业开辟开户绿色通道，在系统完整上传客户资料的三个工作日内保证客户账户使用；某全国性股份制银行北京分行根据企业特点，通过科信贷、易速贷、租金贷、小企业设备按揭、联贷联保等特色产品与企业对接；某股份制商业银行北京分行积极向“零信贷”企业营销“年审贷”产品、“信用增值贷”产品，降低科技型小微企业融资成本，便捷企业融资。

四是实施激励约束，提高为园区内企业服务的动力。辖内各银行及时出台专门针对“零信贷活动”的奖惩措施，切实提高一线员工参与活动的积极性和主动性。例如，北京某地方法人商业银行出台具体奖励措施，对于代办贷款卡、成功促成企业信贷融资的客户经理给予一定物质奖励。某大型股份制商业银行北京分行为每个网点筛选分配 200 户企业，其支行每两周上报一次进展情况，分行每月进行通报。

五是加强宣传推广，不断提高潜在客户的认知度。辖内各银行围绕目标客户群体，借助“零信贷活动”开展专题营销。某大型国有商业银行北京市分行持续加大宣传力度，在海淀区部分企业集中区域的公交站台进行投放；某大型国有商业银行北京市分行联合中关村管委会举办了“中关村携手××银行助力企业走出去”系列专题讲座，向中关村科技型小微企业宣传介绍国际业务和境外市场，为“零信贷”企业提供多元化金融服务。

四、中关村“零信贷”科技企业金融服务拓展活动取得显著成效

在有关金融主管部门、园区管委会、各类金融机构的联合推动下，中关村国家自主创新示范区内的金融服务水平不断提升，金融服务覆盖率不断提高。例如，仅仅在 2014 年 1~5 月，通过“绿色通道”即累计为区内 5000 余户企业办理贷款卡，为 2300 余户企业办理了贷款卡年审业务，为 16000 余户企业办理了密码变更、挂失等增值服务。为方便园区企业办理贷款卡，在某地方法人银行中关村分行特设了“贷款卡服务办理点”，截至 2014 年 5 月末，累计办理贷款卡申请、年审等业务约 500 户（次）。中央银行有关职能部门推出中关村科技型小微企业专项再贴现并开辟快速通道，引导银行拓展相关业务。仅 2014 年上半年，园区内就有 300 余家原“零信贷小微企业”实现了首次融资障碍的跨越，获得信贷资金近 10 亿元，其中多数为战略性新兴产业领域内的科技型小微企业。

第二节　湖北省孝感市国家高新区的特色实践

中部地区同样重视发展科技产业和战略性新兴产业，一些地方也因地制

宜地建立了专门的产业园区，从规划、土地、财政、金融等各领域出台了相关的支持性政策措施。笔者为此专门赴湖北省孝感市进行了调研，对孝感国家高新区的战略性新兴产业发展，特别是金融支持的相关情况进行了了解。总体来看，在孝感市金融主管部门的主导下，各类金融机构积极配合，通过“四大工程”（即金桥工程、信用体系建设、政府出资融资+政银集合贷、小微企业助保贷）等举措助力高新区内企业的发展[①]。

一、孝感国家高新区发展战略性新兴产业概况

孝感高新区是湖北省最早设立的九个省级高新区之一，2012 年 9 月晋升为国家级。高新区内重点发展具有一定优势的高新技术企业（含众多战略性新兴产业领域的企业），具体包括：一是形成了武汉城市圈中除武汉以外的最大的光电子产业集群，其中光仪器、光设备、光机电一体化在全国具有一定的领先地位；二是以国家新型工业化示范基地为基础，聚集了以高端装备制造为主导、航天科技产业为核心的近百家各类企业，其中中国航天科工集团旗下的多家企业在此落户；三是着力发展生物医药产业，一批具有一定技术含量的生物医药企业逐步形成规模。

高新区内的企业发展离不开金融支持，但与社会上的其他企业主体一样，高新区内的企业，尤其是小微企业同样面临着融资和金融服务的约束。除与全国其他地区具有共性的原因外，具有一定地方特性的原因还包括：一是社会化信用评级认可度低，小微企业信贷通道不畅。相当长时期中，孝感地区各类社会化信用评级机构所提供的企业信用评级结果，仅为部分地方法人金融机构采用，而各国有商业银行、股份制银行均有自成体系的评级授信系统（其在孝感的分支机构不认可社会化信用评级机构所提供的企业信用评级结果）。不同银行有不同的评级授信标准，企业贷款需通过申请银行的信用评级，增加了小微企业的融资难度。孝感某金融管理部门近年来的一项调查反映，全辖 94%的小微企业（其中包括高新区的众多企业）未进入银行信贷评级授信通道，在央行征信系统没有信用记录；92%的小微企业未申领贷款卡；57.5%的小微企业没有在银行开立基本账户。二是现有担保公司担保能力有

① 需要说明的是，“四大工程”中的一些具体举措并不仅仅针对孝感国家高新区内的企业，同时也惠及孝感辖内其他区域。

限，小微企业信贷受益面窄，部分信用担保公司改变了创设初衷，主业由信用担保向直接融资转变，小微企业通过信用担保获得贷款的难度进一步加大。三是信贷门槛高，小微企业融资贵的问题比较突出。多数小微企业得不到银行的信贷支持，只有通过小额贷款公司贷款、民间借贷融资，利率常高达20%以上，加上抵押等，综合成本很高。

二、“四大工程”助力孝感国家高新区战略性新兴产业金融服务

为改善高新区战略性新兴产业（企业）的金融服务，孝感地方政府、在孝金融管理部门创造性地出台了一系列支持性政策举措，引导各类金融机构在高新区配置金融资源，提供金融服务，取得了一定的成效。

1.“金桥工程”联姻

为促进高新区银行与企业的对接联姻，疏通企业融资渠道，提供优质金融服务，孝感金融管理部门以组织开展一系列“金桥工程”信贷行活动为载体，拓展信贷资金渠道、改善金融生态环境、创新金融服务产品，为园区内企业发展提供了坚实的支撑。具体措施包括：

一是组织重大项目签约活动。金融管理部门联合地方发改委、经信委等部门多次组织召开全市投资暨重大项目推进工作会，辖内银行与园区内企业、项目等进行了现场签订贷款合同及多种金融服务协议。

二是开展信贷客户培植工作。以“中小企业信贷客户培植工程”和“中小企业成长工程”为抓手，组织召开园区中小企业信用培植工作专题会，将总体目标分解到每一家银行业机构，要求各银行机构单列信贷计划和培植计划，确保实现中小企业培植户数、贷款金额、贷款增速高于全部贷款平均水平。

三是创新信贷产品和服务方式。开办知识产权质押、应收账款质押等贷款业务，为小微企业量身打造金融服务。充分利用孝感城市金融网发布最新的金融政策、金融产品、金融知识和金融信息；为银行选择贷款企业、贷款企业选择银行提供全方位服务。

四是组织金融知识宣传“六进”活动。在高新区成功举办“金融知识大讲堂”，就企业如何运用“新三板”“四板”、区域集优债券、企业债券四大融资渠道进行讲解。通过宣传培训，将金融产品、融资产品等金融知识与

小微企业金融需求等有效对接，为小微企业提供了专业、优质、高效的金融服务。

2.“信用体系建设”铺路

信息不对称是影响高新区内战略性新兴产业（企业），尤其是小微企业融资的重要障碍之一。为改善高新区内小微企业融资环境，促进小微企业信用等级积累和升级，近年来在当地人民银行征信管理部门的主导下，开展了涵盖高新区内小微企业的信用体系建设试验区创建工作。

一是建立区内小微企业信用信息数据库和信息共享服务平台。根据区内小微企业特点和信息的分布情况，采取与各部门信息系统联网、数据报送、直接征集等多种方式，开展信用信息数据库和信息共享服务平台建设。

二是开展信用企业培植工程。制定区域内信用企业培植目录和目标，组织信用评级机构按照市场化原则对区内小微企业信用状况开展信用评级，促进企业持续提高信用等级，尽快成为合格的融资主体。引导金融机构在区内大力实施“审批+培植”的服务模式，注重用好人才、技术等信息，建立专门针对小微企业的评审机制。优先支持试验区内符合条件的小微企业到债券市场、证券市场融资，拓展试验区企业直接融资渠道。

三是建立小微企业信用增进机制。努力打造“小微企业—信息和增信服务机构—商业银行”利益共享、风险共担的新机制，帮扶小微企业提升自身信用等级。加大对担保机构的支持，增强担保机构对小微企业的增信意愿和增信能力；引导和鼓励区内小微企业依托上下游合作以及产业链之间的联系，建立信用共同体，开展互保、联保，达到集合增信的目的；推动发展贷款保证保险和信用保险业务；依托小微企业信息数据库，建立适合高新区内小微企业特点的信用评价指标体系，开展小微企业信用评级，将评级结果纳入信用信息共享服务平台实时监测，并通过多种渠道将小微企业信用评级（评价）结果、分析报告等向地方政府及各相关部门、金融机构、社会分别进行信息通报，建立完善的信息通报制度。

四是建立健全信用激励机制。对规范经营且对小微企业融资支持力度大的担保机构给予资金和政策支持；通过财政或专项基金对金融机构、担保机构、投资基金等在小微企业融资业务上的损失给予一定比例的补偿；在政府采购、招投标、资质管理、税费减免、财政补贴、企业发展项目审查、技术支持等领域，对区域内优质信用企业实行优先或优惠的政策措施，引导区内资源优先向信用等级高、信用级别增进快的企业倾斜；鼓励金融机构对优质信用企业发放信用贷款，对信用企业开展应收账款质押、股权质押、保单质押以及专利技术、商标质押等多种方式的信贷服务。

3.“政府出资融资+政银集合贷”保驾

孝感金融管理部门和金融机构在地方政府的支持下，在全国首创“政府出资融智+政银集合贷”信贷模式扶持高新区内的战略性新兴产业（企业）发展。一方面，由政府主导出资融智，权威智库专业咨询评估。孝感市人民政府与工业和信息化部电子第五研究所（以下简称“工信部五所”）签署有偿服务协议，前期出资 400 万元，后期按每户企业 1.5 万元额度，委托工信部五所对孝感市辖内小微企业进行独立、客观的分析，并提供独立性、权威性、专业性的小微企业分析咨询报告，为企业经营管理提供建设性意见，为银行信贷融资提供外部参考依据。另一方面，政银聚合出资增信，提高小微企业专项风险补偿金的针对性。由孝感市政府和某国有大型商业银行湖北省分行（以下简称“主办行”）共同出资设立 1 亿元小微企业贷款风险担保金。主办行以此为担保，再按照 8 倍以上的放大倍数，给予小微企业贷款额度 8 亿元以上的信贷支持，前期解决不少于 100 户小微企业的融资问题，待运作模式发展成熟后，进一步扩大风险担保金金额和小微企业受益面。

政银集合贷款示范效应明显。提升了企业咨询评估报告的权威性、实用性，又大幅减少了企业因抵押、担保而产生的费用，一定程度上解决了企业抵押和担保难题。此外，政银集合贷更加便捷实惠，小微企业贷款成本更低，政府与金融机构直接合作，减少了一些不必要的环节，同时限定合作银行贷款利率的上浮幅度，使小微企业的融资成本明显下降。企业贷款利率原则上不超过 7.8%，企业融资综合成本可以控制在 9%以内。企业资产抵押，可以低至贷款额的 30%。小微企业贷款速度更快，主办行将纳入政银集合贷的贷款审批权下放到孝感市级行，800 万元以内直接审批，贷款时间可由过去的最快一个月缩短至 15 日内。2014 年初，位于孝感高新区的德美电控有限公司[①]

① 2014 年上半年，笔者与孝感某金融主管部门工作人员以及主办行负责人一同走访了该企业。该企业成立于 2005 年，注册资本 3000 万元，员工 120 余人，地处孝感市高新技术产业园区（六合工业园），主要从事电力控制设备技术的开发及相关产品的生产和销售、计算机软硬件及相关工业控制系统的开发、生产和销售等（生产环节目前主要以外包为主）。其代表性产品包括电力高压巡线检修除冰机器人、电力线宽带载波低压集中抄表系统等。公司拥有多项国家专利技术，被湖北省科技厅认定为高新技术企业，并获得了财政以及科技主管部门一定的政策资金支持，属于典型的战略性新兴产业（高端装备制造产业中配套产品的设计与生产）领域中的小企业。该企业总经理李女士表示“政银集合贷”模式很大程度上缓解了企业的融资困难。

成为首家受惠企业，在拿到工信部五所出具的专业评估报告后，成功从主办行获得760万元的银行贷款。

4.“小微企业助保贷”护航

为缓解包括高新区战略性新兴产业中小微企业的“融资难、融资贵”问题，孝感地方政府与某国有大型商业银行孝感分（支）行合作，采取政府出资增信、银行放大贷款比例、企业缴纳助保金三方共担风险的办法，组建“重点小微企业池”，降低小微企业融资门槛，推出小微企业助保金贷款业务(以下简称“助保贷”)。

一是成立专门机构，审定企业名录。地方政府成立了中小企业助保金贷款管理工作领导小组，并与主办行签订《助保金贷款业务合作协议》，双方相互推荐企业，共同审核认定进入“重点小微企业池”的企业名单。

二是政府出资增信，银行放大授信。地方政府先期拿出1000万元作为小微企业信贷风险补偿铺底资金，增加小微企业信用等级，主办行按10倍比例放大对“重点小微企业池”中的企业进行贷款授信，总额度达到1亿元，较现行银行对担保基金一般5倍的放大比例，授信水平提高了100%。

三是降低抵押标准，减轻融资难度。入池企业只需向主办行提供不低于贷款额40%的合格抵（质）押物，同时由企业法定代表人、实际控制人和主要股东作出承担连带保证责任的承诺，即可获得最高不超过2000万元的贷款。如企业抵押物不足，也可在主办行认可的担保公司取得担保后，按担保额的1.5倍获得贷款，较现行担保倍数提高了50%。

四是明确三方责任，实现风险共担。根据企业信用评分、评级的不同情况，企业按实际获得贷款额的4%~7%缴纳助保金，如出现逾期贷款，池内企业缴纳的助保金将履行代偿责任。当助保金不足清偿逾期贷款时，不足部分由政府风险补偿铺底资金和主办行各按50%的比例分担。

“助保贷”模式发挥了财政资金的杠杆作用，缓解了包括战略性新兴产业领域的小微企业抵押不足和担保的难题，一定程度上降低了企业融资成本，并有效增强了企业的信用意识。

第九章　历史镜鉴与国际经验比较分析

以史为镜，可以知兴替；以人为镜，可以明得失。世界经济发展的历史、发达国家的成功实践以及新兴国家的不懈探索，都一再昭示：科技革命大潮下新兴产业的不断涌现，推动了当事国产业结构的升级，进而为其带来持续的增长动力，最终使其综合国力极大增强，并可能改变一国在世界经济政治中的地位；在此过程中，金融因素的影响不能小觑。本章将从历史和国别两个维度，比较分析新兴产业发展机制以及相应的金融支持举措，以资借鉴。

第一节　新兴产业与经济发展长周期

经济增长问题是经济学理论的核心议题之一，一些经济学家对经济增长十分关注，如巴罗和马丁（2010）指出："经过 40 年甚至更长时间的积累，增长率的微小差异会造成生活水平的巨大差异，其影响远比短期的经济波动更为重要；如果经济增长率每年低一个百分点，那么美国 2000 年的人均 GDP 就接近于墨西哥和波兰的水平。"由此可见，保持经济持续快速增长的意义十分重大，然而从世界经济发展看，能够实现这一目标的国家并不多见。回顾分析发达国家经济持续快速增长的历程，可以看到在科技革命与产业革命大潮下，具有发展前景的新兴产业逐步成为国家主导产业的过程，往往也是经济持续快速增长的时期；而那些不能有效形成新兴主导产业的国家则往往会陷入增长的泥淖，发展停滞不前。

对我国而言，在经历了 30 余年经济高速增长之后，我国经济进入"中高速"增长的"新常态"，在这个过程中，增长动力的转换尤其值得重点关注。如果能够成功兴起若干带动作用强、具有科技引领效应、有潜力成为"主导"

产业的新兴产业，则未来我国经济持续快速增长的可能性将大幅提高。同时，这类新产业的新特征，也可能帮助我们减缓"资源和环境约束"的压力，实现绿色可持续发展。

一、新兴产业蓬勃发展是长期经济周期更迭的动因

新兴产业的蓬勃发展也是引领每一轮经济长期增长的最为主要的推动力。而新兴产业发展，乃至产业革命的发生，很大程度上也是科技进步的成果。白春礼（2013b）认为科技革命有两种驱动：一种是社会需求驱动，另一种是知识与技术体系内在的驱动[①]。回顾科技发展史，到现在为止发生了五次科技革命，其中两次是科学革命，三次是技术革命。其中在 16 世纪和 17 世纪，以伽利略、牛顿等为代表的自然科学家，在天文学、物理学等领域带来了世界第一次科技革命，导致人类现代科学文明的启蒙，而这场前后经历 144 年的科技革命也是近代科学诞生的标志；这也为产业革命的发生奠定了科学思想与技术基础。

第二次科学革命则开始紧密地与产业革命相结合，直接推动了新兴产业的出现，生产方式出现重大变革，生产效率大幅提升。科学革命与制度变革相融合，一轮又一轮长期经济周期由此形成。在部分研究经济史和创新问题的经济学家眼中，新兴产业更替往往是长期经济周期更迭的重要原因，例如，Schumpeter（1939）曾以重大科技创新为标志，将 19 世纪中期以前的经济发展历程大体划分为了三个长周期，而这三个长周期恰恰也与世界产业革命的变迁相吻合。

其中，第一个长周期（第一次产业革命，以下类同）大概始自 18 世纪 80 年代，直至 1842 年，代表性事件包括手工制造的蒸汽机逐步应用到纺织业、采矿工业与冶金工业等绝大部分工业部门。在此期间，蒸汽机、纺织机的发明及机器作业代替手工劳动带动了第二次科技革命，这也是世界上第一次产业革命，蒸汽机的广泛使用推动了英国的工业革命与现代化。

第二个长周期则从 1842 年开始到 19 世纪末期结束，主要标志是机器或机械制造的蒸汽机替代技工们手工制造的蒸汽机，并逐渐普及各个生产行业。这一过程即为生产工具的进一步现代化，而高效生产工具普及则往往被认为

① 本书第六章已经指出，科学推动和需求拉动均为新兴产业发展的主要动因。

是最能体现先进生产力的标志。以老牌帝国为例，在18世纪中后期，当时英国工业生产能力迅猛提高，主要工业品产能相当于全世界的40%~50%，而欧洲大陆和美国也在那时先后开始了工业化进程。

第三个长周期始于19世纪末20世纪初，更高级的动力装置，主要是电动机和内燃机逐步得到推广，生产效率大幅提高。这一过程中，以电力技术和内燃机的发明为主要标志的第三次科技革命，带动了钢铁、石化、汽车、飞机等行业的快速发展。这一时期，德国迅速跃升为世界工业强国，其中在化工方面发展很快，当前世界仍然在广泛使用的一些基本化工、原材料，包括化肥等在内的很多技术都源于德国当时的创新。大洋彼岸的美国，借助地理的独有优势，在世界工业生产中的份额上升到世界第一位，而日本也在那个时期开始建立了工业化基础。

实际上，回顾19世纪以来的经济发展长周期，亦能发现这个规律仍然在起作用。一般认为，19世纪中后期至20世纪中叶，以进化论、相对论、量子论等为代表的科学突破引发了第四次科技革命；而20世纪中后叶，以电子计算机、信息网络的出现为标志带来了第五次科技革命。

结合科学革命与产业革命，我国经济学者，如张颢瀚、樊士德（2012）等对此后的世界经济周期与新兴产业更迭的情况进行了总结，发现也符合熊彼特创新理论所揭示的规律，依次表现在电话、电子通信产业的发展，电子计算机及互联网技术的发明与应用，基因工程、系统生物学与合成生物学的迅速发展等，其中每一个新兴产业的兴起，都意味着新一轮经济周期的开启；而主要经济体一旦新、旧产业更替出现断裂，则极可能导致经济衰退。

从历史发展看，20世纪七八十年代的美国经济发展遭遇了一定困境，可能就在于当时其国内的钢铁、汽车、化学等支柱性工业在被他国全面赶超的同时，缺乏新兴产业进行替代。同样，日本在20世纪90年代以来的衰退过程中，也是由于其产业结构升级相对较为迟缓，同时在传统产业比较优势逐渐丧失之时，新兴产业培育不及时。作为“亚洲四小龙”之一的我国台湾地区，在经历经济较快发展后，于2000年开始出现了一定的经济衰退，这也与其新兴产业发展较慢相关。最为典型的则是英国经济发展的兴衰，可以说英国经济自“二战”以后就出现了长期不景气，最主要的原因之一就是由于缺乏支柱性的新兴产业；而此后伦敦金融业等服务业的再次快速发展，才重新焕发出老牌帝国一定的活力。

由此可见，在不同的经济发展阶段，针对各自经济体的特点和比较优势，及时确定引领并积极培育发展未来的新兴产业，并使之成为能够替代已丧失比较优势的传统产业的支柱产业，才能保证经济的长期繁荣发展，并可能改变世界的发展格局，意义十分重大。诚如中国科学院党组（2014）所指出的，“纵观世界现代化的发展历程，谁抓住了科技革命和产业的机遇，谁就将发展的主动权掌握在自己手里。以英国为代表，抓住了以蒸汽机为标志的工业革命，率先实现工业化；以法国、德国等为代表，抓住了以电动机和内燃机为标志的电气革命，迅速崛起为世界强国；美国抓住了以相对论、量子论等为标志的科学革命和一系列技术、产业的变革，成为20世纪世界头号强国。当前，大数据、云计算、3D打印、新能源、新材料等前沿技术方向都面临着重大突破，将对社会生产方式和生活方式带来革命性变化。美国等西方国家都在制定创新战略，以试图掌握未来发展的主动权。作为后发国家，我国与发达国家站在同一起跑线上，要抓住和用好这一战略机遇，实现赶超跨越发展”。

二、新兴支柱性产业发展与中国兴衰

从历史发展和经济周期看，新兴产业或战略性新兴产业是引领每一轮较长时间周期经济扩张的主要推动力，而缺乏新兴产业科技支撑的国家即便体量庞大也会落后挨打。中国在历史上曾经是雄霸世界的庞然大物，人口、主要原材料和制成品、GDP等代表性指标都曾领先于欧洲，但由于近现代科技发展和管理制度的落后，新兴产业未能形成有效支撑，国力迅速衰弱，终于在1840年第一次鸦片战争后沦为西方列强的殖民地。

从人口规模看，在世界范围内长期名列前茅。除了在特定时期由于天灾、战乱等因素影响外，中国人口保持了持续增长，与欧洲人口相比始终处于多数（见表9–1）。人口（劳动力）作为最主要的生产要素之一，对于综合国力有着十分重要的影响。

表9–1　中国、欧洲及全世界人口的粗略估计

单位：百万人

年代	公元1	公元1000	公元1300	公元1500	公元1700	公元1820	公元2003
中国	60	59	100	103	138	381	1288
欧洲	30	32	52	71	100	170	516

续表

年代	公元 1	公元 1000	公元 1300	公元 1500	公元 1700	公元 1820	公元 2003
印度	75	75	88	110	165	209	1344
世界	226	267	372	438	603	1042	6279

资料来源：麦迪森（2008）的计算描述。

从支柱性产业发展看，中国亦曾在世界领域内独占鳌头。中国历史上的科技曾较为发达，涌现出“四大发明”等人类文明的先进成果，尤其进入唐宋以来，被普遍认为是世界头号强国。其中，在主要原材料和制成品产量等方面，美国学者郝若贝（Robert Hartwell，1966）的研究被普遍认可，其根据宋代兵器制作、铁钱铸造和农具制造等方面的消耗情况，推算出宋神宗元丰元年（1078 年）的铁产量大致在 7.5 万~15 万吨，是 1640 年英国[①] 铁产量的 2.5~5 倍[②]。此外，煤炭开采方面，宋代的煤产量也位居世界第一，而且开采技术非常先进[③]。

从 GDP 总量看，中国曾长期位居世界首位。在宋元年间遥遥领先，虽然其后停滞了较长时间，但直到清朝康雍乾时期（17~18 世纪），仍居世界首位，甚至在鸦片战争爆发前十年依然还处于世界领先水平。根据戴逸（2010）等学者的保守估计，在康乾盛世的鼎盛时期乾隆十五年（1750 年），中国 GDP 占世界 GDP 的 32%，比当前美国经济在世界中的地位还要高（美国 GDP 近年来约占世界总量的 20%）；即使随后衰落到道光十年（1830 年，鸦片战争前十年），中国 GDP 仍然占 29%，相当于英、法、德、俄、意五国之和。

从人均 GDP 来看，中国亦阶段性高于欧洲。人均 GDP 很大程度上能够体现生产率水平，根据麦迪森（2008）的计算，中国在唐宋元年间，曾经高于欧洲的水平（见表 9-2），反映出当时中国的生产力水平处于世界领先位置。

---

① 1640 年被普遍认为是第一次工业革命（实际上资产阶级革命）开启的时期。

② 整个欧洲（包括俄罗斯欧洲部分）到 18 世纪时的铁产量在 14 万~18 万吨，大致与 700 年前中国的铁产量相当。

③ 宋代的中国，无论是科学技术还是经济实力在世界上都名列前茅，并且几乎具备了英国工业革命的所有条件，然而工业革命并没有发生在中国，这亦是著名的“李约瑟之谜”的重要内容（注：工业革命为何没有首先发生在孕育了资本主义萌芽的中国？此即韦伯提出的疑问。这个疑问被李约瑟归纳为如下的两难问题：为何在前现代社会中国科技遥遥领先于其他文明？为何在现代中国不再领先?）。

表 9-2　中国及欧洲人均 GDP 水平

单位：1990 年美元

年代（公元）	1	960	1300	1700
中国	450	450	600	600
欧洲	550	422	576	924

注：本表欧洲不包括土耳其和俄罗斯等苏联国家。本表对应中国的朝代大体为：公元 1 年，大约在东汉；公元 960 年大约在唐末宋初；公元 1300 年在宋末元初；公元 1700 年在清朝康熙年间。
资料来源：转引自麦迪森（2008）的计算。

然而，在康乾之后，由于科学技术以及教育发展的桎梏，从而没有形成新兴的主导产业，同时半封建半殖民的政府管治上存在的严重缺陷，使中国迅速衰落。林毅夫（2007）认为由于没有发生西方的科学和工业革命，在西方科技日新月异之后的短短百年时间内，曾经拥有辉煌成就的中国，国际经济和政治地位一落千丈，使中国和西方国际地位的比较出现巨大的逆转。至此，在鸦片战争至新中国成立前，中国一直被内乱和结盟的外国势力对其领土和主权的入侵所困扰，GDP 从占世界经济总量的 1/3 下降到 1/20；同时，在美国人均收入提高 8 倍，欧洲提高 4 倍，日本提高 3 倍的世界大格局下，中国人均收入却出现下降（麦迪森，2008）。道光十年经济总量还领先世界的大清帝国，仅仅 10 年之后（1840 年鸦片战争），就被当时国人所称的"蕞尔小国"但已经经过工业革命洗礼的英国所败。

三、强化金融支持新兴产业发展的作用

探索经济增长的可持续发展是经济学研究领域永恒的主题。在经济发展的周期中，每一次拉动经济增长的因素都是新兴产业的出现。新兴产业对生产效率的大幅拉升作用，能够抵制资本报酬递减规律。如本书前文所述，金融业在促进科技进步和新兴产业发展中具有重要作用，此处不再赘述。总结分析发达国家金融支持新兴产业的成功实践和新兴市场经济体的不懈探索，则可资我国政策实践者借鉴，下文将逐步开展分析。

第二节　发达国家的实践

国际金融危机爆发后，世界主要发达经济体对发展模式进行了反思，并着重选取了一些行业进行重点扶持。观察发达国家选取的产业代表，可以发现，其重点发展对象与我国推动的七大战略性新兴产业具有高度相近之处（在后文分析中，统一使用战略性新兴产业的称谓）。本节选取部分发达国家对代表性产业的支持性措施进行分析，重点是其金融对策。

一、美国的实践——以新能源产业为例

奥巴马政府以“能源新政”著称①，早在“新能源计划”（2009）中已承诺 10 年内将投入 1500 亿美元资助替代能源的研究，力图在洁净煤技术、下一代生物燃料、混合动力汽车等领域探索出实现国家利益最大化的创新战略。2009 年陆续颁布《美国清洁能源安全法》《美国创新战略：促进可持续增长和提供优良工作机会》《美国复兴与再投资法》等法律法规，力图在新能源产业发展方面做出资金和政策安排，逐步形成了覆盖研发、产业化、消费全产业链的政策体系。主要支持性举措包括②：

① 美国对战略性新兴产业类别的支持不限于新能源产业。如危机爆发后的 2009 年 2 月，美国政府即提出了总额 7870 亿美元的经济刺激计划支持高科技等产业。《重整美国制造业框架（2009）》提出大力发展资本密集和高生产率的生物工程产业，要优先支持经济社会发展急需的高技术清洁能源产业，保持航空产业的领导地位，振兴钢铁和汽车工业，重点是电动汽车，积极培育纳米技术产业，大力发展智能电网，实施低收入家庭房屋节能改造计划。同年 4 月，奥巴马总统在美国国家科学院年会上进一步提出，要把研发投入提高到 GDP 的 3%这一历史最高水平，力图在新能源、生物与医药、信息与互联网、航天航空等战略性领域的技术开发和产业发展上取得突破。《美国复兴与再投资法（2009）》（American Recovery and Reinvestment Act of 2009）提出的经济刺激方案中强调基建和科研投入 1200 亿美元、再生能源及节能项目投入 199 亿美元、医疗信息化投入 190 亿美元、教育投入 1059 亿美元、环境保护投入 145 亿美元。在 1200 亿美元的科研计划中，新能源和提升能源使用效率方面占 468 亿美元，生物医学领域的基础性投入 100 亿美元，20 亿美元追加科研投资用于航天、海洋和大气领域。《美国创新战略：驱动可持续增长和高质量就业》突出了清洁能源和低碳技术的发展，意图加速生物、纳米和高端制造业技术发展，支持先进汽车技术，推动健康技术创新。

② 本部分有关内容和数据参考了李媛（2015）、徐振伟（2014）、廖奎和贾政翔（2011）、胡海峰和胡吉亚（2011）等。

1. 政府直接支持

一是构建覆盖全产业链、多层级的税收激励制度。美国政府对新能源产业的税收优惠种类繁多，分布在联邦、州两级政府。从联邦政府层面看，在产业链前中端可获投资税和生产税减免，包括对诸如研发设备安装和重置、可再生能源设备制造以及产能扩大项目等，按设备费用的30%给予投资税减免，对可再生能源发电予以生产税减免①；在消费端亦有消费税减免和加速折旧激励，包括允许房屋安装可再生能源系统，按成本30%的消费税减免②；可再生能源技术方面投资可享加速折旧③，以使可再生能源消费成本下降并快速回收成本。而在州政府层面，还另有投资税、财产税和消费税（或销售税）减税等激励政策。

二是以基金等多种形式进行补贴。美国联邦政府专门设立了能源部能源基金、农业部农村能源基金、财政部可再生能源基金等，用于扶持可再生能源发展和推进能效改进。基于《美国复兴与再投资法》（2009）的拨款，可再生能源基金将对符合条件的太阳能、风能、生物质能和其他可再生能源项目的设备投入进行补贴。在税收减免优惠政策的基础上，美国能源部还专门建立了短期资助项目，对部分购车者直接进行资助，以便鼓励公众使用新能源汽车。同时，通过政府采购等公共支出的形式，刺激领先产品消费，并进一步产生示范效应。例如，《美国清洁能源安全法》（2009）规定美国政府必须购买国产高能效产品和绿色产品。

2. 传统融资模式融入政策性因素

美国银行体系在新能源产业融资方面发挥着重要作用，政府通过政策手段为银行向新能源产业贷款提供担保，从而降低投资新兴产业的风险。美国联邦政府贷款担保项目主要包括能源部贷款担保、能效抵押贷款担保（EEM）、美国农业部农村能源贷款担保等。其中能源部贷款担保主要用于可再生能源技术的早期商业化；能效抵押贷款担保通过联邦住房管理局（FHA）

---

① 生产税减免额度根据通胀水平逐年调整，2013 年调整后的减免额度为风能、地热能 2.3 美分/千瓦时，其余可再生能源多为 1.1 美分/千瓦时。

② 个人或企业在节能住宅中应用太阳能电力或热水系统、燃料电池、小型风力能源和地热等可减免安装成本 30%的税负，对现有房屋的能效改造也可获最高 500 美元的税收减免。

③ 根据联邦加速折旧成本回收制度（MACRS），一些商业化时机已成熟的可再生能源技术（包括太阳能、地热能、风能等）5 年折旧，且根据 2008 年《联邦经济刺激法案》，符合条件的可再生能源项目还可享受首年 50%的红利折旧。

和退伍军人事务部（VA）为贷款提供担保，主要用于住宅的可再生能源改造；农业部农村能源贷款担保主要用于支持农业企业和农村地区中小企业发展可再生能源和能效改进技术。

3. 新兴融资模式

一是创立新兴交易融通机制。由于新能源产业培育期较高的资金需求，除政府扶持及传统市场融资外，还需依赖一些新型融资模式。政府在其中的作用主要是构建完善、公平、透明的交易机制和市场，如碳交易①、绿色证书②（RECs）等。

二是发行收益担保债券。《能源安全法案》（2005）创造性地提出利用政府债券支持新能源产业的发展。目前，美国政府主要通过清洁可再生能源债券（CREBs）和合格节能债券（QECBs）为特定类型新能源项目融资。债券持有人可以享受税收抵免，抵免额度为联邦政府公布的传统债券利率的70%。

三是进行PACE融资。近年来，美国兴起房产评估清洁能源（PACE）融资方式，即个人或企业实施节能改造可向政府PACE项目申请贷款，政府则通过发行债券为节能改造工程筹措资金，一般还款期为15~20年。通过向PACE项目融资，节能改造业主无须支付前期投资费用，即可通过每月少量房产税的增加，来实现更多能耗费用的节约。而对于机构投资者，PACE项目债券违约率极低，是一种有效的投资手段。政府则通过该项目有效推动了节能服务产业的发展，实现三方获利。

四是设立创业引导资金。美国近年来，每年均投资上百亿美元推动清洁技术从研发走向商业化；同时在军事研究预算中核定数百亿美元，从事光纤通信、计算机网络、生物技术等民用产业的研发，以帮助高科技成果在民用工业中使用。

---

① 美国碳交易市场呈现出“自下而上”的局面，目前，有超过35个州已经单独或者结成地区联盟，通过或正在通过温室气体排放的法案，比较著名的有“地区温室气体倡议”（RGGI）和“西部气候倡议”（WCI）。

② 美国可再生能源配额制（RPS，规定了每个州可再生能源的强制配额）建立了可再生能源证书（RECs，又称绿色证书）制度，即合格新能源厂商每生产1千瓦时电量可获得一份REC，这种证书可作为一种有价票证通过市场交易实现其价值，也可存入银行实现融资。

二、日本的实践——以节能环保产业为例

作为曾经的世界第二大经济体和亚洲最大经济体，日本多年来在推动科技教育事业和新兴产业发展上投入了大量的人力、物力、财力。国际金融危机后，日本对节能环保产业的支持举措值得学习借鉴①。

1. 政府直接支持

一是进行税收激励。日本政府从节能环保产业的研发、投资及消费端均予以税收优惠，对于节能研发项目减免 6%的所得税，引进政府特定节能设备的企业减免设备费用 20%的所得税，太阳能、风能发电投资主体 3 年内每年减免 1/6 的固定资产税，不同类型环保设备在原有折旧率的基础上还可享受购置费 14%~20%不等的特别折旧，购买节能设备的企业可以减免设备投资额 7%的税款。为鼓励绿色汽车的消费，2009 年日本政府投入 3700 亿日元实行“绿色汽车税制”，购买清洁柴油汽车、电动汽车、混合动力汽车、天然气汽车可免征购置税和吨位税，并对购买低油耗、低排放认定车实行 50%~75%的税收减免。

二是给予财政补贴。日本政府将部分石油进口税用于进行新能源项目补贴，每年向从事新能源产业的企业发放奖励性补助金，对大规模引进风力、太阳能及废弃物发电等技术或宣传新能源的公共团体，补助 50%以内的事业费及推广费；对于新能源推广项目（符合要求前提下）补助 1/3 以内的事业费；为鼓励绿色汽车消费，对于一定时期购买环保性能优异的“环保车辆”给予 7 万~90 万日元补贴（根据载重量）。为了鼓励新建住宅加装太阳能发电设备，日本政府从 2009 年起继续推行了补助金制度，补助标准为 7 万日元/千瓦。

三是推行政府采购。2000 年颁布了《绿色采购法》，通过法律形式强制要求日本各级政府及独立行政法人进行绿色采购；自 2010 年起每年发布《绿色采购用户指南》；2010 年宣布政府用车必须全部改用“低公害车”。如果企业被选作政府用车合作对象，将直接给予现金补贴，最高额度可达同等级普通车辆售价的 1/2 或与同级别车差额的 1/2。

① 本部分有关内容和数据参考了李媛（2015）、崔成和牛建国（2012）、雷鸣（2010）、www.jfc.go.jp（日本政策金融公库官方网站）等。

2. 传统金融融入政策性因素或政策性金融

一是进行政府担保及给予利息补贴。自 2009 年 2 月开始，对承诺 3 年内削减二氧化碳排放 6%或者 5 年内削减 10%的应对气候变化的设备投资，日本政府给予 3 年内最高 3%的利息补贴；对列入《节能资源回收支持法》的特定环保节能设备和研究开发项目，日本政府可为其贷款进行担保。

二是直接发放低息贷款。政策金融公库（JFC，由日本政府全资设立）专门安排了节能环保专项资金，为中小企业进行节能减排、控制废弃物排放、大气和水污染治理、低耗能建筑机械、石油替代能源、小排量汽车、低碳建筑等相关领域的设备投资、建设、营运或研发提供最长 15 年期的低息贷款。

三是由国有银行提供低息贷款。为进一步促进绿色信贷发展，日本政策投资银行不断与商业银行开展业务合作，开展环保投资的联合融资项目。根据贷款目标的环境评级结果确定贷款对象及利率，日本政策投资银行（DBJ）开展了促进环境友好融资业务，可对用于企业环境保护相关软硬件设备的购买和研发投入发放低息贷款，日本环境省通过财政资金对其在“环境评级贴息制度”框架下发放的低息贷款利差进行财政补贴。

三、德国的实践——以新能源产业为例

欧盟各国高度关注实体经济和新兴产业的发展，并在国际金融危机过后进一步加大了扶持力度。明确把发展知识与创新经济、绿色经济和高就业经济，实现智能型、可持续和包容性增长作为未来欧洲经济社会的优先任务；确立了以知识型、低碳型、高就业型经济为基础的经济增长新模式；提出将科研投入占国内生产总值的比例从不足 2%提高到 3%，2014~2020 年投入 800 亿欧元支持研发活动，以资金带动研究，刺激创新。德国作为欧洲经济的领头羊，其相关政策举措引人关注，以新能源产业为例，其代表性的支持性举措[①] 包括：

1. 政府直接支持

一是进行税收激励。德国 1999 年实施《实施生态税改革法》，规定对矿物能源、天然气、电力等征收生态税，对使用风能、太阳能、地热能、水力、垃圾、生物能源等可再生能源发电则免于征税。

① 本部分有关内容和数据参考了李媛（2015）、张耀泽（2012）、陈海君（2006）等。

二是给予政府补偿及补贴。2000 年，德国颁布了《可再生能源法》(EEG)，规定对可再生能源发电为期 20 年的最低补偿标准。补偿标准根据能源种类、地点和发电装置规模而有所不同；补偿标准逐年递减，幅度分别为生物质能 1%、风能 1.5%、光伏能 5%。在高额补偿刺激下，德国 2002 年风机装机总量较 1998 年翻了四倍；除此之外，德国还对新能源发电进行补贴，不同类型的补贴可以累计①。

2. 政策性金融

作为具有开发性金融特性的大型国有银行，德国复兴信贷银行（KFW）是德国政府支持中小企业发展的重要实践者。其运营资金主要来自欧洲复兴信贷计划援助资金、财政拨款以及由政府担保通过资本市场获得，一般通过转贷并与商业银行合作的形式发放具有政策倾向的低息贷款，日常运营不受政府干预。对德国政府重点发展的新能源产业，该银行设有专门的低息贷款项目，对个人或企业等投资风能、水能、光伏、太阳能、生物质能、地热能等可再生能源发电项目，给予投资成本 100%的长期（10 年或以上）低息贷款，对于有助于环境改善或能效提高的投资项目发放其 100%支出的贷款，其中对于小企业还有特别优惠利率，如表 9-3 所示。

表 9-3　德国复兴信贷银行可再生能源项目贷款及带动投资

单位：亿欧元

	2011 年	2010 年	2009 年
贷款承诺	63	89	53
带动投资	83	110	70

资料来源：德国复兴信贷银行《2012 年可持续发展报告：事实与数据》。

① 德国新能源发电补贴重点是使用生物原料和技术创新发电及发电—供热联合设备，如政府给予用生物原料发电的 500 千万以下的发电设备 6 欧分/千瓦时，500 千瓦至 5 兆瓦的发电设备 4 欧分/千瓦时的生物能源补贴；木材发电补贴 2.5 欧分/千瓦时，20 兆瓦以下发电—供热联合设备 2 欧分/千瓦时的混合能源补贴。

第三节 新兴市场经济国家的探索

新兴市场经济体在推动战略性新兴产业发展方面亦开展了不懈的探索，早在金融危机前，以巴西和印度等为代表的国家在一些领域就已经取得了重要的成就。

一、巴西的实践——以民用航空产业为例

20年代70年代以来，巴西政府明确宣布重点支持航空制造业发展，通过采取各种政策措施支持和鼓励企业进行研发、开拓市场及开展国际合作。目前，巴西已经形成了实力较强的航空制造业，例如，巴西航空工业公司（Embraer）已经成为世界第四大商用飞机制造商。巴西对航空工业的支持性举措[①]主要有：

1. 政府直接支持

一是进行税收激励。巴西政府陆续出台的《信息产业法》《关于对企业科技开发税收方面的优惠政策》《科技进步法》《私人企业投资科技税收鼓励法》等政策法规，为推动科技创新活动提供了完善的法律保障和强大的推动力。此外，还出台了多项财税政策鼓励科研和科技创新，如科技创新方面投资达当年产值5%的企业可减免50%的所得税，对高新科技企业减征所得税和工业产品税，从企业所得税中扣除用于培育科技人才的费用，减征技术出口关税和国内技术转让、技术服务税等。实施差别化的关税政策以提高国产产品的竞争力，包括对进口航空制造业原材料、零部件、制造设备和制造机械免征进口税；对出口飞机免征工业产品税和产品流通税，对飞机出口企业减征所得税；对竞争性进口机型（主要为支线飞机）征收50%的高关税，而对非竞争性机型仅收取7%的关税；对购买国产机型的支线航空公司给予经济补贴等。同时，政府还为航空工业争取进口航空产品的工业补偿，1981年巴西政府规定向巴西出口飞机的公司必须以飞机售价的10%购买巴西生产的飞机

① 本部分有关内容和数据参考了李媛（2015）、严剑峰（2012）、徐丽华和冯宗宪（2006）等。

零部件。

二是推行政府采购。巴西航空工业公司成立初期，巴西空军和政府采用预付款的方式购买了该公司 1/3 的先锋号飞机，为其提供了飞机研制项目的启动资金。20 世纪 80 年代，为支持国产飞机，巴西要求政府部门在价格不高于同类进口机型 15%的情况下，必须购买国产飞机。

三是“以税代股”开展融资。巴西航空工业公司成立之初由政府控股，后巴西政府颁布法令，允许私人公司以其本该上缴国家税款的 1%购买巴西航空工业公司的股票，为其融资提供便利。

四是推动基础设施建设。巴西政府加大机场建设力度，在 2003 年颁布的“国民经济及社会发展计划”和 2007 年颁布的“经济加速计划”中，均提出加大对包括机场在内的基础设施建设投入，其中 2003~2006 年共改扩建 19 个公共机场。

五是设立科技创新基金。为鼓励科技创新与科研，巴西政府设立了科技创新基金，主要分两类：一类是行业性基金，如联邦政府在石油、电信、交通、水利、电力、矿冶、航天、航空和能源等 14 个行业的“技术创新基金”；另一类是综合性基金，如大学、科研机构和企业合作开发的“黄绿基金”。基金的来源包括财政拨款和企业税收提取，一般由企业、政府、高等院校和中介组织共同管理，基金除一部分可无偿使用外，还允许降息发放，用于风险投资或奖励技术进步取得成效的企业。

2. 传统融资融入政策性因素

一是发放低息贷款。为鼓励出口，巴西政府通过巴西银行和巴西社会经济发展银行为装备制造出口提供出口信贷。巴西银行出口信贷计划（PROEX）可为国产化率较高的支线飞机产品提供其价值 100%的出口贷款，且由巴西政府为其出口销售提供实际利率 38%的利率补贴，从而降低购买费用，提升该国支线飞机在国际市场上的竞争力。巴西银行或其他信贷机构对于有专家评审机构认定为前景良好的高新技术开发项目采取国家财政和银行贷款 1∶1 的匹配方式给予资金支持。各金融机构给予高新技术企业低息贷款，利率下调 5%~20%。

二是鼓励股权融资和项目融资，并推动国际合作。巴西政府创造环境鼓励企业充分开展国际合作，以便于分担风险、共享技术和生产能力、开拓新市场。在机型 ERJ170/190 研发和制造的过程中，巴西航空工业公司采取以本公司为主、多国参与、风险共担的合作模式，共引入日本、西班牙、法国、比利时等地 16 个航空公司参与。1994 年，巴西航空工业公司私有化后，引入了欧洲重要航空工业企业 Das sault Aviation、EADS、Snecma 和 Thales 成为股东，共占 20%的股份，以此实现先进技术共享，同时借助这些企业进入存在严重壁垒的欧美航空市场。

二、印度的实践——以生物技术产业为例

印度对软件、生物等具有较高科技含量的新兴产业发展较为重视。例如，其早在 20 世纪 80 年代就开始着手制定生物技术产业发展的长期计划，提出相关的国家发展目标，拟定生物技术的产业化政策，并于 1986 年成立了生物技术部。其对于生物技术产业的支持措施主要包括①：

1. 政府支持

一是进行税收支持。2007 年，印度在颁布的《国家生物技术发展战略》中确定为生物技术产业发展提供税收支持，主要措施包括：对经批准进行科研的企业免除 10 年所得税，并免除最低出口义务；对关键研究项目、合同制造和临床实验所需设备和实验所需消耗品免除进口税；对进口印度的生物技术原材料以及生命相关的医药产品实行免税；简化生物产品进口手续以及土地流转、环境与污染控制许可的审批手续。

二是直接提供研发经费资助。印度政府在 2008 年提出的"生物技术产业伙伴计划"中对三类项目提供经费支持：第一类是满足国家经济和社会发展需要的项目，如能源、农业、医药、环境以及绿色制造技术；第二类是提高印度企业国际竞争力的项目，如纳米技术在农业和医学上的应用、生物材料、干细胞、基因组学、生物能源的新型制造工艺等；第三类是有重要价值的高新技术产品的评估与产业化等。

三是以公私合作形式发展产业集群。在《国家生物技术发展战略》中提出要建立生物技术产业集群，通过公共部门和私营企业合作模式，在生物技术园内建立孵化器，政府将给予建设资金 30%的支持；入驻生物技术园的企业可享受为期 5 年的进口设备、基础设施建设以及消费品免税、营业税免税等待遇。

① 本部分有关内容和数据参考了李媛（2015）、赵刚（2011）、周琛（2007）等。

2. 政策性金融措施

一是提供低息贷款。2005 年，印度生物技术部在出台的“中小企业创新研究计划”中明确为生物技术领域的企业（包括医药卫生、食品营养和农业等）提供直接资金或低息贷款支持，并涵盖了先期技术研发、技术成果的后期开发和产业化等各环节。2007 年《国家生物技术发展战略》颁布后，又进一步加大了支持力度，重点为中小企业提供赠款或贷款[①]。

二是在确定优先贷款项目上予以倾斜。印度政府将生物技术产业列为投资优先领域，金融监管部门通过制定优惠政策，引导鼓励商业银行等金融机构优先向生物技术领域提供包括信贷在内的金融服务。

① 该项目分两期实施：一期重点资助具有重大意义的早期创新项目，资助强度一般不超过 500 万卢比，其中 50%为赠款，50%为无息贷款；在第一期项目的基础上，选择有重大应用价值的项目进行第二期资助，按照 2%的优惠利率提供软贷款，为其产品开发和产业化提供金融支持。

第十章　金融支持战略性新兴产业发展的政策选择

虽然我国金融业在支持战略性新兴产业发展上进行了诸多有益的探索，一些领域已经取得了良好的成效，但囿于理论制约与现实困难，问题依然存在。金融体系的灵活性仍然有待加强，需要对战略性新兴产业（企业）个性化、多样化的金融需求做出更加全面、及时、针对性强的政策响应。

第一节　当前实践发展的困难与不足

战略性新兴产业与传统金融服务（供给）之间天然存在多重错配性，必然导致金融业在支持战略性新兴产业发展的实践中存在各种困难。

一、金融业与战略性新兴产业（企业）之间存在对收益风险的认知差异和信息不对称问题

一是传统金融业与战略性新兴产业存在风险收益认知的差异。以银行业金融机构为代表的传统金融业注重即期、稳定的收益；而战略性新兴产业发展需要较长的时间周期，未来可能会产生很高的收益，但对于单个项目而言，也存在很高的风险；传统的银行信贷模式与战略性新兴产业的金融需求存在期限和风险承受能力上的差异。从担保抵押条件来看，战略性新兴产业（企业）固定资产等抵押品少、知识产权等“软资产”多，比如，新材料、节能环保、生物等新兴产业中的多数企业普遍拥有专利权等无形资产，而银行容易接受的固定资产或实物资产普遍相对较少。从信贷投向来看，银行业金融机构对战略性新兴产业的信贷支持主要集中在高端装备制造和新一代信息技

术等行业，而且多数贷款投向了上述两个行业中的大型企业，而生物、新材料等行业中的大量中小企业“融资难”问题仍未得到有效解决。这些都体现出银行与战略性新兴产业存在风险收益认知的差异（吕铁、余剑，2012）。

二是信息不对称是阻碍战略性新兴产业获取金融支持的重要因素。战略性新兴产业（企业，尤其是中小企业）往往缺乏金融常识，同时也不太了解有关金融支持战略性新兴产业方面的政策举措。而金融企业则对战略性新兴产业（企业）的技术特征和经营模式等也往往缺乏足够的了解，在目前银行客户资源相对丰富的情况下，更没有足够的动力去拓展战略性新兴企业客户。同时，战略性新兴产业（企业）也有规模区分，其中的中小微企业在与金融机构的交易中，存在更加明显的信息不对称问题。

二、传统金融业提供服务的动力不足，金融供给与战略性新兴产业的需求存在差距

鉴于风险收益认知上的差异和信息不对称问题的存在，金融业，特别是以银行为代表的传统金融业支持战略性新兴产业发展的主动性、积极性均有待提高。

一是对支持战略性新兴产业的重要性认识不足，多数传统金融机构尚未把战略性新兴产业作为盈利点。部分银行业金融机构没有充分认识到战略性新兴产业是未来经济发展的潜在重要引擎，也可能是未来金融机构盈利的增长点。支持战略性新兴产业发展的同时也是金融机构自身转变发展方式、培育优质客户、调整盈利模式的重大机遇。

二是部分银行业金融机构在高风险和高服务成本的约束下，提供服务尤其是提供融资性服务的内生动力不足。相对于为大客户服务，在为战略性新兴产业中的中小企业提供融资服务时，金融机构需要配备更多的人员进行尽职调查以及服务，由此将产生更高的人工成本，从而导致拓展动力不足。

三是传统金融机构的人员素质面临挑战。由于战略性新兴产业具有高技术特性，银行提供金融服务时，必须具备较高的专业技术水平才能为企业提供个性化和特色化的金融服务，这对银行业务人员的知识结构和学习能力提出挑战。同时，在对业务考核时，并未对提供战略性新兴产业服务的人员给予更多的倾斜和支持，从而导致业务人员学习和研究战略性新兴产业产品和服务的动力不足。部分银行对新兴产业信贷指导不具体，业务人员对战略性

新兴产业不了解，对战略性新兴产业项目贷款主要看投资主体的背景和实力，而不是看项目前景，从而导致战略性新兴产业中的企业特别是中小企业融资困难。

三、以银行业为主的间接融资模式尚不能满足战略性新兴产业的融资需求

一是操作上的实质优惠措施有限。虽然目前多数银行将战略性新兴产业作为优先支持的项目类别，但在实际操作中，真正的优惠政策有限，商业银行总行较少在绩效考核、内部资金转移定价（FTP）等实质性方面给予强有力的支持，具体办理业务的分支机构一线人员尚没有足够的动力进行专门针对战略性新兴产业领域的企业和项目的营销。

二是针对战略性新兴产业提供的个性化金融产品与服务仍然不足。不同的战略性新兴产业需要专业化的金融服务，而商业银行对此往往缺乏有效的前瞻性研究，市场细分不够充分，产品研发相对滞后，产品同质化比较普遍，专门化服务未能及时跟进。

三是商业银行参与股权投资受限。目前我国金融业实行的是分业经营（部分机构实行混业经营）、分业监管模式，多数商业银行不能有效参与到股权融资中，金融资本和新兴产业资本难以深度融合。我国多层次投融资体系建设仍有待加强，风险投资的政策环境尚不完善，吸引社会资金的政策导向不明确，风险投资的退出机制尚不健全。从国际上看，股权投资主要的机构投资者来源于保险、社保基金、企业年金等，同时，允许商业银行运用少量一级资本或发行集合投资计划资金，以股权投资基金方式间接参与到中小企业及新兴产业的股权投资，并将信贷与股权投资联动。

四是银行规模结构与战略性新兴产业（企业）规模不匹配。在我国间接融资模式中，大型国有控股商业银行仍然占据主要地位，而大型银行的主要客户对象为大中型企业，与战略性新兴产业中的一些产业（如生物产业等）以中小企业为主的格局存在不匹配性[①]。银行以大客户为主的客户授信发展模式并不适应战略性新兴产业“小型、分散、专项”的行业特征。我国战略性

① 总体来看，战略性新兴产业领域中小企业多，大型垄断企业少。整个战略性新兴产业中70%以上的企业是中小企业，在生物、新材料等部分新兴产业领域中小企业所占比重更高。

新兴产业中的中小企业融资难顽疾依然突出。一方面，相对而言，中小企业的风险问题较为突出，战略性新兴产业领域的高科技企业类型更是如此。以北京中关村地区为例，据有关金融管理部门统计，该地区所属企业存续3年以上的不到40%。另一方面，中国的银行业规模结构显示（以2013年为例），大型银行占据主导地位，总资产占大、中、小三类规模银行总计的58%，主要以贷款形式出现的对非金融性公司债权占59%，吸纳的储蓄存款更是占到70%以上。而理论上主要面向中小企业的小型银行总资产仅占17%，对非金融性公司债权不到16%（见表10–1）。

表10–1　2013年末中国银行业的规模比例结构

	总资产（总负债）	对非金融性公司债权	单位活期存款	单位定期存款	居民储蓄存款
中资大型银行（亿元）	813595.9	328232.63	148850.18	98546.21	292945.96
占比（%）	58.357	59.036	58.419	46.005	70.819
中资中型银行（亿元）	331204.88	138872.84	57170.36	72658.18	40861.17
占比（%）	23.756	24.978	22.438	33.919	9.878
中资小型银行（亿元）	249379.49	88879.19	48775.95	43004.07	79845.54
占比（%）	17.887	15.986	19.143	20.076	19.303
总计	1394180.27	555984.66	254796.49	214208.46	413652.67

注：①中资大型银行指本外币资产总量超过2万亿元的中资银行（以2008年末各金融机构本外币资产总额为参考标准）。包括中国工商银行股份有限公司（简称中国工商银行，下同）、中国建设银行、中国农业银行、中国银行、国家开发银行、交通银行、中国邮政储蓄银行。

②中资中型银行指本外币资产总量小于2万亿元且大于3000亿元的中资银行（以2008年末各金融机构本外币资产总额为参考标准）。包括招商银行、中国农业发展银行、上海浦东发展银行、中信银行、兴业银行、中国民生银行、中国光大银行、华夏银行、中国进出口银行、广发银行、平安银行、北京银行、上海银行、江苏银行。

③中资小型银行指本外币资产总量小于3000亿元的中资银行（以2008年末各金融机构本外币资产总额为参考标准）。包括恒丰银行、浙商银行、渤海银行、小型城市商业银行、农村商业银行、农村合作银行、村镇银行。

资料来源：《中国人民银行2013年报》。

四、非银行金融业在支持战略性新兴产业发展上存在主客观的障碍

从客观上看，一些非银行金融业资金流向战略性新兴产业（企业）的渠道尚未打通。以保险业为例，在现行保险监管模式下，保险资金在规定的资

产比例范围内除投资科技企业股票、债券外，没有其他投资科技企业的渠道。2014 年 1 月，保监会下发《关于保险资金投资创业板上市公司股票等有关问题的通知》，规定保险公司资金在资产的 20%比例以内可以投资创业板市场。但这种投资与创业资本还是有区别的，一般创业资本投资，往往到了企业上市阶段就实现退出。而在国际上，保险资金是创业资本的重要来源渠道，为包括战略性新兴产业在内的科技产业提供资金支持。据欧洲创业投资协会统计①，1998~2002 年欧洲私募股权投资基金的 12%来源于保险公司，22%来源于养老基金，而美国私募股权投资基金有近一半的资金来源于养老基金。

从主观上看，一些金融子行业在支持战略性新兴产业发展上从理念到行动均存在一定滞后。例如，对战略性新兴产业领域中处于发展早期的企业而言，最直接的金融支持手段应该是风险投资的运用。从目前我国风险投资发展的情况看，除了资金规模与战略性新兴产业的资金需求存在缺口外，更重要的是从理念到行动都存在滞后。国际风险投资主要集中在企业发展的前端，近来更有向萌芽期延伸的趋势。而我国风险投资投向却呈现出“缺位”和“越位”的状态：在风险投资最该发挥作用的阶段，如处于种子期和起步期的前端投资严重不足，而进入成长期的后端投资则过于“拥挤”，一些后端投资甚至成为“寻租”的场所②。这凸显出我国风险投资团队对高新技术项目的技术发展路线和战略性新兴产业发展规律的认识明显不足。如果能引导风险投资更多地进入新兴阶段，并通过投资组合等方式的运用，则既能促进战略性新兴产业的发展，也能促使自身获取高额回报。

五、金融支持的“市场无形之手”没有充分有效地激活

部分金融支持举措过多依靠“政府有形之手”，而市场化的支持手段没有充分发挥作用。如目前涵盖战略性新兴产业的科技保险，其发展主要依靠财政资源的投入。地方财政为企业提供保险费支出补贴，对保险公司给予财政奖励，在保险公司承保损失超过一定比例后给予财政补助等。以苏州为例，苏州市科技局设立了科技保险专项资金，授权苏州市科技金融服务中心对科技保险保费进行财政补贴。此外，苏州市政府设立了科技金融风险池基金，

① 程凤朝：《美国私募股权基金运作方式及启示》，《天津经济》2007 年第 6 期。

② 如一些有特定背景的风险投资，选择在企业上市前期进入，在短暂持有股权后即退出，并获取高额回报。

在与部分银行科技支行合作开展的科技型中小企业贷款保证保险业务中，确定了政、银、保三方共担风险的“四四二”机制，因贷款逾期发生损失后，将按照政府40%、保险40%、银行20%的比例分摊。武汉市为科技保险提供保费补贴，截至2013年9月已经支付财政补贴1013万元。应该说，这些直接的政府支持手段不是一种长效机制，具有明显的局限性，一旦地方政府财政资源紧张就有可能限制科技保险的发展，尤其是在地方债务攀升的形势下，这种可能性变得愈发显著。对于保险公司和战略性新兴产业（企业）而言，要获得补贴或奖励也需要办理一定的手续和经历一定的流程，意味着承担相应的财务成本。比如保费补贴政策多是先交保费，然后用半年或一年的时间申请补贴，但中小微企业本身的流动资金就偏少，这种模式有可能在一定程度上制约了企业投保。

六、政策性扶持力度仍有不足，风险分散与补偿机制不完善

一是风险补偿能力不足，财政资金等政策性资金覆盖面较低。即便在财政较为宽裕的某发达地区的科技园区，地方财政资金对企业的资助门槛也较高，扶持资金规模不足园区企业上缴税费的2%。

二是担保体系分散风险的功能没有充分体现。以某发达地区为例，担保机构代偿比例不足1%，代偿损失率仅为0.2‰左右。

三是政策性信用保险体系发展滞后。保险业承保范围仍然较窄，信用保险仅在贸易融资试点、出口信用保险等业务中有介入。而保险业的经营基于大数法则，通过对特定风险发生概率的经验统计数据进行产品定价，如果承保面较小，保险定价就存在困难，风险分散机制也不能有效发挥作用，直接影响到保险交易的实现①。

---

① 定价的合理性直接影响到科技保险的推广发展，定价过高，增加科技企业投保成本；定价过低，则会影响保险企业可持续经营。例如，根据承保标的不同，科技企业与一般企业在风险分布上可能有所不同。在人身保险方面，科技企业中的核心人力资源与其他领域人士具有类似的风险分布，甚至由于受教育和财富程度不同，这一人群的风险概率更低。但是在财产保险、责任保险等方面，保险业在科技企业财产保险、责任保险方面的数据和经营积累不足，出于审慎经营的考虑，主观预期新兴企业一般而言风险管理水平较弱，同时创新面临的风险也更大，所以可能面临更高的损失概率，导致保险定价有失准确。以武汉市为例，科技保险开办7年来累积赔付支出为4200万元，简单赔付率为18%，远较一般财产保险赔付率低。

第二节 设计金融支持对策应遵循的基本原则

限于理论与现实的障碍，金融业在支持战略性新兴产业中仍然存在一些问题。解决这些问题，需要政策设计者厘清战略性新兴产业发展的基本规律，同时结合各类金融产品和服务的特征，合理规划进一步改善金融服务的路径。

一是坚持金融服务实体经济的本质要求，积极把握战略性新兴产业发展的契机。金融业与战略性新兴产业之间是互利互惠、共生共荣的关系，金融业在为战略性新兴产业提供支持的同时，也为自身创造了业务创新与发展的良好契机。一方面，在世界范围内，新兴产业的发展离不开金融业强有力的支持，举例来看，无论是美国在 20 世纪 50 年代对半导体等战略性新兴产业的推动，还是日本在相同时期对汽车制造等行业的扶持，金融业都发挥了重要作用；另一方面，金融业在促进战略性新兴产业发展、推动实体经济（产业结构）升级的同时也借以实现了金融资产的安全和金融资源配置的优化。

二是加强对战略性新兴产业（企业）创新性质和不确定性规律的认识，注重科技与金融复合型人才队伍的培养。战略性新兴产业中的企业大多具有创新的性质，其未来发展的技术路径和商业模式等都可能与传统产业大不一致。特别是其风险概率分布可能出现重大变化，一般的金融部门可能难以评估其风险特性及违约概率，从而在产品定价和设计方面存在困难，因此有必要加强科技金融复合型人才的建设，提升产品开发和风险管理能力①。

三是兼顾供给端与需求端设计金融扶持举措，因地制宜地制定金融支持战略性新兴产业发展的政策。自 2010 年《国务院关于加快培育和发展战略性新兴产业的决定》发布以来，各地都陆续出台了支持战略性新兴产业发展的相关政策。但应该看到相当多的地方，在选择战略性新兴产业的具体支持领

① 可以探索多层次培养人才队伍：一是在新鲜血液上补充专才，在战略性新兴产业专业领域招聘员工，培育一批懂技术、行业和信贷的科技金融复合型人才；二是在自身员工队伍上下功夫，加强战略性新兴产业的知识培训，增加金融业内熟悉战略性新兴产业专业人才的比重；三是在外部智力支持上求援助，通过聘任机构外专家，参与对战略性新兴产业进行评估，并研发创新金融产品。

域上存在诸多的雷同性，已经并正在造成一定程度的重复建设。各地金融业在有关支持举措上也过多关注从供给端支持战略性新兴产业的发展，特别是在以光伏为代表的部分产业的生产环节上，不断为其提供包含资金在内的要素供给，一定程度上导致了战略性新兴产业出现了本该在传统产业才应出现的产能过剩现象。在下一步的发展中，一方面地方金融业要因地制宜，大力支持符合当地要素比较优势的战略性新兴产业；另一方面要特别注重从需求端的视角设计金融支持战略性新兴产业发展的政策思路。

四是加强对历史规律和国际经验的学习理解和参考借鉴，结合国情制定金融支持战略性新兴产业发展的方式方法。2008 年国际金融危机以来，主要发达国家和新兴市场经济体都感受到产业空心化和金融自我循环扩张的危害，并日益意识到大力发展以战略性新兴产业为代表的实体经济的重要性。主要经济体纷纷出台了很多关键的针对战略性新兴产业的扶持和保障措施，特别是融资支持、金融服务等方面的措施。我国作为新兴的市场经济国家，与发达国家相比还存在诸多的不完善之处，应进一步学习理解并参考借鉴发达国家金融支持战略性新兴产业相关的经验，同时结合我国国情制定相关的政策支持措施。

五是处理好政府支持与市场化手段的关系。当前金融支持战略性新兴产业发展的举措中，由政府政策主导、基于行政手段的情形较多，而金融机构从盈利视角出发、基于市场化原则的举措相对较少。如银行业金融机构往往是为了完成监管部门硬性的达标任务；资本市场对于战略性新兴产业，特别是最需要融资支持的处于发展初期企业的支持力度有限；而保险资金亦不能出于盈利目的而设计针对战略性新兴产业的产品和服务。与此同时，部分产业在政府的强力主导推动下，依靠行政性手段获取了较多的金融资源供给，并造成了产能过剩问题。下一步的发展，既需要政府政策的继续支持，同时更加需要通过市场化手段来推动。关于政策性支持手段在战略性新兴产业上的运用，需要把握好三个关系，见本章第三节。

六是从宏观上创造有利于包含战略性新兴产业在内的实体经济发展的良好金融运行环境。战略性新兴产业作为实体经济的一个重要组成部分，离不开实体经济良性发展的大环境。金融管理部门要注重宏观审慎管理与微观审慎管理相结合，为实体经济发展提供一个良好健康的金融运行环境。应该说，国际金融危机过后，宏观审慎管理的重要性日益凸显，没有宏观审慎管理框架的有效实施，就很难创造一个良好的金融环境。在宏观审慎管理框架下，金融业应继续坚持防范风险，同时又要为包括战略性新兴产业在内的实体经济提供必要的合理适度的流动性支持。本章第四节提供了一个关于借鉴发达国家经验，推进我国宏观审慎管理，促进金融平稳健康运行的思考。

七是要特别重视金融基础设施及相关保障性、救济性措施的作用。加强担保和保险等能够分散转移风险的服务手段的运用，针对战略性新兴产业不同阶段的风险特征和风险水平开发不同的担保或保险产品。要完善金融中介服务，加强知识产权评估标准化制度建设，制定无形的资产评估管理细则，推进知识产权作价评估标准化，扩大担保物的有效涵盖范围。加强征信体系建设，有效缓解金融业与战略性新兴产业（企业）间的信息不对称问题。充分发挥金融基础设施的作用，为战略性新兴产业（企业）提高便捷高效的清算与支付等金融服务。

八是注意用好“国际国内两个市场两种资源”。要充分认识到我国发展战略性新兴产业已经并将继续处于开放经济的发展环境中。在应对国际挑战的同时，我国战略性新兴产业（企业）发展亦面临着重要机遇。应支持有条件的战略性新兴产业（企业）实施跨国经营战略，充分吸收外国技术和管理经验，开拓国际市场。金融举措大有可为，在外汇管理、出口信贷、保理、保险等方面积极发挥作用。

九是要以“开放包容”的心态审慎面对战略性新兴产业创新发展的“冲击”。根据国家统计局编制的《战略性新兴产业分类（2012）（试行）》，战略性新兴产业分类共三层。其中第一层第二大类为“新一代信息技术产业”（第一层），该类别下的第二层为“下一代信息网络产业”，涵盖的第三层包括“下一代互联网服务”，该项下包括“非金融机构支付服务”和“电子商务网络支付服务”两项内容。实际上，包括互联网支付在内的互联网金融业态已经对传统金融行业产生一定的影响，甚至“冲击”。作为金融监管当局，既要以开放的心态鼓励创新，同时也要与时俱进地改善监管，促进互联网金融产业的健康持续发展。专栏 10-1 提供了一个央行应对新兴互联网支付业务发展的观点。

专栏 10-1

央行暂停阿里巴巴和腾讯部分支付业务是在“开市场化改革的倒车吗”？

2014 年上半年，中国人民银行（以下简称央行）出手干预阿里巴巴和腾讯的部分支付业务，并非如舆论传闻所言在“开市场化改革的倒车”，而是为市场化发展保驾护航。当然，央行的具体应对举措仍然有进一步改进的空间。

一、“开市场化改革倒车”负面舆论的缘起

自“钱荒”获得“央妈”的名号，2014年上半年央行出手干预阿里巴巴和腾讯的部分支付业务又为其赢得了“央帝”的帽子（导火索是2014年3月13日发文暂停两家公司的二维码支付和虚拟信用卡业务）。一时间，央行又站在了舆论的风口浪尖，市场上负面评价颇多，调侃、戏谑、嘲讽央行和传统大型金融机构的段子频出（其中就包括所谓的“央帝”），甚至还有一些评论认为出现了市场化改革的倒退。

二、央行政策选择关乎“推进市场化”与“加强监管”的权衡取舍之道

从官方的角度看，央行支付结算司作出了公开解读，比如防范风险隐患等考量，并且特意强调只是“暂停”，而不是“叫停”。本书研究者对于央行专业化的解读当然是认可的，同时认为此事除了防范支付业务风险等技术层面的问题外，还关乎央行（甚至更高的决策层面）在权衡、取舍推进市场化和加强宏观调控（监管）两者间平衡关系的基本理念。

从总的原则来看，主要根据事务是否具有外部性来判断政策选择。大体有两个方面：一是不涉及（或较少涉及）公众利益的事务，交由市场或交由地方去做。比如设立小额贷款公司，由于其利用自有资金开展业务，不能吸收公众存款，不涉及公众资金安全的问题，中央金融管理部门可以不干预此事，地方金融管理部门（比如各地的金融办）就可以审批设立，其条件也并不苛刻，市场主体满足基本条件即可（部分小贷公司开展非法集资等活动当然是另外一回事）。二是关乎公众利益的事，则必须加强管理，并且由具备中央事权的金融管理部门负责。比如设立村镇银行，由于要吸收公众存款，存在危及公众利益的可能性，所以必须由中央事权的银监部门（包括其派驻各地的分支机构）负责。

按照这个逻辑理解，央行对于支付机构相关业务的政策取向，就要看其是否具有高度的外部性，是否涉及公众利益。特别是一旦出现风险，是否会发生公众群体性事件。是否存在最后动用金融稳定再贷款（该类再贷款实际上最后是用全体纳税人出资组成的公共财政兜底）来解决问题的可能性。如果存在这些可能，那么央行出手干预就是无可厚非的，也是十分必要的，并不是开市场化改革的倒车。

现在来看阿里巴巴和腾讯等支付机构开展的二维码支付和虚拟信用卡业

务，以及各种“宝宝类”的理财产品。撇开具体业务的技术性细节不表，单就其是否具有外部性、是否会影响到公众利益和金融稳定的性质而言，可以说答案是非常明显的。上述业务都可能存在丢失、转移、挪用、盗用等危害公众资金安全的风险（当然还有包括洗钱在内的其他风险）。这些风险的发生，都毫无例外地会引发参与上述业务的社会公众索回其资金的强烈诉求，严重的情况下将引发系统性金融风险并导致群体性事件也不是没有可能。因此，加强监管，让各类支付机构平稳发展、有序竞争就是摆在监管者面前当务之急的事情。这非但与开市场化改革的倒车无关，反而是为市场化发展保驾护航的得力之举。

三、央行应对举措仍有改进空间

一是监管亦需遵循合理合法边界。如果央行干预（或者说监管）的必要性能够成为共识，那么接下来讨论的问题就是干预和监管的边界，政策当局当然不能任意加以管制。无论是对新事务，还是对传统事务，政策当局的监管都应该只针对可能影响到公众资金（也许还包括信息等其他方面）安全等具有外部性影响的方面，而不是其具体的经营模式和竞争手段（那样做无疑会扼杀创新）。在这个意义上，加强对支付业务安全性的监管应该成为关键环节，如针对其备付金（吸收的公众资金）等方面的管理。而与安全性无关（或者关联性很小）的方面，监管者则不应过多干预。

二是强化对“监管者和监管措施”的约束。央行现有监管举措是否严格限制为仅针对涉及公众资金安全等具有外部性影响的方面？是否存在监管过度的问题？各方面的看法仍然存在不一致性。应该承认，央行针对每一项支付业务的具体监管举措可能仍有值得商榷的地方，需要进一步加强研究，完善监管政策设计。特别是针对被“暂停”的业务，一定要尽快研究制定相应的监管规则。各类机构在规则范围内的具体经营行为，则不应再干涉。

三是切实做好与被监管者的沟通。央行在制定监管规则时，应该更好地倾听被监管者的意见，尤其是反对的声音，更要努力做好沟通解释工作，尽力避免引发被监管者的激烈反对，并进而造成舆论影响（特别是阿里巴巴和腾讯两大机构，可以说已经在相当程度上掌握着市场舆论的主动权，如腾讯公司的微信业务）。因此，做好充分有效的沟通协调工作有利于掌握舆论的主动，有利于降低推进工作的阻力。

四是创造公平竞争的环境要注重对称性。本次事件中，央行举措暗含的一个重要出发点是，通过加强对阿里巴巴和腾讯等新型支付业务的监管，创造它们和传统金融机构公平竞争的环境，毕竟传统机构受到了诸多监管要求（监管是必要的）的限制。然而本轮舆论中，央行最受诟病的莫过于被认为和某些传统机构，特别是和某类支付结算组织具有特殊关联性，甚至引发“央行决策被绑架”的议论。因此，进一步的市场化改革，要特别注重创造公平竞争环境的对称性，既要避免新型机构不顾外部性影响、不受监管约束发展获得的特殊优势，也要避免传统机构在“政策游说”方面可能存在的不正当竞争。从这一点出发，央行确有必要切割和某些传统机构的特殊关联，从而让所有的市场主体（不管是新型机构还是传统机构）均成为平等竞争的主体。

五是开放包容很重要。对于创新、对于新生事物，中央银行和有关监管部门应始终秉持开放包容的态度，并给予积极的鼓励；对于社会舆论中不同的声音，也要始终做到积极倾听，并认真加以研究解决。

第三节 扶持性举措中的三组平衡关系

自 2011 年以来，我国风能、光伏等新能源产业遭遇国际金融危机的冲击以及欧美反倾销、反补贴调查，出口受阻、产品积压、产能无法消化，经营相继出现比较严重的亏损。上述产业都是资本密集型制造业，相当一部分资金来自于银行信贷、发行债券等长期融资，如果出现违约或破产也将带来金融风险，影响到整个产业以及地方政府的信用环境。新能源产业是“十二五”规划纲要确定的七个战略性新兴产业之一，也是符合经济结构调整升级的产业政策重要支持领域。因此，各地政府为支持身处其中的大型企业，如无锡尚德、江西赛维等，纷纷出手相救，或以隐性担保为企业争取新的信贷投入，或动用地方政府控制的国有企业进行资本重组。

事实上，风能、光伏等产业一直享受着政府的扶持，在项目投入时获得财政补助资金，在经营过程中获得税收减免与返还，还在土地、供电价格等方面得到优惠。其产品在投入到风电、太阳能项目中时又会享有投资补贴、高上网电价等支持措施。而这些支持带来的产能扩张超过了国内市场的吸收能力，企业过度依赖于出口国际市场，而国际市场又受到经济与政治环境等诸多因素的影响，进而出现了当前的经营困境，最终仍需要政府运用公共资源进行救援。政府的支持并没有打造出一个可以自身良性循环的风能、光伏产业，反而出现了产业对政府的依赖迹象，上述事例给了我们一个反思的机会，应该如何支持战略性新兴产业的发展？

战略性新兴产业具有战略引领的地位，代表产业发展的方向，能够促进我国经济与科技在未来的国际竞争中占据一席之地。但是，具体到由谁来支持、怎么支持、支持到什么程度，理应在政策选择时权衡比较。总体来看，在支持战略性新兴产业的过程中，应该把握好三个关系：公平与效率的关系、政府与市场的关系、开放与保护的关系，通过厘清和把握好这三个原则关系，以求解决支持战略性新兴产业过程中遇到的上述具体问题。这三个关系相互关联，但不尽相同，可以分别阐述。

一、把握好公平与效率的关系

经济决策应该考虑公平与效率。我国“十二五”规划纲要和《国务院关于加快培育和发展战略性新兴产业的决定》（国发〔2010〕32号），已经明确了节能环保、新一代信息技术、生物、高端装备制造、新能源、新材料、新能源汽车七个领域的战略性新兴产业。2012年，国务院又颁布了《“十二五”国家战略性新兴产业发展规划》，进一步明确了战略性新兴产业的发展任务和政策措施。支持战略性新兴产业的发展，目的是争取经济和科技发展的制高点，但这并不是说在公共资源运用的过程中可以放弃一般原则，政府在运用公共资源提供支持的过程中，也应该考虑公平与效率的问题。

公共资源来自纳税人，是有成本的，运用公共资源支持一部分企业包括私人企业，在决策上需要经过合法程序，体现公平公开的原则。一些地方政府通过隐性担保方式为光伏、风电等企业争取融资，或通过政府控制的融资平台、国有企业向这些企业注资，不仅在形式上可能有法律瑕疵，而且因涉及对公共资金的使用，应该经过合法的审议程序并制定相应的管理规则。否则，这种支持于法无依，既不符合现代政府决策管理的要求，也违背了公平公开的原则，对于战略性新兴产业而言也意味着政策上的风险。

政府将一部分公共资源用于支持战略性新兴产业就意味着不能用作支持其他领域，即公共资源的机会成本。要确保公共资源的使用效率，在投入公共资源之前，必须对成本收益风险进行权衡；在公共资源进入经营实体运营时，也必须采取有效的管控措施。这就要求地方政府在项目决策前进行认真评估，结合自身资源禀赋、产业布局基础，综合考虑产业整体发展趋势和集群水平，选择战略性新兴产业的发展方向，不能盲目“大干快上、全面开花”。地方政府在项目运营过程中，还应依法履行好对公共资源使用的监督作用，不干预企业经营，但要综合运用工商、税务、审计等管理措施，防止企业通过资本、定价等渠道虚冒侵占、挪用转移公共资源。

二、把握好政府和市场的关系

战略性新兴产业有着类似于其他科技密集型产业的特点：初期研发和项目建设投资较大，技术更新换代快，企业成长性较高但失败概率也高，企业初创期融资能力不足。如果仅仅依靠市场力量，通过产业自我积累、自我创造实现发展，需要耗用较长的周期，这与抢占新一轮经济和科技制高点的目的是矛盾的。政府支持某些特定产业的发展，以缩短产业培育的周期，争取尽快获得产业和国家竞争优势，这是各国普遍的产业发展策略。

政府对战略性新兴产业的支持主要从供给与需求两个方面拉动产业发展：针对投资、产销量或经营效益的财政补贴扩大了供给，税费减免增加了经营收益、吸引投资进而扩大供给，政府集中采购和定价措施（如上网电价）扩大了需求等。不可否认，由政府主导的供给与需求的扩大对于拉动战略性新兴产业发展具有重要作用，促进了产业的形成和集聚，有利于身处战略性新兴产业中的企业尽快度过初创阶段，实现资本积累和规模效应，进而推动产能扩张和技术、市场研发。但是，政府力量对市场的干预也必然带来负面问题——重复建设、产能浪费和低效率、创新动力不足紧密相连。归结其原因，就是产业对政府的依赖导致竞争力衰退。

市场竞争中也会出现重复建设、产能浪费现象，但是市场力量会通过兼并重组等方式，让效率相对较高、创新力量更强的企业生存下来，让弱者淘汰。在政府主导的模式下，政府不断向企业“输血”，低效率的产能、技术、商业模式难以被淘汰，并且由于地方利益的障碍，兼并重组过程中也面临分割的市场：不是由其他地方同业竞争者来实施兼并重组，而是由政府协调当地其他行业的企业来兼并重组。同一个行业内的资源、技术、管理经验并没有通过兼并重组得到优化提升，甚至可能出现“拉郎配”现象。

政府应该在多大程度上支持战略性新兴产业的发展呢？我们认为，应该根据产业发展规律，主要对处于初创期的企业提供“孵化”支持。对于那些已经具备规模化生产能力，能够通过市场融资的企业，不宜过多运用财税手段提供直接资金支持。特别是，当企业由于面临经济周期压力或经营管理决策失误，进而出现经营困难时，政府不应盲目对其“输血”，而是让市场力量实现兼并重组、优胜劣汰。中央政府可以考虑针对地方政府支持战略性新兴产业出台管理制度或指引，避免地方政府出于竞争目的或地方利益保护考虑，耗用公共资源支持落后企业或产业。

在支持战略性新兴产业的方式上，政府应该将金融作为抓手，更多地发挥引导作用以带动和激发市场力量，而不是直接向企业输血。首先，金融具有明显的杠杆效应，政府可以通过贴息、提供有效担保机制等形式，撬动更多的金融资源投入战略性新兴产业之中。其次，金融运作基于市场原则，有甄别遴选企业项目的专业技能，对受支持的企业是竞争激励也是有力约束，有利于减弱企业对公共资源的依赖。对政府而言，金融也是一道责任界定明确的防火墙。更重要的是，金融市场作为一个统一的市场，资金与信息流动充分，可以为战略性新兴产业的资源配置与流动提供有效的平台，进而助推产业内部的兼并重组和效率提升。

三、把握好保护与开放的关系

国内市场和国际市场是互有联系又显著不同的两个市场。在国际资本流动和产品服务贸易格局中，市场准入是互相对等的。作为国家发展战略中的一个组成部分，战略性新兴产业所处的领域同时也是各国经济科技竞争的焦点，因此在保护与开放的抉择上不仅要着眼于产业自身发展的需要，还要考虑国际竞争的压力，应当审慎抉择。

作为新兴市场经济体，我国在资本、技术、品牌、管理等方面与国外发达经济体存在差距，不完全具备自由贸易与竞争的基础（实际也不是公平竞争）。如果不实施审慎的开放策略，很可能自有的战略性新兴产业被少数几个发达国家的大公司吞并，来之不易的资本和技术积累、人才培育可能会为人所用，取得战略制高点的目标也会受到影响。

可以从韩国、日本培育产业的历程中找到一些借鉴。韩国、日本的主要企业如三星、大宇、现代、三菱、丰田、索尼等，都是通过模仿再创新来完成资本和技术积累，再走向自主创新的，这些企业在国内的涉足领域广、集中度很高，是以国内市场为支撑取得支配地位、做大做强之后，再向国际市场争取发展空间。这为我国发展战略性新兴产业提供了一定的参考借鉴。在开放问题上，可以考虑分为两个阶段：首先是逐步开放产品与服务贸易，获得对等的贸易条件，找到学习模仿赶超的对象，以锻炼促进国内企业的竞争力。其次是资本的开放，待我国企业在国内市场取得主导地位，实现一定的范围经济、规模经济和资本积累，形成自有品牌和技术研发竞争力后，再对外开展资本竞争与合作。

第四节　宏观审慎管理在金融扶持政策中的重要性

2008 年以来，波诡云谲的国际经济金融形势带来经济思想的大碰撞与理论的再塑造。在金融学领域，至少有两大课题已经引发了决策者与学界深层次的探索：一是关于金融与实体经济发展关系的再衡量。危机的爆发促使世界各国尤其是发达经济体对过去一二十年的经济发展模式进行反思和调整，决策者已经认识到过度追求以金融业为代表的服务业发展可能使整体经济面临严重的产业空心化（De-industrialization）问题，实体经济特别是若干具有基础性、战略性的制造业部门才是国民经济发展的基础和支撑点。“为实体经济服务是金融发展的宗旨”这类观念再度被奉为圭臬。二是如何保障金融业自身平稳健康发展的争论与改革。学界普遍认为系统性风险监管的缺失是金融危机迅速扩散，并引发全球金融市场动荡的重要原因之一；通过构建宏观审慎政策框架，对系统性风险进行监管，切实维护金融业稳定运行成为各国普遍的选择。

两大课题表现的侧重有所不同，但实质联系很密切，两者相互影响，相辅相成。一方面，“百业兴则金融兴，百业枯则金融亡”，金融业本身并不创造实际的物质财富，只有良好的实体经济运行才能为金融业发展带来不竭的发展动力；另一方面，“金融稳利于百业稳，金融乱则百业慌”，金融是现代经济的核心和血液，如果金融运行紊乱，则实体经济运行必然混乱。因此，实施宏观审慎管理，维护金融业平稳健康发展，对于两个课题而言，均有重要的意义。

“宏观审慎”这一概念并不是一个新生事物①，但直到近年来在应对国际金融危机的过程中才引起广泛的关注和使用，而欧美发达国家在反思危机并进行宏观审慎管理的探索中亦积累了一些值得借鉴的经验。本节简要梳理发达国家金融管理部门和国际组织推动宏观审慎管理中的一些启示，并结合我国国情，给出当前我国实施宏观审慎政策的建议。

一、发达经济体宏观审慎管理实践的共识、困境及可行选择

推进宏观审慎是推动金融监管改革的主要方向，发达经济体作为宏观审慎管理的先行者，在实践中仍然存在一些困境，但所开展的积极探索具有重要意义。

1. 确立和强化宏观审慎管理是推动金融监管改革的主要方向，业已成为改革共识

金融监管体制在国际金融危机中暴露出宏观审慎管理缺位的弊端，主要包括：缺乏减轻金融体系顺应周期性、避免危机发生时风险快速传递的有效政策工具，银行业机构资本质量和流动性管理水平不足以应对危机，场外衍生品、对冲基金、信用评级机构等未得到有效监管，薪酬制度过度激励风险行为，金融消费者保护不力等。英国金融服务管理局在 2009 年 3 月的一篇危机应对报告中指出：“这次金融危机是对目前以微观审慎层面为基础的金融规制与监管体系的根本性挑战。一个稳健的微观审慎体系是必须的，但还不足以保证整个金融体系的稳定，而宏观审慎恰恰以系统性稳定为目标。”

加强宏观审慎管理的理念在发达经济体得到充分体现。如巴塞尔委员会在《增强银行体系稳健性》征求意见稿中就提到，“为解决本轮危机暴露出的

---

① 1979 年 6 月 28~29 日，巴塞尔银行监管委员会的前身库克委员会（Cooke Committee）在一次关于国际银行贷款期限转换的讨论会中首先提到了“宏观审慎”一词。其在公开文件中的首次亮相是在 1986 年，欧洲煤钢联营（ECSC）在当年的《国际银行新近创新报告》中用部分段落正式讨论了宏观审慎政策。随后，“宏观审慎”一词开始被越来越多地提到，但在亚洲金融危机之前仍然没有得到足够的重视。1997 年的亚洲金融危机作为一个驱动因素，此后“宏观审慎”一词开始大规模应用。1998 年 1 月，国际货币基金组织在《迈向一个健全的金融体系框架》的报告中最先将宏观审慎监管的理念用于监管金融体系。2008 年国际金融危机之后，谷歌搜索和学术出版物中使用“Macroprudential”这一术语的频率直线攀升（见 G. Galati，R .Moessner.，“Macroprudential Policy-a Literature Review”，BIS Working Papers，February 2011，No. 337.）

市场失灵，巴塞尔委员会正在对全球监管体系进行一系列根本性的改革。这些改革不仅强化单个银行或微观审慎监管，有助于提高单个银行机构应对压力的稳健性，而且还包括宏观审慎监管，解决系统性风险，包括跨市场的风险积累以及风险随时间变化引起亲经济周期问题”。英国拟于 2013 年实行的新的监管框架特别设立了金融政策委员会（Financial Policy Committee，FPC），专门负责宏观审慎管理，在人员组成上包括英格兰银行、金融市场行为监管局（Financial Conduct Authority，FCA）和财政部的相关负责人和代表，以跨部门委员会的形式存在和运作，使其能够拥有评估系统风险、维护金融稳定所需的必要权威和资源。为了实现金融稳定的目标，金融政策委员会（FPC）将有权根据不同情况向作为微观审慎监管机构的审慎监管局（Prudential Regulation Authority，PRA）和金融市场行为监管局（FCA）发出指示和建议，从而将宏观审慎管理与微观审慎监管有机联系起来（余剑，2013）。

2. 宏观审慎管理框架基础尚不成熟，有效推进仍然任重道远

尽管加强宏观审慎监管已经成为国际社会的共识，但当前宏观审慎管理的理论基础仍然薄弱、实践经验仍然缺乏。正如国际清算银行（BIS）的经济学家加拉蒂和默斯纳（G. Galati 和 R .Moessner，2011）在一篇关于宏观审慎政策的综述性文献中所指出：“宏观审慎政策研究仍处于萌芽状态，还远远谈不上为政策框架提供支撑”。英格兰银行的专家也特别指出，与“二战”后货币政策的处境类似，当前宏观审慎政策的实施也面临着数据缺失、理论不清、实践经验匮乏的窘境，必须通过不断地试错逐步完善理论（Aikman 等，2015）。

当前而言，几个关键性的问题尚待解决：一是不同宏观审慎政策工具的传导机制仍不明确，包括其如何影响金融机构和金融市场，如何影响实体经济等；二是宏观审慎政策在经济繁荣期和衰退期的取向是否具有对称性；三是在与财政政策、货币政策等工具一起使用时，如何确定宏观审慎政策工具的边际效应；四是宏观审慎工具使用对货币政策传导机制的影响等。只有深入加强理论研究和不断进行实践检验，才有可能为宏观审慎政策提供一个明确清晰的框架，并为现实的政策制定提供参考。

3. 强化央行地位、积极探索几类潜在的宏观审慎政策工具是当前推进审慎监管框架建设的现实选择

在当前整体理论基础仍然薄弱的情况下，两方面的工作可能是现实选择。

一方面，赋予央行在金融管理事务中更高的权限。针对过于分散的金融监管框架在危机中暴露出的重大缺陷，发达经济体赋予了中央银行在金融管理事务中更多的权力。在美国，奥巴马政府的金融监管改革方案强调了对大型金融集团系统性风险的评估和管理，提议将系统性风险监管职责赋予美联储，对那些一旦倒闭便可能构成系统性风险、给整个经济造成损害的大型金融机构及其附属机构进行监管。在英国，新政府上台后拟推行的监管框架几乎完全打破现行英格兰银行、金融服务局和财政部三方监管的格局，将金融服务局拆分，原金融服务局的职能由三个机构取代：英格兰银行下辖的金融政策委员会（FPC）；英格兰银行下辖新设的审慎监管局（PRA）和相对独立的金融市场行为监管局（FCA），后两者在与宏观审慎管理有关的方面都将接受金融政策委员会的指导。

另一方面，积极探索几类宏观审慎政策工具。国际主流的研究认为，宏观审慎管理框架一般包括两个维度的内容：其一是纵向维度，即关注时间维度（Time Dimension），主要是针对金融体系的周期性特征分析以及逆周期政策工具的运用；其二是横向视角，即关注跨行业维度（Cross-sectional Dimension），主要是分析在某一给定的时点上，由于金融机构之间的相互关联和持有共同的风险暴露，单个或一组金融机构对系统性风险的贡献度以及风险在金融体系中的分布。其中，两个维度又包括“三个类别”的内容，即“基于金融机构资产负债表的工具类别（包括基于资本的工具、基于流动性的工具、基于拨备的工具）”“基于金融交易条件（担保限制）的工具类别”“基于市场结构的工具类别”。而具体工具的应用包括逆周期资本要求、可变风险权重、杠杆率限制、前瞻性损失准备、抵押品要求、信贷金额控制和储备要求等。在潜在的宏观审慎政策工具中，逆周期资本要求、可变风险权重、杠杆率限制已被20国集团所认可的《巴塞尔资本协议Ⅲ》所采用，而其余工具的使用则尚未达成国际共识。

二、我国实施宏观审慎管理的政策选择

“他山之石，可以攻玉”，发达国家金融审慎监管改革与探索对于当前我国有效实施金融宏观审慎政策具有重要的借鉴意义。既要以邻为镜，借鉴发达国家的通行做法，作为我国实施宏观审慎管理的基本原理；也要因地制宜，紧密结合中国国情，构建具有中国特色的宏观审慎框架。

1. 高度重视宏观审慎管理，提高央行在监管框架中的地位

本轮金融危机充分暴露出金融监管体系的缺陷，必须通过加强宏观审慎管理来弥补微观审慎监管的不足，央行在此过程中须发挥更加突出的作用。巴塞尔银行监管委员会主席、荷兰中央银行行长努特·韦林克指出，未来监管体制安排的宏观审慎取向还需进一步加强和扩充，要投入更多资源用于对机构之间关系以及机构与整个金融环境关系的研究上，要加深宏观和微观审慎监管之间的相互联系，并要加强央行在宏观审慎管理和危机治理方面的职能。事实上，通过改革金融监管组织架构、赋予央行更大的系统性监管职能正是近期美、欧金融监管改革的核心内容之一。

对我国而言，明确央行在实施宏观审慎管理的主导地位具有诸多有利因素：一是央行一直以来承担着防范和化解系统性风险、维护金融稳定的职责，且独具最后贷款人的职能，从而具有实现宏观审慎目标的天然优势；二是央行是支付手段和金融市场即时流动性的唯一提供者，而市场流动性又决定了金融系统在面对冲击时的弹性和稳定性；三是对央行委以宏观审慎管理的重任可避免危机期间不同且分散的金融监管机构协调难而引发的问题。

2. 赋予中央银行实施宏观审慎管理的权力，并在两个维度上运用好宏观审慎管理工具

中央银行有责任维护金融稳定，并实现宏观审慎目标。与维护金融稳定和实施宏观审慎目标的责任相匹配，应赋予中央银行相应的权力和政策工具。对我国而言，当前应在两个维度上运用好宏观审慎政策工具。

一方面，以差别存款准备金动态调整政策为主导做好纵向视角的宏观审慎管理。纵向维度的宏观审慎管理要求金融机构实施逆周期的最低资本要求和资本缓冲，并采取更为稳健的拨备方法，以增强金融体系抵御风险的能力，平滑跨周期的贷款投放和经济波动。我国实施的《商业银行资本管理办法(试行)》，借鉴了宏观审慎管理的经典框架——《巴塞尔资本协议Ⅲ》的有关措施，对商业银行的逆周期资本要求作出了具体安排。同时，从央行的视角来看，我国在宏观审慎政策工具的创新与运用上走在了世界的前列，其中最主要的就是创造性地提出并实施了差别存款准备金动态调整政策。这项政策的核心是关注金融机构核心资本的数量和质量，根据金融机构资本充足率、经营稳健性状况和执行国家信贷政策情况，确定具体调控参数，并进行动态调整，同时还要充分考虑新设机构和不同类型金融机构的特点，对主要服务“三农”、小型微型企业的中小金融机构适当倾斜。要进一步发挥2011年来全

面引入的差别准备金动态调整政策的作用，切实维护金融稳定、防范系统性风险、体现逆周期性调控以及促进经济社会薄弱环节发展的政策意图。

另一方面，以提高资本充足率要求为主导做好横向视角的宏观审慎管理。国际金融危机再一次表明，如果仅注重微观审慎监管，只保证单个银行的安全，而缺乏系统性风险防范，一家银行破产带来的“多米诺效应”将可能给整个银行体系造成冲击。因此，目前国际上逐渐形成一个新的共识，即在实施宏观审慎管理中要重点关注系统性风险。以英国为代表的欧美国家的金融监管改革方案中涉及的宏观审慎管理办法，均显示出监管理念和重点的转变，大幅提高了对系统性风险管理的要求。我国的《商业银行资本管理办法（试行)》，对系统重要性银行和其他银行的资本充足率监管要求分别为 11.5%和 10.5%，有关标准高于《巴塞尔资本协议Ⅲ》的要求。要发挥好差别化资本充足率要求对系统重要性金融机构（Systemically Important Financial Institutions，SIFIs）的监管作用。同时在审慎性监管原则的指导下，把金融业看成一个整体，关注并防范单个或部分金融产品和服务在不断放大的杠杆比率情况下可能产生的连锁反应和扩散性影响。

3. 关注宏观审慎管理政策实施的潜在影响，并加强与货币政策的协调

宏观审慎管理是当前金融监管的重心，要积极应对宏观审慎政策框架的具体运用可能对中央银行最主要、最传统的职能——货币政策实施的潜在影响，并加强两者的协调配合。

一是扩展货币政策传导渠道，降低更高的资本充足率标准对我国传统货币政策传导渠道的影响。尽管近年来我国直接融资规模迅速发展，在社会融资总量中的比重不断提升，但当前银行信贷仍然是货币政策传导的重要渠道。宏观审慎政策要求逐步提高商业银行的（核心）资本充足率，将约束商业银行的信贷扩张能力，商业银行的可贷资金占比将有所降低，信贷渠道发挥作用的空间将有所减少。因此需大力发展金融市场，拓展货币政策传导渠道，化解更高资本充足率短期内对信贷传导渠道带来的冲击。

二是加强对金融机构审慎开展金融创新的疏导，积极应对规避监管的创新活动对未来货币政策的潜在影响。宏观审慎框架扩大了资本框架的风险覆盖范围，有利于监管和货币政策调控，但规避监管的金融创新活动对未来货币政策的潜在影响不容忽视。一方面，宏观审慎框架下的资本要求新规定限制了商业银行将表内业务向表外转移，有利于监管和货币政策调控；另一方面，新规也可能促使商业银行试图逃避监管的金融创新，对未来货币政策调

控的潜在影响不容忽视。尤其是当金融法规的约束大到回避它们便可以增加经营利润时，“发掘漏洞”和创新就非常可能发生。新的更加隐蔽复杂的表外业务及其难以洞察的真实运行机制，将加大货币政策调控的难度。在鼓励金融创新的同时，中央银行和监管部门要进一步密切跟踪市场，了解最新的金融创新态势，全面及时掌握金融创新风险，摸清微观金融运行机制，为货币政策决策提供有效的信息，促进金融业平稳健康发展。

三是宏观审慎政策要与货币政策充分协调，避免逆周期的监管政策与货币政策产生严重的叠加效应。我国货币政策作为宏观调控的重要组成部分，本身就有“相机抉择”和“逆周期”的内涵；而宏观审慎管理框架的一个支点就是要在纵向维度上发挥逆周期的作用，包括资本缓冲等具体规定。货币政策的逆周期调节与宏观审慎管理措施的逆周期调节要有效结合，避免两者产生严重的叠加效应对经济运行造成干扰。

4. 国际经验与中国国情相结合，构建具有中国特色的宏观审慎政策框架

一方面宏观审慎管理框架、制度安排、政策工具的发展必须与我国经济金融发展的阶段和具体情况相适应。加强宏观审慎管理是国际社会的共识，但应该注意到任何管理方法都是与管理对象相对应的，理解宏观审慎管理不能脱离其所针对的经济金融基础条件，在借鉴外国经验和采取措施时尤其要注重这一点。

另一方面制定宏观审慎政策，要充分考虑我国区域发展的差异性。我国区域经济发展具有明显的差异性，不同区域金融风险的程度、表现形式也都有所不同，因此宏观审慎管理必须充分发挥区域金融管理部门的作用，紧密结合地方实际开展有关监测、分析、评估、处置等基础性工作。

第五节　金融扶持政策建议

针对当前金融支持战略性新兴产业发展的困难和不足，在前文基本原则的指引下，建议进一步加强传统金融业发展、多层次资本市场建设、保险资金运用拓展、金融创新、风险分担与补偿机制建设、金融基础设施保障能力建设等方面的工作。

一、创新风险收益管理模式，促进以银行业为代表的传统金融业与战略性新兴产业（企业）间的风险收益平衡

针对战略性新兴产业成长性强、风险高的特点，银行业金融机构可设立专门部门，在有效评估风险的基础上，创新收益方式，支持战略性新兴产业发展。

一是在风险控制方面，要正确认识战略性新兴产业带来的机遇和蕴含的风险，实行积极稳健的发展战略。在充分研究商业银行自身资产负债结构、行业结构和未来发展的基础上，合理确定新兴产业资产业务在全部资产组合中的比重，并进行有效的动态调整。要有效识别、计量、监测和控制单个客户风险，建立适应战略性新兴产业特点的信贷管理和贷款评审制度；建立针对战略性新兴产业的风险监测分析预警体系，包括风险预防、控制和危机处理的整套风险分析处理机制；密切关注宏观政策、行业和区域经济发展情况、客户生产经营管理情况变化，切实评估企业的发展前景，在明确具备可行性和有效评估银行自身风险的前提下给予战略性新兴产业强有力的支持。

二是在收益方面，针对风险相对较高的企业或项目，银行可遵循金融工程的原理，制定科学合理的定价标准，设计分散风险的金融工具，满足新兴产业的直接融资需求。比如，可适度上浮贷款利率，同时，在利率设定方面，将利率与企业发展挂钩，设定利率变动区间。可以充分运用大数定理原则，规避个体企业风险，并通过进行有效的贷款定价，控制整体风险，达到收益覆盖风险的目标。

二、提升银行业金融机构服务战略性新兴产业的内生动力，加大对其实质性的支持力度

一是引导银行业机构给予战略性新兴产业发展的实质性支持措施。在我国以银行融资为主的间接融资模式下，要认真研究银行发展规划和定位，明确支持发展战略性新兴产业的目标，在具体政策措施的制定中，给予战略性新兴产业真正的优惠政策。比如，在监管和考核机制方面，针对银行是否实质性支持战略性新兴产业发展的情况，宏观调控或监管部门可以采取差别化的政策进行引导，通过建立有效的监管和考核评价体系，对银行支持战略性

新兴产业发展的状况进行评分，对得分较高的银行，在资本充足率、准备金、贴现率等方面给予优惠，对评分较差的银行给予约束。在商业银行总行的绩效考核体制内，赋予战略性新兴产业一定的考核权重并给予加分。在内部资金转移定价方面给予一定的价格补偿，鼓励分支机构一线人员有足够的进行战略性新兴产业领域企业和项目营销的动力，从而在一般行业（项目）和战略性新兴产业（项目）之间创造新的盈亏平衡关系，使银行一线机构在向战略性新兴产业提供金融服务时，能够获取与服务其他行业（企业）相同或者更高的预期收益，实现风险收益的平衡。

二是探索科技银行服务模式。在条件成熟时，探索成立科技银行（或在既有商业银行中专设科技支行），通过有效的制度和人员安排，为战略性新兴产业中的科技型中小企业提供量身定做的金融服务，实现科技与金融的有机结合①。制定战略性新兴产业客户发展名单，安排拓展能力强、业务素质高的客户经理有针对性地展开业务，提供“一户一策”的差别化金融服务方案。

三是加强金融产品与工具的创新。鼓励商业银行针对战略性新兴产业的特点，为企业量身定做金融产品。比如，以产业链中的核心企业为中心，研发产业链融资产品；针对新兴产业低碳环保的特点，设计更多的碳金融产品。积极进行银行信贷产品创新，比如推进知识产权质押融资、产业链融资等。

四是优化信贷管理流程。加强银行信贷管理创新，推动银行金融服务的差异化，在有效控制风险的情况下，根据战略性新兴产业发展的现状和前景，对具体的新兴产业采取区别对待的信贷策略。配合国家财税补贴等优惠政策，加大对于相关企业的支持力度，不断丰富和完善银行的信用品种体系。建立信贷支持战略性新兴产业的长效机制，优化信贷审批流程。创新对战略性新兴企业和项目进行授信的形式，积极探索灵活多样的金融支持方案。

五是优化银行信贷资源配置。在认真考察企业综合竞争实力、风险承受能力、发展前景和耗能、污染等因素的基础上，正确对待战略性新兴产业高投入、高风险的特征，对资源丰富或形成产业集群效应的地区，拥有成本优势、技术基础、政策扶持的企业，实现重点领域关键技术突破的企业，以及技术升级的项目给予资源优先配置。

---

① 科技银行可以服务于有风险投资支持的创业期的科技型中小企业、处于成长期和扩张期的科技型中小企业以及发展成熟的科技型企业，但处于成长期和扩张期的战略性新兴产业中的科技企业应是科技银行的主要服务对象。科技银行要坚持市场化运作、专业化管理，根据市场情况，以盈利和控制风险为原则开展业务。

六是利用自身优势提供综合服务。银行业金融机构应该基于自身的比较优势，根据战略性新兴产业中企业发展的需要，为其提供财务顾问、融资租赁、债券承销和兼并重组等综合性金融服务，支持它们通过技术链、资本链、供应链和价值链的有机整合，升级产业链，形成合理的战略性新兴产业体系。

三、加强多层次的金融市场体系建设，拓宽金融业资金流向战略性新兴产业的渠道

一是推进资本市场的产品创新，完善多元化的资本市场体系。政策设计者应该加强对战略性新兴产业发展阶段性融资需求特征的研究，因时制宜地设计相关的金融产品（工具）和服务。与一般性新兴产业发展规律类似，战略性新兴产业（企业）从初创到成熟的成长过程中，通常分为种子期、创业期、成长期（含扩张期）和成熟期四个阶段。在每一个发展阶段，由于发展目标、盈利能力、创新活跃度、企业规模、风险防范能力等都不相同，适用的金融供给模式亦不相同，需要多层次的金融市场体系发挥合力提供支持。风险投资适用于种子期和创业期的战略性新兴产业（企业），而处于成长期、成熟期的企业可能更适合于债券或票据融资方式。此外，考虑到单体载体企业融资规模的局限性，可以积极尝试多个载体企业以集群方式发行债券或票据。

二是创造条件，适时打通各层次资本市场间的通道。战略性新兴产业的技术升级，必须依赖于高新技术产业的发展，而高新技术产业的载体企业主要分布于新三板、创业板和中小企业板市场，转板机制的建立，可以使得高新技术产业的载体企业获得股权价格上的大幅度溢价机会，从而使得载体企业可以募集到更多的资金，用于高新技术产业的发展，从而有利于战略性新兴产业的技术升级。在条件成熟时，尝试推动建立不同层次资本市场之间的转板机制，逐步实现各层次资本市场间的有机衔接，特别是新三板与创业板、中小企业板之间的转板机制，以推进战略性新兴产业的技术升级和市场拓展。

三是拓展各类金融主体参与多层次投融资体系的渠道，推动各种融资方式进行有效组合。加大公共财政资金和政策性金融资金对风险投资的支持，建立和完善风险投资资本的进入和退出机制。在政策制度设计时，给予银行（或其所在的金融控股集团）一定的权限（如通过股权投资基金方式）参与到战略性新兴产业的股权融资中，鼓励金融资本和新兴产业资本的有效融合。

在风险可控的范围内为保险公司[①]、社保基金、企业年金管理机构和其他机构投资者参与战略性新兴产业（企业）直接融资创造条件[②]。

四、发挥保险和担保业的风险分担和救济功能，为战略性新兴产业发展保驾护航

一是通过建立和完善数据基础，推进涵盖战略性新兴产业的科技保险产品合理定价。科技保险的范围十分广范，在统计分析科技保险风险损失概率的过程中，应该与现有的保险风险损失概率数据库建立起通用对应关系。科技保险业务中有关人身保险的范畴，与其他一般人身保险风险的损失概率没有本质区别，通过性别、年龄、受教育程度等指标维度就可以参照同一张生命表确定。有关责任保险、财产保险的损失概率，也应当尽量按照通用险种分类纳入风险损失概率统计和测算，对其中损失概率的确高于一般保险标的的项目，再通过费率加成方式实现合理定价。当前应该克服保险业因科技企业风险损失概率高的片面判断而采取高定价的弊端[③]，推进科技保险定价与同类保险定价在数据统计基础上的合理可比进程[④]。

二是改善对战略性新兴产业的保费补贴模式[⑤]。应该对战略性新兴产业有关保险的风险概率进行区分，将补贴集中于风险概率高的部分财产、责任保险业务上[⑥]。补贴实际是保险费支付，其对象应是保险公司，不宜直接补贴给

① 以受到投资渠道约束的保险业为例，建议实施一定的政策松绑。一是允许与其他金融机构一道发起设立战略性新兴产业投资基金。二是允许与市场上相对成熟的创业资本投资公司合作，参与创业资本投资。三是允许利用自身的资产管理公司平台，创建自身的创业资本投资基金。

② 如允许购买战略性新兴产业（企业）发行的股票、债券、票据等。

③ 这其中也不排除有少数保险公司利用高定价争取更多补贴的动机。

④ 保险产品专业性较强，与高科技密切相关的战略性新兴产业更是有其创新性、专业性。要推进二者的交易实现与扩大，必须要疏导信息渠道。一方面，在保险供给方，保险业可以通过加入综合的科技金融平台，把保险与信贷、创投等一系列投融资模式结合起来。通过综合性的金融服务，更有利于科技企业了解接受，同时实际上也借用了其他金融主体在服务战略性新兴产业方面的专业优势。利用政府部门或专业的第三方机构或人员，对战略性新兴产业的经营模式、发展前景和核心风险进行评估，以利于保险企业掌握产业和企业的信息。另一方面，在保险需求方，依托科技行业主管部门、高新科技园区、行业协会等平台，加大保险常识与科技保险政策的宣传普及力度。推动保险中介机构的专业化经营，如利用具备一定专长的保险经纪公司向科技企业营销推动。

⑤ 当前的保费补贴模式弊端有：手续烦琐、时间长，增加投保企业的财务成本；可能助长保险公司提高费率报价倾向；直接补贴不符合国际贸易规则等。

⑥ 与一般财产、人身等保险标的没有显著风险区别的，不应该给予补贴。

企业。可以通过招标方式将符合产业范围内的企业保险需求归集起来，集中采购保险服务。

三是加强再保险手段的运用。政府提供财政资金支持建立战略性新兴产业专项再保险基金。商业保险公司承保符合政府规定产业和险种范围内的战略性新兴产业保险业务后，可以将保险风险中的规定比例按一定的政策性再保险费率向再保险公司分保。在保险公司出现理赔时，按照合同约定从再保险公司分摊回赔款①。

四是积极发挥担保业的功效。针对战略性新兴产业有形资产少、无形资产比例高、可抵押物资缺乏的状况，积极开展无形资产抵押方式——知识产权等担保融资，从抵押、担保、信用评估等方面进行创新，扩大抵押品范围，允许企业以技术专利等知识产权作为抵押担保。

① 保险公司通过再保险这个平台实现了风险共担和分散，同时由于有政策性再保险费率的因素，可以起到促进保险支持战略性新兴产业的作用。而再保险这种风险共担的形式，对于政府直接弥补保险公司超过保费一定比例以上的风险损失方式而言，具备市场化、机制化的效果，也更符合国际贸易的有关规则，避免可能的贸易争端。

附录 战略性新兴产业重点发展领域

根据公开资料，本附录汇总了全国及各省（自治区、直辖市）发展战略性新兴产业的实施意见、发展规划等指导性文件，梳理了各地发展的重点领域，如附表1所示。

附表1 国家及各省（自治区、直辖市）战略性新兴产业重点发展领域

区域	战略性新兴产业领域
全国	《国务院关于加快培育和发展战略性新兴产业的决定》（国发〔2010〕32号）：根据战略性新兴产业的特征，立足我国国情和科技、产业基础，现阶段重点培育和发展节能环保、新一代信息技术、生物、高端装备制造、新能源、新材料、新能源汽车等产业
北京	《北京市关于加快培育和发展战略性新兴产业的实施意见》（京政发〔2011〕38号）：根据国家确定的战略性新兴产业的发展重点，立足首都产业基础，现阶段重点培育和发展产业基础好、技术能力强、带动效应高的新一代信息技术、生物、节能环保、新材料、新能源汽车、新能源、航空航天、高端装备制造等产业
天津	《天津市国民经济和社会发展第十二个五年规划纲要》（津政发〔2011〕14号）：将加快培育壮大航空航天、新一代信息技术、生物技术与健康、新能源新材料、节能环保、高端装备制造等战略性新兴产业，尽快壮大产业规模，形成先导性、支柱性产业，构建新的增长点和发展优势
河北	《河北省人民政府关于加快培育和发展战略性新兴产业的意见》（冀政〔2011〕72号）：按照创新引领、重点突破、开放带动、集聚发展的思路，立足河北省产业基础、现有优势和发展潜力，现阶段河北省战略性新兴产业重点发展新能源、新一代信息、生物、新材料、高端装备制造、节能环保、新能源汽车和海洋经济等产业
山西	《山西省人民政府关于加快培育和发展战略性新兴产业的意见》（晋政发〔2011〕21号）：抓住时代发展机遇，加大政策引导扶持，以改革开放为动力、市场为导向、企业为主体、科技创新为支撑，以新能源、新材料、节能环保、高端装备制造、现代煤化工、生物、煤层气、新一代信息技术、新能源汽车产业为重点，以龙头企业、特色园区、产业集群、重大项目为着力点，推动战略性新兴产业快速健康发展，成为引领和带动转型跨越发展的重要力量
内蒙古	《内蒙古自治区关于加快培育和发展战略性新兴产业的意见》（内政发〔2012〕34号）：从内蒙古科技水平、产业基础、区域特点和资源禀赋出发，优先选择了发展产业基础比较好、创新能力比较强、市场需求比较大的新材料、先进装备制造、生物、新能源、煤炭清洁高效利用、电子信息、节能环保、高技术服务业八大产业作为内蒙古战略性新兴产业的重点发展领域

续表

区域	战略性新兴产业领域
辽宁	《辽宁省壮大战略性新兴产业实施方案》（辽政发〔2015〕25号）：高端装备制造、新一代信息技术、生物、节能环保、新能源、新材料、新能源汽车
吉林	《吉林省人民政府关于加快培育和发展战略性新兴产业的实施意见》（吉政发〔2011〕7号）：理清思路，明确目标，做大做强战略性新兴产业依据国家总体部署，结合吉林省区域特征和产业基础，重点培育和发展生物医药、生物化工、电子信息、新材料、新能源、新能源汽车、先进装备制造、节能环保、文化、旅游十大战略性新兴产业
黑龙江	《黑龙江省关于促进战略性新兴产业加快发展的若干政策措施》（黑政发〔2010〕65号）：为贯彻国务院发展战略性新兴产业的要求和省委、省政府关于发展战略性新兴产业的重要部署，促进黑龙江省新能源、新材料、节能环保、生物、信息和现代装备制造等战略性新兴产业加快发展
上海	《上海市战略性新兴产业发展“十二五”规划》（沪府发〔2012〕1号）：重点发展新一代信息技术、高端装备制造、生物、新能源、新材料五大主导产业，积极培育节能环保、新能源汽车两大先导产业，聚焦发展极大规模集成电路、民用航空、云计算、物联网、下一代网络（互联网、通信网、广电网）、新型显示、智能电网、新能源高端装备、智能制造、新能源汽车与汽车电子、卫星导航、生物医药与医疗器械、电子商务与新型贸易现代化、新兴产业技术创新、高技术服务业等重点领域
江苏	《江苏“十二五”培育和发展战略性新兴产业规划》（苏政发〔2012〕186号）：根据江苏经济基础、产业优势和未来发展的趋势，“十二五”期间，江苏省重点发展新能源、新材料、生物技术和新医药、节能环保、新一代信息技术和软件、物联网和云计算、高端装备制造、新能源汽车、智能电网和海洋工程装备丨大战略性新兴产业，使其成为引领江苏省国民经济发展的先导产业和支柱产业
浙江	《中共浙江省委 浙江省人民政府关于加快培育发展战略性新兴产业的实施意见》（浙委〔2011〕76号）：生物、新能源、物联网、高端装备制造、节能环保、新材料、新能源汽车、海洋新兴产业及核电关联产业九个新兴产业
安徽	《安徽省战略性新兴产业“十二五”发展规划》（皖政〔2012〕17号）：规划中所指战略性新兴产业主要包括电子信息、节能环保、新材料、生物、新能源、高端装备制造、新能源汽车和公共安全产业
福建	《福建省加快战略性新兴产业发展的实施方案》（闽政〔2011〕104号）：围绕新一代信息技术、新材料、高端装备制造、节能环保、新能源、生物与新医药、海洋高新等新兴产业发展
江西	《江西省十大战略性新兴产业发展规划》（赣府发〔2009〕29号）：重点选择了光伏、风能与核能、新能源汽车及动力电池、航空制造、半导体照明、金属新材料、非金属材料、生物、绿色食品、文化及创意十个产业作为重点培育的战略性新兴产业
山东	《山东省战略性新兴产业发展“十二五”规划》（鲁政发〔2012〕42号）：新材料产业、新一代信息技术产业、新能源产业、新能源汽车、节能环保、新医药和生物产业、海洋开发产业、高端装备制造产业
河南	《河南省“十二五”战略性新兴产业发展规划》（豫政发〔2012〕75号）：新一代信息技术产业、生物产业、新能源产业、新能源汽车产业、新材料产业、节能环保产业、高端装备制造产业

续表

区域	战略性新兴产业领域
湖北	《湖北省战略性新兴产业发展“十二五”规划》（鄂政发〔2012〕40号）：新一代信息技术产业、高端装备制造产业、新材料产业、生物产业、节能环保产业、新能源产业、新能源汽车产业
湖南	《湖南省加快培育和发展战略性新兴产业总体规划纲要》（湘政发〔2010〕20号）：先进装备制造、新材料、文化创意三大产业成为全省经济的支柱产业，生物、新能源、信息和节能环保四大产业成为全省经济的先导产业
广东	《广东省战略性新兴产业发展“十二五”规划》（粤府办〔2012〕15号）：高端新型电子信息、新能源汽车、半导体照明、节能环保、太阳能光伏、核电装备、风电、生物医药、新材料、航空航天和海洋
广西	《广西壮族自治区人民政府关于加快培育发展战略性新兴产业的意见》（桂政发〔2011〕17号）：生物医药产业、新材料产业、新能源产业、节能环保产业、新一代信息技术产业、新能源汽车、生物农业、先进装备制造业、海洋产业、养生长寿健康产业
海南	《海南省“十二五”高技术产业暨战略性新兴产业发展规划》（琼工信政〔2011〕419号）：油气化工、纸浆及纸制品、汽车和装备制造、矿产资源加工、新能源和新材料、制药、电子信息、食品和热带产品
重庆	《重庆市“十二五”科学技术和战略性新兴产业发展规划》（渝府发〔2011〕66号）：通信设备、高性能集成电路、节能与新能源汽车、轨道交通装备、环保装备、风电装备及系统、光源设备、新材料、仪器仪表、生物医药
四川	《四川省“十二五”战略性新兴产业发展规划》（川办发〔2011〕74号）：新一代信息技术、新能源、高端装备制造、新材料、节能环保及生物产业
贵州	《贵州省人民政府关于加快培育和发展战略性新兴产业的若干意见》（黔府发〔2011〕29号）：新材料产业、生物产业、高端装备制造业、节能环保产业、新能源产业、新一代信息技术产业、新能源汽车产业
云南	《云南省人民政府贯彻国务院关于加快培育和发展战略性新兴产业决定的意见》（云政发〔2012〕7号）：现代生物产业、光电子产业、高端装备制造业、节能环保产业、新材料产业、新能源产业
西藏	未见公开资料
陕西	《陕西省战略性新兴产业发展“十二五”规划》（陕政发〔2011〕37号）：高端装备制造、新一代信息技术、新能源、新材料、生物、节能环保、新能源汽车
甘肃	《甘肃省人民政府关于印发战略性新兴产业发展总体攻坚战实施方案的通知》（甘政发〔2014〕87号）：新材料、新能源、生物产业、信息技术、先进装备制造、节能环保、新型煤化工、现代服务业
青海	《青海省科技创新推动战略性新兴产业快速发展》（青海省科技厅2013年7月2日官方网页 http://www.qhkj.gov.cn/content-96-5346-1.html）：新能源、新材料、节能环保产业、高端装备制造产业、生物产业等
宁夏	《宁夏回族自治区战略性新兴产业发展“十二五”规划》（宁政发〔2013〕53号）：新能源、新材料、先进设备制造、生物、新一代信息技术、节能环保
新疆	《新疆加快培育和发展战略性新兴产业总体规划纲要（2011~2015年）》（新政发〔2011〕69号）：新兴能源、新材料、先进装备制造、生物、信息、节能环保、清洁能源汽车等

参考文献

白春礼：《加快科技创新国际化步伐》，《求是》2013 年第 10 期。

白春礼：《世界正处在新科技革命前夜》，《新华文摘》2013 年第 6 期。

蔡昉：《中国经济增长如何转向全要素生产率驱动型》，《中国社会科学》2013 年第 1 期。

程凤朝：《美国私募股权基金运作方式及启示》，《天津经济》2007 年第 6 期。

陈海君：《德国的可再生能源法及其借鉴意义》，《环境科学与管理》2006 年 2 月。

陈良文、杨开忠：《集聚经济的六类模型：一个研究综述》，《经济科学》2006 年第 6 期。

崔成、牛建国：《日本绿色消费和绿色采购促进政策》，《国外能源》2012 年第 6 期。

戴国强、张建华：《中国金融状况指数对货币政策传导作用研究》，《财经研究》2009 年第 7 期。

戴逸：《清代中叶以来中国国力的变化》，载国家清史编纂委员会，国家清史纂修领导小组办公室：《清史镜鉴》，北京图书馆出版社 2010 年版。

封北麟、王贵民：《货币政策与金融形势指数 FCI：基于 VAR 的实证分析》，《数量经济技术经济研究》2006 年第 11 期。

工业和信息化部党组：《推动制造强国建设迈出坚实步伐——党的十八大以来推进新型工业化的成就与实践经验》，《求是》2017 年第 12 期。

苟仲文：《中关村：国家创新的战略高地》，《求是》2013 年 16 期（8 月）。

郭晓丹、何文韬：《战略性新兴产业政府 R&D 补贴信号效应的动态分析》，《经济学动态》2011 年第 9 期。

国家信息中心：《经济下行背景下战略性新兴产业持续引领新的增长点发展》，载中国工程科技发展战略研究院：《2016 中国战略性新兴产业发展报告》，科学出版社 2016 年。

国家信息中心战略性新兴产业研究组：《“十三五”战略性新兴产业发展目标由

"培育"向"壮大"深化》,《中国战略性新兴产业》2017 年第 9 期。
贺俊、吕铁:《战略性新兴产业:从政策概念到理论问题》,《财贸经济》2012 年第 5 期。
何平、吴义东:《中国房地产价格对货币政策操作的意义——基于金融形势指数(FCI)的研究》,《经济理论与经济管理》2007 年第 10 期。
胡海峰、胡吉亚:《美日德战略性新兴产业融资机制比较分析及对中国的启示》,《经济理论与经济管理》2011 年 8 月。
雷鸣:《日本节能与新能源发展战略研究》,吉林大学出版社 2010 年版。
李建军:《中国货币状况指数与未观测货币金融状况指数——理论设计、实证方法与货币政策意义》,《金融研究》2008 年第 11 期。
李旭鸿、余剑:《央行"暂停部分支付业务"是开市场化改革的倒车吗?》,《中国财政》2014 年第 8 期。
李媛:《金融支持战略新兴产业政策体系的国际比较研究》,《北京金融评论》2015 年第 2 辑。
林毅夫:《潮涌现象与发展中国家宏观经济理论的重新构建》,《经济研究》2007 年第 1 期。
林毅夫:《李约瑟之谜、韦伯疑问和中国的衰落》,《北京大学学报》2007 年第 4 期。
刘铁、王九云:《区域战略性新兴产业选择过度趋同问题分析》,《中国软科学》2012 年第 2 期。
吕铁等:《技术经济范式协同转变与战略性新兴产业发展》,中国社会科学出版社 2014 年版。
吕铁、余剑:《金融支持战略性新兴产业发展的实践创新、存在问题及政策建议》,《宏观经济研究》2012 年第 5 期。
吕铁、余剑:《金融支持战略性新兴产业发展的问题及对策》,《中国党政干部论坛》2012 年 9 月。
陆军、梁静瑜:《中国金融状况指数的构建》,《世界经济》2007 年第 4 期。
【美】理查德·施马兰西、罗伯特·D.威利格:《产业组织经济学手册》,李文溥等译,经济科学出版社 2009 年版。
【美】罗伯特·J.巴罗、夏威尔·萨拉—伊—马丁:《经济增长(第二版)》,夏俊译,格致出版社、上海三联书店、上海人民出版社 2010 年版。
【美】钱纳里:《工业化和经济增长的比较研究》,吴奇等译,上海三联书店

1989年版。

廖奎、贾政翔:《美国支持可再生能源发展的财税政策》,《中国财政》2011年1月。

聂辉华、谭松涛、王宇锋:《创新、企业规模和市场竞争:基于中国企业层面的面板数据分析》,《世界经济》2008年7期。

綦成元:《"十三五"战略性新兴产业有望成为经济社会发展新的主动力》,《中国战略新兴产业》2016年第1期。

秦海川:《从世界强国崛起看金融革命对经济的引领作用》,《中国金融》2006年第9期。

沈坤荣、孙文杰:《投资效率、资本形成与宏观经济波动——基于金融发展视角的实证研究》,《中国社会科学》2004年第6期。

谈儒勇:《中国金融发展和经济增长关系的实证研究》,《经济研究》1999年第10期。

王彬:《金融形势指数与货币政策——基于中国数据的实证研究》,《当代经济科学》2009年第4期。

王广谦:《现代经济发展中的金融因素及金融贡献度》,《经济研究》1996年第5期。

王小鲁、樊纲:《中国经济增长的可持续性——跨世纪的回顾与展望》,经济科学出版社2000年版。

王玉宝:《资产价格的政策信息作用与FCI指数》,《金融教学与研究》2003年第6期。

王玉宝:《金融形势指数(FCI)的中国实证》,《上海金融》2005年第8期。

吴超鹏、吴世农、程静雅、王璐:《风险投资对上市公司投融资行为影响的实证研究》,《经济研究》2012年第1期。

徐丽华、冯宗宪:《巴西航空工业崛起的战略博弈分析及对我国的启示》,《经济管理》2006年第20期。

徐振伟:《美国生物能源政策的实施及对中国的启示》,《南开学报》(哲学社会科学版)2014年3月。

严剑峰:《巴西航空工业发展的历程、经验及启示》,《航空制造技术》2012年第3期。

【英】安格斯·麦迪森:《中国经济的长期表现——公元960~2030年》,伍晓鹰、马德斌译,上海人民出版社2008年版。

于立平、余剑：《总部经济对北京产业结构调整升级的影响机制研究》，《北京市第十六次统计科学研讨会获奖论文集》2011 年。

余辉、余剑：《我国金融状况指数构建及其对货币政策传导效应的启示——基于时变参数状态空间模型的研究》，《金融研究》2013 年第 4 期。

余辉、余剑：《政府支持战略性新兴产业应把握好三个关系》，《金融时报》2014 年 2 月 10 日（第九版）。

余剑：《国际视野下推进我国宏观审慎管理的几点思考》，《理论界》2013 年第 1 期。

余剑：《战略性新兴产业融资模式安排的理论逻辑与政策框架——基于外部性、不确定性及错配视角的研究》，《金融监管研究》2013 年第 2 期。

余剑：《新常态下战略性新兴产业发展路径选择及其金融政策响应——基于需求端视角的研究》，《财政研究》2015 年第 6 期。

战明华、杨义群：《货币、金融深化与经济增长的效率——基于中国的实证》，《统计研究》2001 年第 8 期。

张杰：《注资与国有银行改革：一个金融政治经济学的视角》，《经济研究》2004 年第 6 期。

张颢瀚、樊士德：《新兴产业的兴起与全球经济新周期的到来——兼论世界面临的全球战略任务》，《学术月刊》2012 年第 8 期。

张军、金煜：《中国的金融深化和生产率关系的再检验：1987~2001》，《经济研究》2005 年第 11 期。

张平：《破解发达地区经济增长减速困境的思考》，《广东商学院学报》2012 年第 5 期。

张耀泽：《德国绿色信贷政策介评及借鉴——以德国银行实践政策为视角》，《东方企业文化》2012 年第 5 期。

赵刚：《印度生物技术产业的政府支持和经验分享》，《中国科技财富》2011 年 11 月。

中科院可持续发展战略研究组：《2011 中国可持续发展战略报告——实现绿色的经济转型》，科学出版社 2011 年版。

中共中国科学院党组：《决定中华民族前途命运的重大战略——学习习近平总书记关于创新驱动发展战略的重要论述》，《求是》2014 年第 3 期。

中国工程科技发展战略研究院：《中国战略性新兴产业发展报告 2014》，科学出版社 2014 年版。

中国人民银行营业管理部课题组（姜再勇、余剑等）:《总部经济对中国货币政策传导渠道影响机制研究》,《金融研究》2008 年 7 月。

周琛:《印度生物多样性保护的法律与实践》,《中共济南市委党校学报》2007 年 3 月。

周晶:《战略性新兴产业发展现状及地区分布》,《统计研究》2012 年第 29 卷第 9 期。

Abiad Abdul and Ashoka Mody, "Financial Reform: What Shakes It? What Shapes It?", The American Economic Review, Vol.95, No.1, 2005, pp. 66-88.

Acemoglu Daron, Pol Antràs, and Elhanan Helpman, "Contracts and Technology Adoption", American Economic Review, Vol.97, No.3, 2007, pp. 916-943.

Acemoglu Daron, Philippe Aghion, Leonardo Bursztyn, and David Hemous, "The Environment and Directed Technical Change." American Economic Review, Vol.102, No.1, 2012, pp. 131-166.

Acs. Z. J., and D. B. Audretsch, "Innovation, Market Structure and Firm Size", Review of Economics and Statistics, Vol.69, 1987, pp.567-575.

——, "Patents as a Measure of Innovative Activity", Kyklos. Wiley Blackwell. Vol.42, No.2, 1989, pp.171-180.

Aikman D., Haldane A. and Neison B., "Curbing the Credit Cycle", Economic Journal, Vol.125, No.585, 2015, pp.1072-1109.

Aizenman Joshua, "Financial Opening and Development: Evidence and Policy Controversies." The American Economic Review, Vol.94, No.2, 2004, pp. 65-70.

Alberto Montagnoli and Oreste Napolitano, "Financial Condition Index and Interest Rate Settings: A Comparative Analysis", Money Macro and Finance (MMF) Research Group Conference Paper, No.1. 2004.

Alchian Armen and Klein Benjamin, "On a Correct Measure of Inflation", Journal of Money, Credit and Banking, Vol.5, No.1, 1973, pp.148-191.

Aldrich H. and C. Fiol, "Fools Rush In? The Institutional Context of Industry Creation", Academy Of Management Review, Vol.19, No.4, 1994, pp. 645-670.

Allen F., "The Market for Information and the Origin of Financial Intermediation", Journal of Financial Intermediation, Vol.1, 1990, pp.3–30.

Allen Franklin and Gale Douglas, "A Welfare Comparison of the German and U.S. Financial Systems", Working paper (Wharton School), 1994.

——, Financial Innovation and Risk Sharing, MIT Press, Cambridge, MA, 1994.

——, " Financial Markets, Intermediaries and lnter –temporal Smoothing", Journal of Political Economy, Vol.105, 1997, pp.523–546.

Aghion Philippe and Howitt Peter, " A Model of Growth through Creative Destruction", Econometrica, Vol.60, No.2, 1992, pp.323–351.

Aghion Philippe, Bloom, Nicholas, Blundell Rachel, Griffith Rachel and Howitt Peter, " Competition and Innovation: An Inverted U Relationship", Quarterly Journal of Economics, Vol.20, No.2, 2005, pp.701–728.

Aghion Philippe, John Van Reenen and Luigi Zingales, " Innovation and Institutional Ownership", American Economic Review, Vol.103, No. 1, 2013, pp. 277–304.

Akerlof George A., " The Missing Motivation in Macroeconomics", American Economic Review, Vol.97, No.1, 2007, pp. 5–36.

Altunbas, Y. and P. Molyneux, "Bank Ownership and Efficiency", Journal of Money, Credit and Banking, Vol. 33, 2001, pp.926–954.

Alwyn Young, " Lessons from the East Asian NICs: A Contrarian View, " European Economic Review, Vol.38, No.3–4, 1994, pp.964–973.

Andrianova S., P. Demetriades and A.K. Shortland, "Government Ownership of Banks, Institution and Financial Development", Journal of Development Economics, Vol. 85, 2008, pp. 218–252.

Arrow K.J., "Economic Welfare and the Allocation on Resources for Invention" in R. R. Nelson ed., The Rate and Direction of Inventive Activity, NBER, Princeton, 1962.

——, " Economic Implications of Learning by Doing", Review of Economic Studies, Vol. 29, No. 80, June 1962, pp.155–173.

Atkeson A. and A. Burstein, " Innovation, Firm Dynamics, and International Trade", NBER Working Paper, No. 13326, 2007.

Atkeson Andrew and Patrick J. Kehoe, "Modeling the Transition to a New Economy: Lessons from Two Technological Revolutions", American Economic Review, Vol.97, No.1, 2007, pp. 64–88.

Autor David H., David Dorn and Gordon H. Hanson, "The Geography of Trade and Technology Shocks in the United States", American Economic Review, Vol.103, No.3, 2013, pp.220–225.

Aw Bee Yan, Mark J. Roberts and Daniel Yi Xu, "R&D Investment, Exporting, and Productivity Dynamics", American Economic Review, Vol.101, No. 4, 2011, pp. 1312–1344.

Banerjee Abhijit V. and Esther Duflo, "Growth Theory through the Lens of Development Economics", In Handbook of Economic Growth, Vol. IA, ed, Philippe Aghion and Steven N. Durlauf, pp.473–552, Amsterdam; Elsevier B. V., 2005.

Barro Robert J., "Human Capital and Growth", American Economic Review, Vol.91, No.2, 2001, pp. 12–17.

Barsky Robert B., and Eric R. Sims, "Information, Animal Spirits, and the Meaning of Innovations in Consumer Confidence", American Economic Review, Vol.102, No.4, 2012, pp. 1343–1377.

Bartelsman Eric, John Haltiwanger, and Stefano Scarpetta, "Cross–Country Differences in Productivity: The Role of Allocation and Selection", American Economic Review, Vol.103, No.3, 2013, pp. 305–334.

Bartel Ann, Casey Ichniowski, and Kathryn Shaw, "Using" Insider Econometrics " to Study Productivity", The American Economic Review, Vol.94, No. 2, 2004, pp. 217–223.

Basu Susanto, John G. Fernald, and Miles S. Kimball, "Are Technology Improvements Contractionary?", American Economic Review, Vol.96, No. 5, 2006, pp. 1418–1448.

Beck T. and R. Levine, "Industry Growth and Capital Allocation: Does Having a Market– or bank–based System Matter?", Journal of Financial Economics, Vol. 64, 2002, pp. 147–180.

Becker G. and Murphy, K., "The Division of Labor, Coordination Costs, and Knowledge", Quarterly Journal of Economics, November 1992, pp.1137–

1160.

Bergoeing Raphael, Patrick J. Kehoe, Timothy J. Kehoe, and Raimundo Soto, "Policy–Driven Productivity in Chile and Mexico in the 1980's and 1990's", The American Economic Review, Vol.92, No.2, 2002, pp. 16–21.

Bernanke B. and M. Gertler, "Monetary Policy and Asset Price Volatility", Federal Reserve of Kansas City Economic Review, Fourth Quarter, 1999, pp. 17–51.

——, "Should Central Banks Respond to Movements in Asset Prices?", American Economic Review, Papers and Proceedings, Vol.9, No.2, 2001, pp. 253–257.

Besen Stanley, "Advances in Routing Technologies and Internet Peering Agreements", American Economic Review, Vol.91, No.2, 2001, pp. 292–296.

Bhagwati J.N, "The Pure Theory of International Trade: A Survey", Economic Journal, Vol. 74, 1964, pp.1–84.

Bhattacharya S. and G. Chiesa, "Financial Intermediation with Proprietary Information", Journal of Financial Intermediation, No.4, 1995, pp. 328–357.

Bloom Nicholas, Raffaella Sadun, and John Van Reenen, "Americans Do IT Better: US Multinationals and the Productivity Miracle", American Economic Review, Vol.102, No.1, 2012, pp. 167–201.

Bloom Nicholas, Paul M. Romer, Stephen J. Terry, and John Van Reenen, "A Trapped–Factors Model of Innovation", American Economic Review, Vol. 103, No.3, 2013, pp. 208–213.

Bond S. and J. Van Reenen, "Microeconometric Models of Investment and Employment", Handbook of Econometrics, Vol.6, Elsevier, North Holland, 2006.

Boot A. W. and A.V. Thakor, "Banking Scope, Financial Innovation, and the Evolution of the Financial System", Working Paper (Indiana University), 1995.

——, "Financial System Architecture", Working Paper (Indiana University), 1996.

Bowlus Audra J., and Chris Robinson, "Human Capital Prices, Productivity, and Growth", American Economic Review, Vol. 102, No.7, 2012, pp. 3483–3515.

Borio, C. and P. Lowe, " Asset prices, Financial and Monetary Stability: Exploring the Nexus" , BIS Working Paper No.1114, July, Bank of International Settlement, 2002.

Bronwyn H. Hall and Josh Lerner, " The Financing of R&D and Innovation, August 2009, Forthcoming 2010 in Hall, B. H. and N. Rosenberg (eds.), Handbook of the Economics of Innovation, Elsevier–North Holland, 2010.

Brown, J. R. and B. C. Petersen, "Why has the investment–cash flow Sensitivity declined so sharply? Rising R&D and equity market developments", Journal of Banking and Finance, Vol.33, 2009, pp.971–984.

Brown, J. R., S.M. Fazzari, and B. C. Petersen, " Financing innovation and growth: Cash flow, external equity, and the 1990s R&D boom", Journal of Finance LXIV (1), 2009, pp. 151–185.

Buera, Francisco J., Joseph P. Kaboski, and Yongseok Shin, " Finance and Development: A Tale of Two Sectors", American Economic Review, Vol. 101 (5), 2011, pp. 1964–2002.

Busse, Meghan R., Christopher R. Knittel, and Florian Zettelmeyer, " Are Consumers Myopic? Evidence from New and Used Car Purchases", American Economic Review, Vol.103, No.1, 2013, pp. 220–256.

C. Marti, " Is There an East Asian Miracle? ", Union Bank of Switzerland Economic Research Working Paper, October 1996, Zurich.

Campbell, T., " Optimal investment financing decisions and the value of confidentiality", Journal of Financial and Quantitative Analysis, Vol.14, 1979, pp. 913–924.

Carter, C., and B. Williams, Industry and Technical Progress: Factors Governing the Speed of Application of Science to Industry, London: Oxford University Press, 1957.

——, Investment in Innovation, London: Oxford University Press, 1959.

Caselli, Francesco, "Technological Revolutions", American Economic Review, Vol.89, No.1, 1999, pp. 78–102.

Caselli, Francesco, and Wilbur John Coleman, "Cross-Country Technology Diffusion: The Case of Computers", American Economic Review, Vol.91, No.2, 2001, pp.328-335.

Caselli, Francesco, and Wilbur John Coleman, "The World Technology Frontier", American Economic Review, Vol.96, No.3, 2006, pp. 499-522.

Casper S., R. Whitley, "Managing Competences In Entrepreneurial Technology Firms: A Comparative Institutional Analysis of Germany, Sweden And The UK", Research Policy, Vol.33, 2004, pp.89-106.

Cassiman Bruno and Reinhilde Veugelers, "R&D Cooperation and Spillovers: Some Empirical Evidence from Belgium", American Economic Review, Vol. 92, No.4, 2002, pp.1169-1184.

Cecchetti S., H. Genberg, J. Lipsky and S. F. Wadhwani, "Asset Prices and Central Bank Policy", Geneva Reports on the World Economy, CEPR and ICMB, 2000.

Chang Yongsung, Joao F. Gomes and Frank Schorfheide, "Learning-by-Doing as a Propagation Mechanism", American Economic Review, Vol.92, No. 5, 2002, pp. 1498-1520.

Chang Yongsung and Jay H. Hong, "Do Technological Improvements in the Manufacturing Sector Raise or Lower Employment?", American Economic Review, Vol.96, No.1, 2006, pp. 352-368.

Chang-Yang Lee, "Industry R&D Intensity Distributions: Regularities and Underlying Determinants", Journal of Evolutionary Economics, Vol.12, 2002, pp.307-341.

Che Yeon-Koo and Ian Gale, "Optimal Design of Research Contests", American Economic Review, Vol.93, No.3, 2003, pp. 646-671.

Chou Y. K and Chin M. S., "Financial Innovations and Technological Innovations as Twin Engines of Economic Growth", Working paper of Department of Economics, University of Melbourne, 2004.

Chun-Chung Au and Henderson J. V., "Are Chinese Cities too Small", Working Paper, Brown University, 2005.

C.K. Pralalad, Gary Hamel, "The Core Competence of the Corporation", Harvard Business Review, Vol. 66, 1990, pp. 79-91.

Claessens S. and Tzioumis T., "Measuring Firms Access to Finance", Mimeo, World Bank and Brooking Conference Paper, 2006.

Cohen W. M., Levin R. C. and Mowery David C., "Firm Size and R&D Intensity: A Re-Examination", Journal of Industrial Economics, Vol.35, No.4, 1987, pp.543-565.

Cohen M. S., and Klepper, "The Anatomy of Industry R&D Intensity Distributions", American Economic Review, Vol.82, 1992, pp.777-799.

Comin Diego and Bart Hobijn, "An Exploration of Technology Diffusion", American Economic Review, Vol.100, No.5, 2010, pp. 2031-2059.

Corrado Carol A. and Charles R. Hulten, "How Do You Measure a 'Technological Revolution'?", American Economic Review, Vol.100, No. 2, 2010, pp.99-104.

Cuddington John T. and Diana L. Moss, "Technological Change, Depletion, and the U.S. Petroleum Industry", American Economic Review, Vol.91, No. 4, 2001, pp. 1135-1148.

David C. Pop, "Induced Innovation and Energy Prices", American Economic Review, Vol.92, No.1, 2002, pp.160-180.

Diamond D.W., "Monitoring the Reputation: The Choice between Bank Loans and Directly Placed Debt", Journal of Political Economy, Vol.99, 1991, pp. 689-721.

——, "Debt Maturity Structure and Liquidity Risk", Quarterly Journal of Economics, Vol.106, 1991, pp. 709-737.

Diamond D.W. and Ph. H. Dybvig, "Banks Runs, Deposit Insurance, and Liquidity", Journal of Political Economy, Vol.91, 1983, pp. 401-419.

Datta Bipasa, and Huw Dixon, "Technological Change, Entry, and Stock-Market Dynamics: An Analysis of Transition in a Monopolistic Industry", American Economic Review, Vol.92, No.2, 2002, pp. 231-235.

De la Fuente, Angel and Rafael Domenech, "Schooling Data, Technological Diffusion, and the Neoclassical Model", American Economic Review, Vol. 91, No.2, 2001, pp. 323-327.

De Long and Summers L., "Equipment Investment and Economic Growth", Quarterly Journal of Economics, Vol.106, 1991, pp. 445-502.

Demirg–Kurt Asli and Levine Ross, "Bank–Based and Market–Based Financial Systems: Cross–County Comparisons", World Bank, Working Paper, 1999.

Desai Mihir A., C. Fritz Foley and James R. Hines, "Foreign Direct Investment and the Domestic Capital Stock", American Economic Review, Vol.95, No. 2, 2005, pp. 33–38.

Dewatripont M. and Maskin E., " Credit and Efficiency in Centralized and Decentralized Economies", Review of Economics Studies, Vol.62, 1995, pp.511–556.

Dine I. S., "Politicians and Banks: Political Influences On Government–owned Banks in Emerging Markets", Journal of Financial Economics, Vol. 77, 2005, pp.453–479.

Dinlersoz Emin M. and Mehmet Yorukoglu, "Information and Industry Dynamics", American Economic Review, Vol.102, No.2, 2012, pp.884–913.

Dinopoulos Elias and Paul Segerstrom, "A Schumpeterian Model of Protection and Relative Wages", American Economic Review, Vol.89, No.3, 1999, pp. 450–472.

Donald R – Davis and David E Weinstein, "An Account of Global Factor Trade", American Economic Review, Vol.91, No.5, 2001, pp. 1423–1453.

Dorftman R and Steiner P., " Optimal Advertising and Optimal Quality", American Economic Review, Vol.44, No.5, 1954, pp. 826–836.

Dosi G., " Technological Paradigm and Technological Trajectory: A Suggested Interpretation of the Determinants and Directions of Technical Change", Research Policy, Elsevier, Vol.11, No.3, 1982, pp.147–162.

D. J. Teece, G. Pisano And A. Shuen, " Firm Capabilities, Resources and Concept of Strategy", CCC Working Paper 90–8, University of California at Berkeley, 1990.

Eeckhout Jan and Boyan Jovanovic, " Knowledge Spillovers and Inequality", American Economic Review, Vol.92, No.5, 2002, pp. 1290–1307.

Eggertsson Gauti B. and Michael Woodford, "Policy Options in a Liquidity Trap", American Economic Review, Vol.94, No.2, 2004, pp. 76–79.

Eicher Theo and Thomas Osang, " Protection for Sale: An Empirical Investigation: Comment", American Economic Review, Vol.92, No.5,

2002, pp. 1702–1710.

Francois Patrick and Huw Lloyd –Ellis, " Animal Spirits Through Creative Destruction", American Economic Review, Vol.93, No.3, 2003, pp.530–550.

Freeman C., The Economics of Industrial Innovation, Massachusetts: MIT Press, 1982.

G. Galati, R. Moessner, " Macroprudential Policy –a Literature Review", BIS Working Papers, No. 337, 2011.

Gale Douglas M. and Shachar Kariv, "Financial Networks", American Economic Review, Vol.97, No.2, 2007, pp.99–103.

Gali Jordi, "Technology, Employment, and the Business Cycle: Do Technology Shocks Explain Aggregate Fluctuations?", American Economic Review, Vol. 89, No.1, 1999, pp. 249–271.

Gauthier C., Graham C. and Liu Y., "Financial Conditions Indexes for Canada", Bank of Canada Working Paper, No. 2004–2022, 2004.

Gayle P. G., "Market Concentration and Innovation: New Empirical Evidence on the Schumpeterian Hypothesis", Kansas State University, Department of Economics, Working Paper, 2003.

Ge Ying and Qiu Jiaping, " Financial Development, Bank Discrimination and Trade Credit", Journal of Banking and Finance, Vol.31, No.2, 2007, pp. 513–530.

Goldberg Pinelopi Koujianou, and Giovanni Maggi, " Protection for Sale: An Empirical Investigation", American Economic Review, Vol.89, No.5, 1999, pp. 1135–1155.

Goldsmith Raymond W., Financial structure and development, New Haven, CT: Yale U. Press, 1969.

Goodhart C. and B. Hofmann, "Financial Variables and the Conduct of Monetary Policy", Sveriges Riksbank Working Paper, No. 112, 2000.

——, " Asset Prices, Financial Conditions, and the Transmission of Monetary Policy", Paper Presented at the Conference on Asset Prices, Exchange Rates and Monetary policy, Stanford University, March 2–3, 2001.

——, "Asset Prices and the Conduct of Monetary Policy", Paper presented at the

Royal Economic Society Annual Conference.University of Warwick, 25 – 27March, 2002.

Gordon Robert J., "U.S. Economic Growth since 1870: One Big Wave?", American Economic Review, Vol.89, No.2, 1999, pp.123–128.

Gordon R., The Measurement of Durable Goods Prices, Chicago: University of Chicago Press, 1990.

Gorodnichenko Y. and M. Schnitzer, "Financial Constraints and Innovation: Why Poor Countries Don't Catch Up", NBER Working Paper No.15792, 2010.

Griliches Zvi., "Hybrid Corn; An Exploration in the Economics of Technical Change", Econometrica, Vol.25, 1957, pp. 501–502.

——, "Patent Statistics as Economic Indicators: a Survey", Journal of Economic Literature, Vol.12, 1990, pp.16–61.

Griliches Zvi., Hall B.H. and Pakes A., "R&D, Patent, and Market Value Revisited: Is There a Second Technological Opportunity Factor?", Economics of Innovation and New Technology, Vol. 10, 1991, pp.183–201.

Grossman Gene M. and Helpman Elhanan, "Quality Ladders in the Theory of Growth", Review of Economic Studies, Vol.58, No.1, 1991 (Jan), pp.43–61.

Guadalupe Maria, Olga Kuzmina, and Catherine Thomas, "Innovation and Foreign Ownership", American Economic Review, Vol.102, No.7, 2012, pp. 3594–3627.

Guariglia A. and Mateut S., "Credit Channel, Trade Credit Channel, and Inventory Investment: Evidence from a Panel of UK Firms", Journal of Banking and Finance, Vol.30, 2006, pp. 2835–2856.

Guiso Luigi, Paola Sapienza, and Luigi Zingales, "The Role of Social Capital in Financial Development", American Economic Review, Vol.94, No. 3, 2004, pp.526–556.

Gu Wulong, Frank C. Lee, and Jianmin Tang, "Economic and Productivity Growth in Canadian Industries", American Economic Review, Vol.90, No. 2, 2000, pp.168–171.

Hall B.H., Griliches Z. and Hausman J.A., "Patents and R&D—is There a Lag?", International Economic Review, Vol.27, No.2, 1986, pp.265–283.

Hall B.H. and J. Lerner, "The Financing of R&D and Innovation", NBER Working Paper No. 15325, 2009.

Harris M. and A. Raviv, "The Theory of Capital Structure", Journal of Finance, Vol. 46, 1991, pp. 297-355.

Hartwell Robert, "Markets, Technology and the Structure of Enterprise in the Development of the Eleventh Century Chinese Iron and Steel Industry", Journal of Economic History, 1966, pp.26.

Heckman James J., and Yona Rubinstein, "The Importance of Noncognitive Skills: Lessons from the GED Testing Program", American Economic Review, Vol.91, No.2, 2001, pp.145-149.

Hellwig Christian, Sebastian Kohls, and Laura Veldkamp, "Information Choice Technologies", American Economic Review, Vol.102, No.3, 2012, pp.35-40.

Henderson J., "The Sizes and Tapes of Cities", American Economic Review, Vol.64, 1974, pp.640-656.

Henderson Rebecca, Adam Jaffe and Manuel Trajtenberg, "Patent Citations and the Geography of Knowledge Spillovers: A Reassessment: Comment", American Economic Review, Vol.95, No.1, 2005, pp.461-464.

Hendricks Lutz., "How Important Is Human Capital for Development? Evidence from Immigrant Earnings", American Economic Review, Vol.92, No. 1, 2002, pp.198-219.

Henry Peter Blair, "Capital-Account Liberalization, the Cost of Capital, and Economic Growth", American Economic Review, Vol.93, No.2, 2003, pp. 91-96.

Himmelberg C.P. and B.C. Petersen, "R&D and Internal Finance: A Panel Study of Small Firms in High-tech Industries", The Review of Economics and Statistics, 1994, pp. 38-51.

Hobijn Bart and Boyan Jovanovic, "The Information-Technology Revolution and the Stock Market: Evidence", American Economic Review, Vol.91, No. 5, 2001, pp.1203-1220.

Holger Ernst, "Patent Applications and Subsequent Changes of Performance: Evidence from Time-series Cross-section Analyses on the Firm Level",

Research Policy, 30, 2001, pp.143–157.

Holmstrom Bengt, "Agency Costs and Innovation", Journal of Economic Behavior and Organization, Vol.12, No.3, 1989, pp.305–327.

Hörner Johannes, "Reputation and Competition", American Economic Review, Vol.92, No.3, 2002, pp.644–663.

Hsieh Chang –Tai, " Productivity Growth and Factor Prices in East Asia", American Economic Review, Vol.89, No.2, 1999, pp.133–138.

Hsieh Chang–Tai and Peter J. Klenow, "Misallocation and Manufacturing TFP in China and India", Quarterly Journal of Economics, Vol.124, 2009, pp. 1403–1448.

Hu Albert G. Z., " Ownership, Government R&D, Private R&D, and Productivity in Chinese Industry", Journal of Comparative Economics, Vol. 29, No.1, 2001, pp. 136–157.

Hubbard Thomas N., " Information, Decisions, and Productivity: On –Board Computers and Capacity Utilization in Trucking", American Economic Review, Vol.93, No.4, 2003, pp.1328–1353.

Hulten R., "Growth Accounting when Technical Change Is Embodied in Capital", American Economic Review, Vol.82, 1992, pp. 964–980.

Jaffe A. B., "Demand and Supply Influences in R&D Intensity and Productivity Growth", Review of Economics and Statistics, Vol.70, No.3, 1988, pp. 431–437.

Jeffrey Wurgler, "Financial Market and the Allocation of Capital", Journal of Financial Economics, 2000, No.58.

Jefferson G. H., Bai Huamao, Guan Xiaojing and Yu Xiaoyun, " R&D Performance in Chinese Industry", Economics of Innovation and New Technology, Vol.15, No.4–5, 2006, pp.345–366.

Jermann Urban and Vincenzo Quadrini, " Macroeconomic Effects of Financial Shocks", American Economic Review, Vol.102, No.1, 2012, pp.238–271.

Jesus Felipe, " Total Factor Productivity Growth in East Asia: A Critical Survey," EDRC Report Series, No.65, Asian Development Bank, Manila, Philippines, 1997.

Jin Keyu, "Industrial Structure and Capital Flows", American Economic Review,

Vol.102, No.5, 2012, pp.2111–2146.

Jacobs J., The Economy of Cities, New York: Random House, 1969.

Joan Robinson, "The Generalization of the General Theory", The Rate of Interest and Other Essays, London, Macmillan, 1952.

Johnson Justin P. and David P. Myatt., "On the Simple Economics of Advertising, Marketing, and Product Design", American Economic Review, Vol.96, No. 3, 2006, pp.756–784.

John Hicks, A Theory of Economic History. Oxford: Oxford University Press, 1969.

Jones C., "Economic Growth and the Relative Price of Capital", Journal of Monetary Economics, Vol. 34, 1994, pp. 359–382.

Jorgenson Dale W., "Information Technology and the U.S. Economy", American Economic Review, Vol.91, No.1, 2001, pp. 1–32.

Jorgenson Dale W. and Kevin J. Stiroh, "U.S. Economic Growth at the Industry Level", American Economic Review, Vol.90, No.2, 2000, pp.161–167.

Jorgenson Dale W. and Kevin J. Stiroh, "Information Technology and Growth", American Economic Review, Vol.89, No.2, 1999, pp.109–115.

Jovanovic Boyan and Dmitriy Stolyarov, "Optimal Adoption of Complementary Technologies", American Economic Review, Vol.90, No.1, 2000, pp. 15–29.

Kamenica Emir, Sendhil Mullainathan and Richard Thaler, "Helping Consumers Know Themselves", American Economic Review, Vol.101, No.3, 2011, pp.417–422.

Keane Michael P., "Financial Aid, Borrowing Constraints, and College Attendance: Evidence from Structural Estimates", American Economic Review, Vol.92, No.2, 2002, pp.293–297.

Keller Wolfgang, "Geographic Localization of International Technology Diffusion", American Economic Review, Vol.92, No.1, 2002, pp.120–142.

Klepper S., Graddy E., "The Evolution of New Industries and the Determinants of Market Structure", Rand Journal of Economics, Vol.21, 1990, pp.27–44.

Kim Se –Jik and Hyun Song Shin, "Sustaining Production Chains through Financial Linkages", American Economic Review, Vol.102, No.3, 2012, pp.402–406.

Kimberly Beaton, Rene Lalonde and Corinne Luu., "A Financial Conditions Index for United States", Bank of Canada Discussion Paper, No.2009 – 2011, 2009.

King Robert G. and Ross Levine, "Finance and Growth: Schumpeter Might Be Right", Quarterly Journal of Economics, Vol.108, No.3, August 1993, pp. 717–737.

Kleinknecht A., B. Verspagen, "Demand and Innovation: Schmookler Re – examined", Research Policy, Vol.19, 1990, pp.387–394.

Koren Miklós and Silvana Tenreyro, "Technological Diversification", American Economic Review, Vol.103, No.1, 2013, pp.378–414.

Kornai J., "Resource –constrained Versus Demand –constrained Systems", Econometrica, Vol.47, 1979, pp.801–819.

Kretschmer Tobias, Eugenio J. Miravete and José C. Pernías, "Competitive Pressure and the Adoption of Complementary Innovations", American Economic Review, Vol.102, No.4, 2012, pp.1540–1570.

Krugman P., "The New Economic Geography, Now Middle– aged", Regional Studies, Vol.45, No.1, 2011, pp.1–7.

Kubler Felix and Karl Schmedders, "Financial Innovation and Asset Price Volatility", American Economic Review, Vol.102, No.3, 2012, pp.147–151.

Kumar Subodh and R. Robert Russell, "Technological Change, Technological Catch –up, and Capital Deepening: Relative Contributions to Growth and Convergence", American Economic Review, Vol.92, No.3, 2002, pp.527–548.

La Porta R., F. Lopez–de–Silanes and A. Shleifer, "Government Ownership of Banks", Journal of Finance, Vol.57, 2002, pp.265–301.

Laitner John and Dmitriy Stolyarov, "Technological Change and the Stock Market", American Economic Review, Vol.93, No.4, 2003, pp.1240 – 1267.

Lee C.–Y., "A Simple Theory and Evidence on the Determinants of Firm R&D", Economics of Innovation and New Technology, Vol.12, 2003, pp.385–395.

Lerner Josh, "150 Years of Patent Protection", American Economic Review, Vol. 92, No.2, 2002, pp. 221–225.

Levine R., "Financial Development and Economic Growth: Views and Agenda", Journal of Economic Literature, Vol.35, 1997, pp.688–726.

——, "Finance and Growth: Theory, Evidence and Mechanisms", In: Aghion P. and Durlauf S. eds., Handbook of Economic Growth. Amsterdam: North-Holland Elsevier Publishers, 2004.

Levine Ross and Sara Zervos, "Stock Markets, Banks, and Economic Growth", American Economic Review, June 1998, pp.537–558.

Levinsohn J. and Petrin A., "Estimating Production Functions Using Inputs to Control For Unobservables", Review of Economic Studies, Vol.70, No. 2, 2003, pp. 317–341.

Levinson Arik, "Technology, International Trade, and Pollution from US Manufacturing", American Economic Review, Vol.99, No.5, 2009, pp. 2177–2192.

Lichtenberg F. R., "The Effect of Government Funding on Private Industrial Research & Development: A Reassessment", The Journal of Industrial Economics, Vol.36, No.1, 1987, pp. 97–104.

Low M., Abrahamson E. Movements, Bandwagons and Clones, "Industry Evolution and the Entrepreneurial Process", Journal of Business Venturing, Vol.12, 1997, pp.435–457.

Lucas R. E., "On the Mechanics of Economic Development", Journal of Monetary Economics, Vol. 22, 1988, pp.3–42.

Lucas Robert E. Jr., "Macroeconomic Priorities", American Economic Review, Vol.93, No.1, 2003, pp.1–14.

Mairesse Jacques and Pierre Mohnen, "Accounting for Innovation and Measuring Innovativeness: An Illustrative Framework and an Application", American Economic Review, Vol.92, No.2, 2002, pp.226–230.

Malerba and Orsenigo, "Schumpeterian Patterns of Innovation Are Technology-specific", Research Policy, Vol.25, 1996, pp.451–478.

Mayes D. and Viren M., "Financial Conditions Indexes", Bank of Finland, Discussion Paper, No.2001–2017, 2001.

McGahan A., Argyres N., Baum J., "Context, Technology and Strategy: Forging New Perspectives on the Industry Life Cycle", Advances in Strategic Management, Vol.21, 2004, pp.1-24.

McKinnon Ronald, Money and Capital in Economic Development, Washington: Brookings Institution, 1973.

McMillan John, " Market Design: The Policy Uses of Theory", American Economic Review, Vol.93, No.2, 2003, pp. 139-144.

Merton Robert C. and Bodie ZVI., " A Conceptual Framework for Analyzing the Financial Environment", in The Global Financial System: A Functional Perspective, Eds.: Dwight B. Crane ET AI. Boston, MA: Harvard Business School Press, 1995.

Meyers S. and D. Marquis, Succcssful Industrial Innovations, National Science Foundation: Washington, 1969.

Mills E. S., " An Aggregative Model of Resource Allocation in a Metropolitan Area", American Economic Review, Vol. 57, 1967, pp.197-210.

Moretti Enrico, " Workers' Education, Spillovers, and Productivity: Evidence from Plant-Level Production Functions", American Economic Review, Vol. 94, No.3, 2004, pp. 656-690.

Modigliani F. and Miller K., "The Cost of Capital, Corporation Finance and the Theory of Investment", American Economic Review, Vol.48, 1958, pp. 261-297.

Morrison P., J. Roberts, E. von Hippel, " Determinants of User Innovation and Innovation Sharing in a Local Market", Management Science, Vol.46, No. 2, 2000, pp. 1513-1527.

Mowat A., R. Collins, " Consumer Behavior And Fruit Quality: Supply Chain Management In An Emerging Industry", International Journal, Vol. 5, No. 1, 2000, pp. 45-54.

Mowery D. and N. Rosenberg, " The Influence of Market Demand Upon Innovation: A Critical Review of Some Recent Empirical Studies", Research Policy, Vol.8, 1979, pp.102-153.

Mundell Robert A., " The Pure Theory of International Trade", American Economic Review, Vol.50, 1960, pp.67-110.

——, " A Reconsideration of the Twentieth Century" , American Economic Review, Vol.90, No.3, 2000, pp.327–340.

Murphy Kevin M. and Robert H. Topel, " Social Value and the Speed of Innovation", American Economic Review, Vol.97, No.2, 2007, pp.433–437.

Murphy K., Shleifer A. and Vishny R., "Industrialization and the Big Push", Journal of Political Economy, Vol.97, 1987, pp.1216–1233.

Naresh R. Pandit, Gary A. S. Cook, G. M. Peter Swann, "The Dynamics of Industrial Clustering in British Financial Services", The Service Industries Journal, Vol.21, No.4, 2001, pp.31–61.

Ngai L. Rachel and Christopher A. Pissarides, "Structural Change in a Multisector Model of Growth", American Economic Review, Vol.97, No.1, 2007, pp. 429–443.

Nelson R., " Aggregate Production Functions and Medium –range Growth Projections", American Economic Review, Vol.64, No.5, 1964, pp.575–606.

Nelson and Winter, An Evolutionary Theory of Economic Change, Harvard University Press, 1982.

OECD, Strategic Industries In A Global Economy: Policy Issues For The 1990s, Paris, 1991.

——, The Oslo Manual, Proposed Guidelines for Collecting and Interpreting Technological Innovation Data, Paris, OECD, 1997.

Olleros F., " Emerging Industries and The Burnout of Pioneers" , Journal of Product Innovation Management, 1, Vol.1986, pp.5–18.

Pagano M., "Financial Markets and Growth: An Overview", European Economic Review, Vol.37, 1993, pp.613–622

Pandey Priyanka, "Effects of Technology on Incentive Design of Share Contracts", American Economic Review, Vol.94, No.4, 2004, pp.1152–1168.

Pástor L'uboš and Pietro Veronesi, " Technological Revolutions and Stock Prices", American Economic Review, Vol.99, No.4, 2009, pp.1451–1483.

Patric Hugh T., "Financial Development and Economic Growth in Underdeveloped Countries", Economic Development and Cultural Change, Vol.14, No.2,

1966, pp. 174–189.

Paul Krugman, "The Myth of Asia's Miracle", Foreign Affairs, Vol.73, No. 6, 1994, pp.62–78.

Petersen M. and Rajan R. G., "Trade Credit: Theories and Evidence", The Review of Financial Studies, Vol.10, No.3, 1997, pp.661–691.

Porter M. E., The Competitive Advantage of Nations, New York; Free Press, 1990.

Rajan R. G., "Insiders and Outsiders: The Choice between Informed and Arm's-length Debt", Journal of Finance, No. 47, 1992, pp.1367–1400.

Rdudebusch and Svensson, "Policy Rules for Inflation Targeting", NBER Working Paper, No.6512, 1999.

Risrto L.R., Financial Geography—A Banker's View, New York: Routledge Press, 2003.

Roller Lars–Hendrik and Leonard Waverman, "Telecommunications Infrastructure and Economic Development: A Simultaneous Approach", American Economic Review, Vol.91, No.4, 2001, pp.909–923.

Ronald W. Jones and Peter B. Kenen, Handbook of International Economics, Elsevier Science Publishers B.V., 1984.

Rousseau P. L. and R. Sylla, "Financial System, Economic Growth, and Globalization", NBER Working Paper No. 8323, 2001.

R. Romer, Paul M., "Increasing Returns and Long–Run Growth", Journal of Political Economy, Vol. 94, No. 5, 1986, pp.1002–1037.

——, "Endogenous Technological Change", Journal of Political Economics, Vol. 98, No.5, 1990, pp. 71–102.

Sachs Jeffrey D. and Warner Andrew M., "Natural Resource Abundance and Economic Growth", NBER Working Paper, No. 5398, 1995.

Saint –Paul G., "Technological Choice, Financial Markets and Economic Development", European Economic Review, Vol. 36, 1992, pp.763–781.

Sapienza P., "The Effects of Government Ownership on Bank Lending", Journal of Financial Economics, Vol.72, 2004, pp.357–384.

Schumpeter Joseph A., "Theorie der Wirtschaftlichen Entwicklung [The Theory of Economic Development]. Leipzig: Dunker & Humblot", 1912, translated by

Redvers Opie. Cambridge MA: Harvard U. Press, 1934.

——, Business Cycles, McGraw-Hill, 1939.

——, Capitalism, Socialism and Democracy, New York: Harper& Brothers, 1942.

Scherer F.M., "Firm Size, Market Structure, Opportunity, and the Output of Patent Inventions", American Economic Review, Vol.55, No.5, 1965, pp. 1097-1125.

——, "The Propensity to Patent," International Journal of Industrial Organization, Vol.1, 1983, pp.107-128.

Schmookler J., Invention and Economic Growth, Harvard University Press: Cambridge, MA, 1966.

Schott Peter K., "One Size Fits All? Heckscher-Ohlin Specialization in Global Production", American Economic Review, Vol.93, No.3, 2003, pp.686-708.

Segal Ilya and Michael D. Whinston, "Antitrust in Innovative Industries", American Economic Review, Vol.97, No.5, 2007, pp.1703-1730.

Shaw Edward S., Financial Deepening in Economic Development, NY: Oxford University Press, 1973.

Shleifer A. and R. W. Vishny, "Politicians and Firms", Quarterly Journal of Economics, Vol. 109, 1994, pp.995-1025.

Shiue Carol H. and Wolfgang Keller, "Markets in China and Europe on the Eve of the Industrial Revolution", American Economic Review, Vol.97, No. 4, 2007, pp.1189-1216.

Smarzynska Javorcik Beata, "Does Foreign Direct Investment Increase the Productivity of Domestic Firms? In Search of Spillovers through Backward Linkages", American Economic Review, Vol.94, No.3, 2004, pp. 605-627.

Solow R., "Investment and Technical Progress", in K. Arrow, S. Karlin and P. Suppes eds., Mathematical Methods in Social Science, Standford, CA: Stanford University Press, 1960.

Song Zheng, Kjetil Storesletten and Fabrizio Zilibotti, "Growing Like China", American Economic Review, Vol.101, No.1, 2011, pp.196-233.

Sorensen Anders, “Comparing Apples to Oranges: Productivity Convergence and Measurement across Industries and Countries: Comment”, American Economic Review, Vol.91, No.4, 2001, pp. 1160–1167.

Spence Michael, “Signaling in Retrospect and the Informational Structure of Markets”, American Economic Review, Vol.92, No.3, 2002, pp.434–459.

Stephanie Guichard and David Turner, “Quantifying the Effect of Financial Conditions on US Activity”, OECD Economies Department Working Paper, 2008.

Stiroh Kevin J., “Information Technology and the U.S. Productivity Revival: What Do the Industry Data Say?”, American Economic Review, Vol.92, No. 5, 2002, pp.1559–1576.

Syrneonidis, “Innovation, Firm Size and Market Structure: Schumpeterian Hypotheses and Some New Themes”, OECD Working Paper, No. 32643, 1996.

Thakor A.V., “The Design of Finance Systems: An Overview”, Journal of Banking and Finance, Vol.20, 1996, pp.917–948.

Thoenig Mathias and Thierry Verdier, “A Theory of Defensive Skill–Biased Innovation and Globalization”, American Economic Review, Vol.93, No. 3, 2003, pp.709–728.

Thompson Peter and Melanie Fox–Kean, “Patent Citations and the Geography of Knowledge Spillovers: A Reassessment”, American Economic Review, Vol. 95, No.1, 2005, pp.450–460.

Thompson Peter and Melanie Fox–Kean, “Patent Citations and the Geography of Knowledge Spillovers: A Reassessment: Reply”, American Economic Review, Vol.95, No.1, 2005, pp. 465–466.

Tinn Katrin, “Technology Adoption with Exit in Imperfectly Informed Equity Markets”, American Economic Review, Vol.100, No.3, 2010, pp.925–957.

Urban and von Hippel, “Lead User Analyses for the Development of New Industrial Products”, Management Science, Vol.34, No.5, 1986, pp.58–63.

W. Walker Hanlon, “Necessity Is the Mother of Invention: Input Supplies and Directed Technical Change”, Econometrica, Vol.83, No.1, January 2015, pp.67–100.

Wernerfelt B.，"A Resource-based View of the Firm"，Strategic Management Journal，Vol.5，1984，pp.171-180.

Williamson Oliver E.，"The Economics of Governance"，American Economic Review，Vol.95，No.2，2005，pp.1-18.

Woodward Susan E. and Robert E. Hall，"Diagnosing Consumer Confusion and Sub-optimal Shopping Effort：Theory and Mortgage-Market Evidence"，American Economic Review，Vol.102，No.7，2012，pp.3249-3276.

Young A.，"Increasing Return and Economic Progress"，Economic Journal，Vol.38，1928，pp.727-742.

Yosha O.，"Information disclosure costs and the choice of financing source"，Journal of Financial Intermediation，Vol.4，1995，pp.3-20.

索　引

A

ADF 检验　25，26，65，99，100
按揭　8，10，103，104，105，141

B

巴塞尔资本协议　183，184，185
比较优势　9，11，13，69，70，74，75，125，130，151，152，172，189
边际产出　19
BOT　104，105，219
博弈　4，9，81，82，83，84，85，86，89，90，91，93，199
博弈论　4
不确定性　7，8，10，13，38，39，40，41，42，43，46，53，54，59，60，82，116，171，200

C

财富效应　21
产能过剩　10，102，172
产业动态性　7，38
产业革命　149，150，151
产业集群　69，137，138，143，163，188，193
产业空心化　1，3，172，180
潮涌现象　102，198
重复博弈　85，86，90
触发战略　85
储蓄率　6，17，38
创新　1，2，3，5，6，7，8，9，10，11，12，16，17，18，24，38，40，48，49，50，51，56，59，60，61，62，63，64，65，68，69，70，71，73，74，75，80，88，97，98，99，100，101，102，103，105，106，111，112，113，114，116，120，121，122，124，125，126，127，128，129，130，131，132，133，134，135，137，138，141，142，144，150，151，152，155，159，160，161，162，164，170，171，173，175，176，178，179，181，184，185，186，187，188，189，190，191，193，194，195，197，198，199，200

D

搭便车　91，94
单位根　25，26，65，100
动物精神　60
地租理论　69

多重错配 37，120，165

F

菲利普斯曲线 23
风险错配 8，9，39，40，42，43，44，95
风险结构 39
风险投资 40，44，47，49，50，51，55，54，56，93，94，95，117，119，130，139，140，162，167，169，188，189，199

G

GDP 2，17，18，19，25，64，66，67，68，76，78，79，110，111，112，149，152，153，154，155
杠杆效应 179
格兰杰因果检验 4，10，99，100，101
工业革命 16，98，138，150，152，153，154
股转债 56，57

H

HOV 模型 69，71，72，73
HP 滤波 25，64，89
赫克歇尔—俄林模型 70
宏观经济模型 21，22
宏观审慎管理 172，173，180，181，182，183，184，185，186，200
货币供应量 22，23，24，25，26，27，28，31，34，35，64
货币政策 18，20，21，22，23，25，27，30，31，34，35，84，114，182，185，186，197，198，199，200，201
货币状况指数 21，198

I

IS 曲线 23，24

J

结构向量误差修正模型 22
经合组织 7，39
经济结构 3，16，127，128，176
经济激励 60
经济增长 3，6，7，8，9，15，16，17，18，19，20，21，27，34，35，37，38，41，50，59，60，61，62，63，64，68，80，111，117，128，149，154，159，197，198，199，200
金融创新 10，40，51，60，88，114，125，126，137，138，185，186
金融发展 1，7，9，15，16，17，18，19，61，64，68，113，180，186，199
金融革命 16，138，199
金融工程 9，39，40，49，116，187
金融供给 2，7，9，11，12，13，38，39，40，41，42，43，44，45，46，47，48，49，50，120，121，166，189
金融功能 4，6，7，8，9，16，17，18，20
金融结构 16，22，50
金融深度 17，64
金融深化 16，19，64，66，200

金融体系　6，9，11，15，16，17，19，20，22，37，38，59，60，61，69，105，109，165，181，183，184
金融需求　2，7，8，9，10，11，13，38，39，40，42，44，50，57，109，120，121，130，138，145，165
金融引导　16
金融抑制　16
金融约束　138
金融政策响应　10，12，97，103，104，105，200
金融状况指数　9，15，20，21，22，23，25，26，27，28，30，32，33，34，197，198，200
交换模型　70
交易成本　17，18，74
交易费用　69，74
计量模型　4，66，68
尽职调查　51，55，56，81，82，89，91，92，93，94，95，166
技术创新　2，5，6，7，8，9，16，17，18，38，59，60，61，62，63，64，65，99，101，102，103，111，131，138，155，160，162，194
技术进步　3，5，17，18，19，59，60，61，62，63，66，69，97，98，99，101，102，162
竞争优势　7，69，131，178
集聚经济　70，73，74，197

K

凯恩斯主义　1
卡尔曼滤波　23，24
空间布局　9，59，69，70，71，72，75
控制变量　9，17，18，62，64，65，66，67，68，76，77，78，79，80

L

劳动力池效应　74
勒纳指数　61
李嘉图模型　70
利率市场化　22，34，52
领先市场　97，98，103，104，105
流动性过剩　27
刘易斯拐点　3，101
卢卡斯　1

M

脉冲响应分析　21，22，31，32，34
贸易函数　73
面板模型　4，9，　59，69，75，80
模式错配　8，9，40，42

N

纳什均衡　84，85，86，90
内部资金转移定价　49，51，52，53，167，188
逆周期　183，184，185，186

P

PPP　104，105
PP 检验法　25

Q

期限错配　8，9，39，43，46，47，95
期限结构　39
企业规模　13，60，61，62，140，189，199
企业理论　69
全要素生产率　3，60，62，63，101，102，197
缺口　21，24，25，27，28，34，64，68，95，99，100，101，138，140，169

R

人口红利　3，101
融资约束　19，138
软预算约束模型　8，9，39，41

S

SIC 准则　26
社会融资规模　53，122
生产函数　60，70，71，73
生产率　3，16，19，59，60，62，63，74，101，102，153，155，197，200
生产要素　10，63，70，71，72，101，152
剩余索取权　8，39，46，47，48，49，50，56，57，116，121
时间序列模型　4，9，18
时变参数状态空间模型　4，9，15，20，34，35，37，200
实际利率　19，24，25，162

T

Testdrop 检验　66
通货膨胀　20，21，22，24，25，31，32，33，34
通货膨胀预期　20

V

VAR　21，22，24，31，32，66，67，77，100，197，206，209，216，217，219

X

X12 方法　25
相机抉择　186
消费信贷　106，114
新常态　97，101，149，200
系统重要性金融机构　185
信用累积　81，86，89，90，91，93，94，95
系统性风险　45，46，180，182，183，184，185
需求拉动　97，98，99，150
寻租　56，169

Y

溢出效应　10，120
盈亏平衡　51，52，56，188
用户体验　97，105，106
用户创新　97，99，106

Z

战略性新兴产业 1，2，3，4，5，6，7，8，9，10，11，12，13，15，35，37，38，39，40，41，42，4345，46，47，48，49，50，51，52，53，54，55，56，57，59，61，62，63，65，67，69，70，71，73，74，75，77，79，81，82，83，86，87，88，89，93，94，97，98，99，101，102，103，104，105，106，107，109，110，111，112，113，114，115，116，117，118，119，120，121，122，123，124，125，127，128，129，130，131，132，133，135，136，137，138，139，140，141，142，143，144，145，146，152，155，161，165，166，167，168，169，170，171，172，173，175，177，178，179，186，187，188，189，190，191，193，194，195，197，198，199，200，201

正态分布 41

正外部性 8，39，40，41，53，54，56

征信体系 10，86，94，173

支付矩阵 85，91

知识外溢 73，74，75

中小企业集合票据 45，49，56，116，126，135

资本报酬率 59

资本积累 6，8，16，17，18，19，38，178，180

资本形成 6，19，38，199

资产负债表效应 21

资产价格 20，21，22，27，104，199

资源禀赋模型 70

资源配置 9，35，37，38，41，59，69，75，171，179，188

专利申请 62，69

专利受理 9，64，67，68，69，99，100，101

专利授权 9，64，65，66，68，69，76，99，100，101，112

租赁 8，10，50，103，104，105，121，126，189

后　记

十余年前离开家乡，来到中国人民大学攻读博士学位时，我就经常听闻京城经济学界有“玉泉山上雕文字、中南海里开讲座、皇城根下出思路、三里河边做规划、勤政殿群儒舌战”的说法，是为经济学人“立功立言”的重要途径。当时尚年轻且常怀憧憬与激情的我，一直对这几类学人心存艳羡，对能有一天在坐落于这几个地方的单位工作而心存向往。2006 年博士毕业后，我非常幸运地来到北京海淀区三里河路的中国人民银行营业管理部工作，虽然才疏学浅，所从事的工作距离真正“做规划”的层次还相去甚远，然而十余年来的工作，大部分时间都围绕“调查研究—服务决策”而开展，因而也时常内心激动，甚或骄傲，自认为也算是“三里河边做规划”的广大群体中的一员。

“三里河边做规划”既神圣又现实，三里河附近的国家发改委、财政部、中国人民银行（中国人民银行总行机关于 1990 年迁往复兴门）等主要经济决策管理部门在国家经济社会发展中发挥着举足轻重的作用，很大程度上引领了经济理论研究与政策制定的进程，特定时间也提出过很多新的发展理念、新的事务概念。2009 年前后，“战略性新兴产业”就是作为一种政策性概念而先于理论准备提出的，相信三里河边的几家单位在其中起到了关键作用。而这一阶段（2008~2011 年），我有幸在中国社会科学院工业经济研究所从事博士后科学研究工作。适逢合作导师吕铁研究员于 2010 年开始主持国家社科基金重点项目“战略性新兴产业发展研究”（批准号：10AJL008），我也参与到课题攻关任务中，并承担了其中与金融支持相关的章节撰写任务，算是发挥了在央行系统工作的背景特长。在课题组攻关期间，吕老师带领我和课题组的其他几位伙伴，如贺俊、李晓华、邓洲等，多次进行了深入的研究讨论，使我得到诸多学习思考的机会，对战略性新兴产业发展有了初步的较为全面的认识，对我此后作为承担相关课题任务的主持人起到关键作用。

2012 年度的国家社科基金申请指南中恰好有“金融支持战略性新兴产业

发展研究”的相关选题，于是乎，我在前期研究基础上撰写了申报材料，并幸运地获得了课题立项（国家社会科学基金青年项目“金融支持战略性新兴产业发展研究”，批准号：12CJY103）。课题研究自然辛苦，但它又是一个十分有趣和有成就感的过程。自2012年课题立项以来，在组织的关怀下，我在中国人民银行的工作岗位发生了几次变动，日常工作更多偏向于综合管理，但稍微得闲或者一有机会，则马上用来进行与该课题有关的调研思考。比如2014年我在中国人民银行孝感中心支行挂职担任副行长期间，多次对相关企业和金融机构进行了考察调研，丰富了对该课题的现实了解与认知；挂职期间下班后回到宿舍，则几乎把所有时间都用来进行研究撰写；多少次夜深人静的时候，看到课题分析推理日渐清晰、模型构建越发精彩、分析内容日益丰满、研究结论越加可信时，心里就感到十分满足。这种全身心的投入虽然辛苦，但也带给了我很多的喜悦，同时也很好地排遣了挂职期间独在他乡的寂寞。

作为国家社科基金结项成果的课题研究报告，一定程度上亦凝聚了一个小集体的智慧。课题组成员主要包括余辉（原中国人民银行办公厅、现上海票据交易所）、李旭鸿（原财政部税政司、现中央人民政府驻香港特别行政区联络办公室）、刘江涛（原北京大学光华管理学院、现银河资本资产管理有限公司）、刘宁（原中国人民银行营业管理部）、李媛（中国人民银行营业管理部）、喆儒（中央民族大学）、吴逾峰（中国人民银行营业管理部）等。他们都是有着浓厚学习研究志趣的人，对我来说是亦师亦友的好同学、好同事、好伙伴，在整个研究过程中，我们多次进行了热烈的讨论，形成了良好的思想和学术的互动。部分课题组成员还提供了资料收集、数据处理等多方面的帮助，如刘宁对第二章第二节，刘江涛、余辉对第七章第二节和第三节，刘宁对第八章第一节，李媛对第九章第二节和第三节，余辉对第十章第三节的顺利完成做出了重要贡献。

在几年来的点滴努力以及课题组伙伴们的集思广益和大力襄助下，本项研究取得了不错的社会反响，有关阶段性成果也较为丰富，最终的结项鉴定也达到“良好”等级（结项号：20150573）。部分研究内容分别发表在《金融研究》《财政研究》《宏观经济研究》《金融监管研究》《中国党政干部论坛》《中国财政》《金融时报》《理论界》《北京金融评论》等出版物上，一些观点和论述被人民网等网络媒体转载。2015年课题鉴定结项后，我又结合最新的形势发展，对部分章节进行了修订完善，形成了本书目前的框架和内容，并于

2017年初投稿参与了第六批《中国社会科学博士后文库》的评选，最终十分幸运地入选其中。

回望过去，不经意间踏上的研究之路居然也收获了不少成果，不由得有所欣慰。同时我也特别感激我所在单位各位领导同事、科研求学路上众位师友伙伴对我多年来研究工作的鼓励、支持和帮助。尤其是曾有机缘陪同李超博士（原中国人民银行营业管理部主任、现中国证监会副主席）考察学习英格兰银行宏观审慎管理的理论与实践发展，开阔了我在研究工作中的国际视野。姜再勇博士（原中国人民银行营业管理部副主任、现中国人民银行兰州中心支行行长）多年来在工作生活和学术研究上均对我有颇多教益，可称得上是我的“人生导师”。中国人民银行营业管理部和孝感中心支行的多位领导和同事也为我提供了开展调查研究的便利条件，使我有机会深入金融机构和企业经营一线，得到许多一手资料和对经济金融运行直接的感性认识。在本书申请出版的过程中，中国社会科学院工业经济研究所的黄群慧研究员、吕铁研究员欣然予以推荐。经济管理出版社的宋娜主任自始至终周到、细致、热情地做好编辑服务工作，在此一并表示诚挚的感谢。

需要特别说明的是，本书的观点和内容仅系我近些年来对此问题的观察与思考，不代表所在单位意见。由于我学识和阅历均十分有限，书中错误疏漏在所难免，一些观点值得商榷，一些内容有待完善，敬请读者批评指正。

研究思考永远在路上。多少年来，家中父母妻儿、单位领导同事、身边同学朋友一直给予我莫大的包容鼓励和理解支持，我的学习工作与家庭生活始终处于和谐愉快的氛围中。在本书付梓之际，正是我们家的二宝牙牙学语、蹒跚学步阶段，他和大宝一起带给了我莫大的欢乐。而今行进在不惑之年的人生路上，面对更加纷繁复杂的研究课题，面对更加繁重的任务挑战，唯有翻篇归零，继续研究思考，继续探索前行。

余 剑
丁酉年夏于西城三里河

专家推荐表

<table>
<tr><th colspan="4">第六批《中国社会科学博士后文库》专家推荐表 1</th></tr>
<tr><td>推荐专家姓名</td><td>黄群慧</td><td>行政职务</td><td>所长</td></tr>
<tr><td>研究专长</td><td>宏观经济、产业集聚</td><td>电　　话</td><td></td></tr>
<tr><td>工作单位</td><td>中国社会科学院工业经济研究所</td><td>邮　　编</td><td></td></tr>
<tr><td>推荐成果名称</td><td colspan="3">金融支持战略性新兴产业发展研究</td></tr>
<tr><td>成果作者姓名</td><td colspan="3">余剑</td></tr>
<tr><td colspan="4">余剑同志根据其主持完成的国家社科基金青年项目改编完成的《金融支持战略性新兴产业发展研究》一书，聚焦金融与以战略性新兴产业为代表的实体经济发展问题，初步形成了具有一定创新性的理论思路和一套较为系统完整的理论范式，汇集了较为丰富翔实的金融支持战略性新兴产业发展的实践素材与典型案例，推动形成了较为完整的支持战略性新兴产业发展的金融政策支撑体系。
该书具有十分重要的理论与现实意义，全书谋篇布局合理紧凑，行文流畅，是一部很好的研究作品，推荐其入选《中国社会科学博士后文库》。

签字：黄群慧

2017 年 2 月 16 日</td></tr>
<tr><td colspan="4">说明：该推荐表由具有正高职称的同行专家填写。一旦推荐书稿入选《博士后文库》，推荐专家姓名及推荐意见将印入著作。</td></tr>
</table>

<table>
<tr><td colspan="4">第六批《中国社会科学博士后文库》专家推荐表 2</td></tr>
<tr><td>推荐专家姓名</td><td>吕铁</td><td>行政职务</td><td>主任</td></tr>
<tr><td>研究专长</td><td>产业经济、工业经济</td><td>电　　话</td><td></td></tr>
<tr><td>工作单位</td><td>中国社会科学院工业经济研究所工业发展研究室</td><td>邮　　编</td><td></td></tr>
<tr><td>推荐成果名称</td><td colspan="3">金融支持战略性新兴产业发展研究</td></tr>
<tr><td>成果作者姓名</td><td colspan="3">余剑</td></tr>
<tr><td colspan="4">余剑同志近年来主持完成国家社科基金、中国博士后科学基金等多项国家级省部级科研课题，曾获得“全国优秀博士后科研成果奖（2012 年）”“第六届高等学校科学研究优秀成果奖（人文社会科学）”等学术荣誉。其近期作品《金融支持战略性新兴产业发展研究》，初步厘清了金融因素在推动战略性新兴产业发展上的理论逻辑和实践脉络，将加深对金融业与以战略性新兴产业为代表的实体经济互利共赢辩证关系的认识，进一步丰富产业经济学范畴的战略性新兴产业以及金融学范畴的金融功能研究领域的视野，是一部很有价值的作品。
作为余剑同志的博士后合作导师，我愿意推荐其作品入选《中国社会科学博士后文库》。

签字：吕铁
2017 年 2 月 16 日</td></tr>
<tr><td colspan="4">说明：该推荐表由具有正高职称的同行专家填写。一旦推荐书稿入选《博士后文库》，推荐专家姓名及推荐意见将印入著作。</td></tr>
</table>

经济管理出版社
《中国社会科学博士后文库》
成果目录

第一批《中国社会科学博士后文库》（2012 年出版）		
序号	书　名	作　者
1	《“中国式”分权的一个理论探索》	汤玉刚
2	《独立审计信用监管机制研究》	王　慧
3	《对冲基金监管制度研究》	王　刚
4	《公开与透明：国有大企业信息披露制度研究》	郭媛媛
5	《公司转型：中国公司制度改革的新视角》	安青松
6	《基于社会资本视角的创业研究》	刘兴国
7	《金融效率与中国产业发展问题研究》	余　剑
8	《进入方式、内部贸易与外资企业绩效研究》	王进猛
9	《旅游生态位理论、方法与应用研究》	向延平
10	《农村经济管理研究的新视角》	孟　涛
11	《生产性服务业与中国产业结构演变关系的量化研究》	沈家文
12	《提升企业创新能力及其组织绩效研究》	王　涛
13	《体制转轨视角下的企业家精神及其对经济增长的影响》	董　昀
14	《刑事经济性处分研究》	向　燕
15	《中国行业收入差距问题研究》	武　鹏
16	《中国土地法体系构建与制度创新研究》	吴春岐
17	《转型经济条件下中国自然垄断产业的有效竞争研究》	胡德宝

第二批《中国社会科学博士后文库》（2013 年出版）		
序号	书　名	作　者
1	《国有大型企业制度改造的理论与实践》	董仕军
2	《后福特制生产方式下的流通组织理论研究》	宋宪萍

续表

第二批《中国社会科学博士后文库》（2013 年出版）		
序号	书　名	作　者
3	《基于场景理论的我国城市择居行为及房价空间差异问题研究》	吴　迪
4	《基于能力方法的福利经济学》	汪毅霖
5	《金融发展与企业家创业》	张龙耀
6	《金融危机、影子银行与中国银行业发展研究》	郭春松
7	《经济周期、经济转型与商业银行系统性风险管理》	李关政
8	《境内企业境外上市监管若干问题研究》	刘　轶
9	《生态维度下土地规划管理及其法制考量》	胡耘通
10	《市场预期、利率期限结构与间接货币政策转型》	李宏瑾
11	《直线幕僚体系、异常管理决策与企业动态能力》	杜长征
12	《中国产业转移的区域福利效应研究》	孙浩进
13	《中国低碳经济发展与低碳金融机制研究》	乔海曙
14	《中国地方政府绩效评估系统研究》	朱衍强
15	《中国工业经济运行效益分析与评价》	张航燕
16	《中国经济增长：一个“被破坏性创造”的内生增长模型》	韩忠亮
17	《中国老年收入保障体系研究》	梅　哲
18	《中国农民工的住房问题研究》	董　昕
19	《中美高管薪酬制度比较研究》	胡　玲
20	《转型与整合：跨国物流集团业务升级战略研究》	杜培枫

第三批《中国社会科学博士后文库》（2014 年出版）		
序号	书　名	作　者
1	《程序正义与人的存在》	朱　丹
2	《高技术服务业外商直接投资对东道国制造业效率影响的研究》	华广敏
3	《国际货币体系多元化与人民币汇率动态研究》	林　楠
4	《基于经常项目失衡的金融危机研究》	匡可可
5	《金融创新及其宏观效应研究》	薛昊旸
6	《金融服务县域经济发展研究》	郭兴平
7	《军事供应链集成》	曾　勇
8	《科技型中小企业金融服务研究》	刘　飞

续表

第三批《中国社会科学博士后文库》（2014年出版）		
序号	书　名	作　者
9	《农村基层医疗卫生机构运行机制研究》	张奎力
10	《农村信贷风险研究》	高雄伟
11	《评级与监管考》	武　钰
12	《企业吸收能力与技术创新关系实证研究》	孙　婧
13	《统筹城乡发展背景下的农民工返乡创业研究》	唐　杰
14	《我国购买美国国债策略研究》	王　立
15	《我国行业反垄断和公共行政改革研究》	谢国旺
16	《我国农村剩余劳动力向城镇转移的制度约束研究》	王海全
17	《我国吸引和有效发挥高端人才作用的对策研究》	张　瑾
18	《系统重要性金融机构的识别与监管研究》	钟　震
19	《中国地区经济发展差距与地区生产率差距研究》	李晓萍
20	《中国国有企业对外直接投资的微观效应研究》	常玉春
21	《中国可再生资源决策支持系统中的数据、方法与模型研究》	代春艳
22	《中国劳动力素质提升对产业升级的促进作用分析》	梁泳梅
23	《中国少数民族犯罪及其对策研究》	吴大华
24	《中国西部地区优势产业发展与促进政策》	赵果庆
25	《主权财富基金监管研究》	李　虹
26	《专家对第三人责任论》	周友军

第四批《中国社会科学博士后文库》（2015年出版）		
序号	书　名	作　者
1	《地方政府行为与中国经济波动研究》	李　猛
2	《东亚区域生产网络与全球经济失衡》	刘德伟
3	《互联网金融竞争力研究》	李继尊
4	《开放经济视角下中国环境污染的影响因素分析研究》	谢　锐
5	《矿业权政策性整合法律问题研究》	郗伟明
6	《老年长期照护：制度选择与国际比较》	张盈华
7	《农地征用冲突：形成机理与调适化解机制研究》	孟宏斌
8	《品牌原产地虚假对消费者购买意愿的影响研究》	南剑飞

续表

第四批《中国社会科学博士后文库》（2015 年出版）		
序号	书　名	作　者
9	《清朝旗民法律关系研究》	高中华
10	《人口结构与经济增长》	巩勋洲
11	《食用农产品战略供应关系治理研究》	陈　梅
12	《我国低碳发展的激励问题研究》	宋　蕾
13	《我国战略性海洋新兴产业发展政策研究》	仲雯雯
14	《银行集团并表管理与监管问题研究》	毛竹青
15	《中国村镇银行可持续发展研究》	常　戈
16	《中国地方政府规模与结构优化：理论、模型与实证研究》	罗　植
17	《中国服务外包发展战略及政策选择》	霍景东
18	《转变中的美联储》	黄胤英

第五批《中国社会科学博士后文库》（2016 年出版）		
序号	书　名	作　者
1	《财务灵活性对上市公司财务政策的影响机制研究》	张玮婷
2	《财政分权、地方政府行为与经济发展》	杨志宏
3	《城市化进程中的劳动力流动与犯罪：实证研究与公共政策》	陈春良
4	《公司债券融资需求、工具选择和机制设计》	李　湛
5	《互补营销研究》	周　沛
6	《基于拍卖与金融契约的地方政府自行发债机制设计研究》	王治国
7	《经济学能够成为硬科学吗?》	汪毅霖
8	《科学知识网络理论与实践》	吕鹏辉
9	《欧盟社会养老保险开放性协调机制研究》	王美桃
10	《司法体制改革进程中的控权机制研究》	武晓慧
11	《我国商业银行资产管理业务的发展趋势与生态环境研究》	姚　良
12	《异质性企业国际化路径选择研究》	李春顶
13	《中国大学技术转移与知识产权制度关系演进的案例研究》	张　寒
14	《中国垄断性行业的政府管制体系研究》	陈　林

续表

第六批《中国社会科学博士后文库》(2017年出版)		
序号	书　名	作　者
1	《城市化进程中土地资源配置的效率与平等》	戴媛媛
2	《高技术服务业进口技术溢出效应对制造业效率影响研究》	华广敏
3	《环境监管中的“数字减排”困局及其成因机理研究》	董　阳
4	《基于竞争情报的战略联盟关系风险管理研究》	张　超
5	《基于劳动力迁移的城市规模增长研究》	王　宁
6	《金融支持战略性新兴产业发展研究》	余　剑
7	《清乾隆时期长江中游米谷流通与市场整合》	赵伟洪
8	《文物保护经费绩效管理研究》	满　莉
9	《我国开放式基金绩效研究》	苏　辛
10	《医疗市场、医疗组织与激励动机研究》	方　燕
11	《中国的影子银行与股票市场：内在关联与作用机理》	李锦成
12	《中国应急预算管理与改革》	陈建华
13	《资本账户开放的金融风险及管理研究》	陈创练
14	《组织超越——企业如何克服组织惰性与实现持续成长》	白景坤

《中国社会科学博士后文库》征稿通知

为繁荣发展我国哲学社会科学领域博士后事业，打造集中展示哲学社会科学领域博士后优秀研究成果的学术平台，全国博士后管理委员会和中国社会科学院共同设立了《中国社会科学博士后文库》（以下简称《文库》），计划每年在全国范围内择优出版博士后成果。凡入选成果，将由《文库》设立单位予以资助出版，入选者同时将获得全国博士后管理委员会（省部级）颁发的“优秀博士后学术成果”证书。

《文库》现面向全国哲学社会科学领域的博士后科研流动站、工作站及广大博士后，征集代表博士后人员最高学术研究水平的相关学术著作。征稿长期有效，随时投稿，每年集中评选。征稿范围及具体要求参见《文库》征稿函。

联系人：宋　娜　主任

联系电话：01063320176；13911627532

电子邮箱：epostdoctoral@126.com

通讯地址：北京市海淀区北蜂窝 8 号中雅大厦 A 座 11 层经济管理出版社《中国社会科学博士后文库》编辑部

邮编：100038

经济管理出版社